Dietz

Gustav W. Heinemann

Einspruch

Ermutigung für entschiedene Demokraten

Herausgegeben von Diether Koch
in Verbindung mit der
Gustav-Heinemann-Initiative

Verlag J. H. W. Dietz Nachfolger

Die Drucklegung dieses Buchs wurde mit Mitteln
der Erich-Brost-Stiftung
in der Friedrich-Ebert-Stiftung gefördert.

Die Deutsche Bibliothek – CIP-Einheitsaufnahme

Heinemann, Gustav Walter:
Einspruch : Ermutigung für entschiedene Demokraten /
Gustav Heinemann. - Bonn : Dietz, 1999

ISBN 3-8012-0279-8

Verlag J.H.W. Dietz Nachf. GmbH
In der Raste 2, 53129 Bonn
Lektorat: Dr. Heiner Lindner
Umschlaggestaltung: Manfred Waller, Reinbek
Druck und Verarbeitung: Presse-Druck und Verlags-GmbH, Augsburg

Printed in Germany 1999

Inhalt

Zur Einführung

Jüngere Zeitgenossen wissen meist wenig über *Gustav Walter Heinemann,* den vor 23 Jahren verstorbenen dritten Präsidenten der Bundesrepublik (1969-74) und Bundesjustizminister der Jahre 1966-69, der 1949-50 der erste Bundesinnenminister unseres Staates gewesen war. Um Heinemann, dessen Geburtstag sich am 23. Juli 1999 zum hundersten Male jährt, wieder mehr bekannt zu machen, wird diese Textsammlung vorgelegt. Die Anregung dazu ging von der Gustav-Heinemann-Initiative aus, einer Bürgerrechtsgruppe, die im Sinne Heinemanns seit seinem Tode politisch weiterarbeitet.

Wer Texte Heinemanns zusammenstellt, kann sich angesichts der Dauer seiner Tätigkeit und der Breite seiner Wirkung nicht auf die Jahre seiner Präsidentschaft beschränken, sondern muß zumindest die Zeit seit 1945 einbeziehen. Die getroffene Auswahl von Texten fußt vor allem auf den vier bisher erschienenen Bänden seiner Reden und Schriften, von denen er den ersten selbst herausgegeben und zwei weitere zusammen mit Martin Lotz und mir noch vorbereitet hat. Die jetzige Ausgabe umfaßt aber auch bisher ungedruckte Texte, besonders Briefe. Sie werden im Archiv der sozialen Demokratie der Friedrich-Ebert-Stiftung in Heinemanns Nachlaß (Teil: Allgemeine Korrespondenz) aufbewahrt.

Der nun vorliegende Band gliedert sich nach Themenbereichen, innerhalb derer die Texte jeweils zeitlich geordnet sind; die beiden ersten, die vom Umfang her das größte Gewicht haben, bilden die Grundlage für die folgenden. Der erste, *Demokratie,* beginnt mit einigen Kommentaren des Studenten Heinemann aus dem Beginn der Weimarer Zeit, der zweite, *Glaube und Politik,* mit Texten aus dem Beginn des Kirchenkampfes 1933. Der dritte Bereich, *Geschichte und Gegenwart,* enthält Rückblicke, Kommentare Heinemanns zur deutschen Geschichte, meist der jüngeren Zeit. In den folgenden drei Themenbereichen werden konkrete Folgerungen Heinemanns für bestimmte Politikfelder aus der Zeit nach 1945 wiedergegeben: in *Frieden und Wiedervereinigung* für die Außenpolitik, in *Recht und*

Gerechtigkeit für die Rechtspolitik, in *Freie und soziale Wirtschaft* für die Wirtschaftspolitik. Der letzte Abschnitt enthält, wiederum in chronologischer Reihenfolge, *autobiographische Reflexionen,* von denen ich mehrere Heinemanns Kindern Dr. Peter Heinemann (Essen) und Barbara und Prof. Manfred Wichelhaus (Köln) verdanke. Am Schluß des Buches habe ich versucht, die Hauptlinien der wiedergegebenen Texte zusammenzufassen und zu fragen, was Gustav Heinemann uns heute bedeutet.

Zum besseren Verständnis sind alle Texte mit kurzen Einleitungen (in kleinerer Schrift) versehen, in denen die Situationen, in denen sie entstanden, kurz umrissen werden; am Ende der Texte stehen kurze Quellenangaben.* Karikaturen und Fotos zeigen Heinemann in charakteristischen Situationen.

Die ausgewählten Texte sollen für sich sprechen; deshalb wird hier auf eine einleitende Charakterisierung Heinemanns verzichtet. Ich will als Überleitung zu den Texten nur vier Situationen skizzieren, in denen mir Heinemanns politische Entscheidungen besonderen Eindruck gemacht haben.

Herbst 1950: Die Zeitungen melden, daß der Bundesinnenminister Gustav W. Heinemann, CDU, aus Protest gegen Kanzler Adenauers Aufrüstungspläne von seinem Amte zurückgetreten sei. Als politisch interessierter Geschichtsstudent, der nach Orientierung sucht, bin ich alarmiert. Von einer christlichen Partei habe ich mir Erneuerung des politischen Lebens und strikte Friedenspolitik versprochen und erlebe nun, daß ihre übergroße Mehrheit ohne Bedenken Aufrüstung für nötig hält. Bisher habe ich wenig von dem Rechtsanwalt Gustav Heinemann, dem früheren Mitglied der Bekennenden Kirche der NS-Zeit und späteren Oberbürgermeister von Essen, gehört – mehr von seinem Freund und Kollegen im Rat der Evangelischen Kirche in Deutschland, dem früheren KZ-Häftling Pastor Martin Niemöller. Nun hoffe ich, bei Heinemann Unterstützung meiner Neigung zum Pazifismus zu bekommen, den ich für christlich begründet halte. Doch Heinemann tritt nicht um eines Prinzips willen zurück, sondern aus konkreten politischen Gründen. Er analysiert die Lage und fragt danach, wie jetzt in Verantwortung vor Gott und Menschen in West und Ost gehandelt werden sollte. Er will die Entscheidung nicht vom Kanzler allein, sondern vom

Volk getroffen wissen und ruft seine Hörer dazu auf, politisch und theologisch zu lernen: die politische Lage kritisch wahrzunehmen, die christliche Botschaft im Geiste der bekennenden Kirche ernstzunehmen und als Demokraten und Christen zu handeln.

Frühjahr 1957: Zwei Versuche Heinemanns sind gescheitert, der Politik Adenauers eine politische Alternative gegenüberzustellen, eine überparteiliche und die Gründung einer eigenen Partei, der Gesamtdeutschen Volkspartei. In ihr haben sich Gleichgesinnte getroffen, aber viel zu wenige, als daß sie den Kurs hätten beeinflussen können. Heinemann entschließt sich nach langer Überlegung, für die Auflösung der GVP zu plädieren und mit seiner Mitstreiterin Helene Wessel in die Sozialdemokratische Partei einzutreten, die beiden ein Bundestagsmandat verspricht. Viele seiner Anhänger haben Bedenken, ob die SPD ihre Opposition gegen die Aufrüstung durchhält, ob sie ihre kirchenfremde Haltung revidiert und ob sie Heinemann in ihren Reihen ausreichenden Spielraum zu politischer Tätigkeit gewährt. Heinemann wagt den Schritt trotzdem, kann am Godesberger Programm mitarbeiten, wird Mitglied des Parteivorstands und trägt seinen Teil dazu bei, daß aus der SPD eine linke Volkspartei wird.

Ende 1966: Zum ersten Mal seit der Gründung der Bundesrepublik soll die Sozialdemokratie Regierungsverantwortung übernehmen, und Heinemann ist für das Amt des Justizministers vorgesehen – allerdings in einer Koalitionsregierung, der u.a. auch Franz Josef Strauß als Finanzminister angehören soll. In einem Telegramm an Heinemann formuliere ich meine Sorgen: »Voll Kummer über die Unmöglichkeit einer kleinen Koalition gratuliere ich Ihnen und wünsche Ihnen im Kabinett ebensoviel Festigkeit wie 1950 und mehr Einfluß als ihrem leidigen Kollegen Strauß. Möchten sich Bedenken gegen Ihren Eintritt in eine Regierung diesmal im Gegensatz zu Niemöllers Warnungen 1949 als unbegründet erweisen.« Das geschieht alsbald: Der neue Justizminister kann im Rahmen der Koalition in seinem Ressort die Reformen in Gang setzen, die er für nötig hält, und darüber hinaus als Kabinettsmitglied in kritischem Sinne wirken.

Herbst 1973: Heinemann, im März 1969 durch eine kleine Koalition aus Vertretern von SPD und FDP zum Bundespräsidenten gewählt, steht vor der Frage, ob er wie seine Vorgänger Heuss und Lübke für eine neue Kandidatur zur Verfügung stehen soll. Viele Menschen, die ihn schätzen, darunter auch Spitzenpolitiker der SPD, wünschen ihm eine zweite Amtszeit, in der er weiter als »Bürgerpräsident« wirken kann. Doch der 74jährige lehnt ab, unter Verweis auf sein Alter und das seiner drei Jahre älteren Frau. Tatsächlich bleiben ihm nach seiner Amtszeit nur zwei Lebensjahre, in denen er sich auf wenige Themen und die Ordnung seiner Hinterlassenschaft konzentriert. Er gibt selbst seine Reden als Präsident heraus und erlebt den Druck der Gesamtbibliographie, die sein Mitarbeiter Martin Lotz im Auftrage der Friedrich-Ebert-Stiftung erstellt (1285 Titel); seine Reden und Schriften zu Kirche – Staat – Gesellschaft sind gerade gedruckt, als er am 7. Juli 1976 in Essen stirbt. Seine Frau folgt ihm drei Jahre später.

An Hilda Heinemann denke ich dankbar zurück, weil sie mir vor 35 Jahren den Zugang zu Heinemanns Archiv öffnete, das sie aufgebaut hatte. – Allen danke ich, die mich bei der Auswahl und bei Formulierungen beraten haben, besonders Herrn Dr. Christof Müller-Wirth, Vorstandsmitglied der Gustav-Heinemann-Initiative, der die Entstehung dieses Buches in jeder Phase hilfreich begleitet hat.

Ich wünsche mir, die Leser möchten sich wie ich durch Heinemanns Erkenntnisse erfrischt und zu demokratischem Denken und Handeln ermutigt sehen. Ich habe den Eindruck, daß er uns immer noch einen Schritt voraus ist.

Bremen, im November 1998 *Diether Koch*

---

* Die vier Bände sind wie folgt mit römischen Ziffern abgekürzt; arabische Ziffern bezeichnen die Seitenzahlen:

I = *Allen Bürgern verpflichtet, Reden des Bundespräsidenten 1969-1974,* Frankfurt/Main 1975[1].

II = *Glaubensfreiheit – Bürgerfreiheit, Reden und Aufsätze zu Kirche – Staat – Gesellschaft 1945-1975,* hg. v. D. Koch, Frankfurt 1976[1], München 1990[2].

III = *Es gibt schwierige Vaterländer …, Aufsätze und Reden 1919-1969,* hg. v. H. Lindemann, Frankfurt 1977[1], München 1988[2].

IV = *Unser Grundgesetz ist ein großes Angebot. Rechtspolitische Schriften,* hg. v. J. Schmude, München 1989

Teil 1: Demokratie

Der Student 1919: Wir müssen Demokraten sein!

Der zwanzigjährige Jura-Student Gustav Heinemann, Sohn eines Angestellten bei Krupp in Essen, schrieb Sylvester 1919 in sein Tagebuch:

Das neue Deutschland hat ein schreckliches Jahr hinter sich, der Zusammenbruch des alten hängt sich wie Blei an seine Füße, will es nicht aufsteigen lassen. Aber es muß sich durchsetzen und wird sich durchsetzen, und wir hoffen, daß das neue Jahr uns auf dem beschwerlichen Weg ein gutes Stück vorwärtsbringen wird. Wir müssen die Demokratie und die Republik aufnehmen in unser Fühlen und Denken; wir müssen Demokraten und Republikaner sein, oder wir werden nicht mehr sein!

G. W. Heinemann, Wir müssen Demokraten sein. Tagebuch der Studienjahre 1919-1922, hg. v. B.u.H. Gollwitzer, München 1980, S. 36.

Die Revolution – Folge des Krieges

Viele seiner Mitstudenten nahmen die These auf, die unbesiegte Front sei durch die Revolutionäre zum Einsturz gebracht worden. Heinemann durchschaute die »Dolchstoßlegende«. Er schrieb am 27.11.1919 in der Hessischen Landeszeitung unter dem Titel »Unsere Pflicht«:

Allenthalben entfalten deutschnationale Agitatoren und von der alten Regierung übernommene Beamte eine lebhafte reaktionäre Propaganda. Jedwede begründete und unbegründete Mißstimmung wird geschürt und gestärkt. Alles wird der Revolution zur Last gelegt, und wo nur jemanden der Schuh drückt, ist es die Schuld der heutigen Regierung. Den vierjährigen wahnsinnigen Krieg will man vergessen machen, um den 9. November allein zum

Tag alles Unheils zu stempeln. Alle Mittel sind recht, um diese Geschichtsfälschung zu stützen; alle Mittel sind recht, um die heutige Regierungsgewalt zu untergraben. [...] Der Antisemitismus muß ebenfalls gehörig herhalten, und man tut den Juden die Ehre an, ihnen nachzurühmen, sie hätten den alten, in vielen Jahrzehnten errichteten Staat an einem Tag zerschlagen. Nicht sie und andere »Hetzer« haben die Revolution »gemacht«, sondern die im Schoße des alten Systems erwachsene Arbeiterbewegung und insbesondere die Kriegssünden der alten Machthaber haben schließlich zum notwendigen Umschwung geführt. Das Macht- und Autoritätsideal ist kläglich gescheitert und muß immer wieder scheitern.

III,13f.

Die demokratische Mitte stärken!

Heinemann fürchtete eine Aufspaltung des Volkes in radikale politische Flügel und hielt in seinem Artikel vom 27.11.1919 dagegen:

In Stadt und Land vollzieht sich eine Scheidung in zwei große Lager. Auf der einen Seite der Wille zum Sozialismus und zur Demokratie, auf der anderen Seite das Bestreben zur Reaktion. [...]

Wir alle müssen zur vollen Erkenntnis der Lage kommen. Das rechtsstehende Bürgertum muß erkennen, daß es Irrwege geht, daß seine Reaktion das Furchtbarste heraufbeschwören kann. Wir Demokraten haben die Pflicht, das Letzte zu versuchen, daß die Brükke zwischen den beiden Lagern nicht abreißt. Nicht weil wir Kompromißler sind, sondern weil wir den rücksichtslosen Machtkampf zwischen Rechts und Links für das größte Unheil halten, das unser ohnehin schwer geprüftes Volk treffen kann. [...]

Nur rückhaltlose Anerkennung der Demokratie und des Parlamentarismus, Einstellen jeder Wühlarbeit gegen die bestehende Regierungsgewalt, Verzicht auf jegliche Sabotage und Nachgeben in allen berechtigten Forderungen der Arbeiter können die große Spaltung und den rücksichtslosen Kampf der beiden Lager verhindern. Es ist die Pflicht eines jeden Demokraten, sich in Erkenntnis dieser Sachlage für die allgemeine Anerkennung dieser Notwendigkeiten nachdrücklich einzusetzen. Die Demokratie steht auf dem Spiele, wenn es zum Äußersten kommt.

III,15f.

Nationalsozialismus ist uferloser Antisemitismus

Als Student besuchte Heinemann am 19.5.1920 in München zum ersten und einzigen Male eine Versammlung der neugegründeten Nationalsozialistischen Deutschen Arbeiterpartei. Nach einem Zwischenruf wurde er von Saalordnern aus dem Saal geworfen. In sein Tagebuch notierte er:

Versammlung der »National-Sozialistischen Deutschen Arbeiter-Partei«. Viel Trauriges und etwas Schönes. Ein nahezu uferloser Antisemitismus. An allem und jedem sind nur die Juden schuld. Rathenaus Wirtschaftsplan, die Friedensresolution des Reichstages stammen aus einer jüdischen Großloge in Paris. Marx hat die Arbeiterbewegung nur deshalb entfesselt, um die jüdische Weltherrschaft des Börsenkapitals zu bringen. Die Arbeiterbewegung ist nur ein Vortrupp der Juden. Rußland und Deutschland sind in den Krieg getrieben worden, um dort den antisemitischen Zarismus und hier das Industrie- zugunsten des Börsenkapitals zu stürzen. – Solche Dinge nimmt eine Versammlung gläubig und beifallfreudig hin!! Von volkswirtschaftlichen Falschheiten will ich ganz absehen. Das einzig Schöne ist ein scharfer Kampf gegen übertriebenen Internationalismus, gegen den Versailler Frieden.

Die Partei wird an der inneren Inkonsequenz ihres Programms und der unglaublich einseitigen und darum den Dingen nicht gerechtwerdenden Einstellung scheitern. Das ganze Unternehmen kommt mir vor wie das Verhalten eines schmerzgeplagten Kranken, der in stets neuen Lagen versucht, seiner Schmerzen Herr zu werden. Ein trauriges Bild der Geistesverfassung und politischen Unbildung unseres Volkes!

Tagebuch, S. 62

Gegen freiwillige Gleichschaltung 1933

Bei der letzten freien Wahl im März 1933 wählte Heinemann die Sozialdemokratische Partei, »durch die allein eine Gegenwehr gegen die braune Flut noch möglich erschien«. An die Gleichschaltung in Essen erinnerte er sich später:

Ehe es noch zur allgemeinen Ausschließung der jüdischen Anwälte aus der Anwaltschaft kam, gingen örtliche Anwaltsvereine dazu über, ihre »nicht arischen« Mitglieder zu malträtieren. Am 21. April 1933 versammelten sich etwa 30 Anwälte in der Essener Gesellschaft »Verein«, um Beschlüsse gegen jüdische Kollegen mit dem Ziel gewisser Berufsbehinderungen zu fassen. Ich wurde noch zu später Stunde, gegen 23 Uhr, alarmiert und konnte noch eine Stimme gegen die Beschlüsse abgeben. Für den 2. Mai 1933 wurde eine reguläre Mitgliederversammlung eingeladen, auf der die Juden aus dem Anwaltverein überhaupt ausgeschlossen werden sollten. Nach bewegter Debatte stimmten 43 Anwälte für den Ausschluß, 5 dagegen. Sieben Anwälte enthielten sich der Stimme – zu schweigen von denen, die es vorzogen, der Versammlung fernzubleiben. [...] Zu den Ja-Sagern gehörten auch Kollegen, die sich vorher noch gegenteilig geäußert hatten. [...] Aber die Angst, aufzufallen und neben dem großen Aufbruch zu stehen, erfaßte mehr und mehr viele Gemüter.

Erinnerungen, aufgezeichnet 1962/63,
Manuskript im Archiv der sozialen Demokratie.

Alternativen demokratischen Aufbaus 1945

Nach dem Ende des Dritten Reiches wirkte Heinemann sofort beim Aufbau demokratischer Strukturen im besiegten Deutschland mit. Er gehörte zu den Mitgründern der Christlich-Demokratischen Partei [Union] in Essen. In verschiedenen Städten des Ruhrgebiets hielt er einen Vortrag »Demokratie und christliche Kirche. Ein Beitrag zu einer ›deutschen Demokratie‹«, der als Broschüre gedruckt wurde. Darin stellte sich ihm die Lage so dar:

Deutschland wird nunmehr den Weg der Demokratie gehen. Zwei Ansätze stehen hier zur Verfügung. Es sind dies die sozialistische und die christliche demokratische Bewegung. [...]

Der Unterschied zwischen diesen beiden wesentlichen Kräften des demokratisches Aufbaues ist klar. In der sozialistischen Gruppe stehen die antibürgerlichen Affekte im Vordergrund, die ihr in der Vergangenheit den Auftrieb gaben. Ihre geistesgeschichtlichen Wurzeln sind im Negativen der Freigeist im Sinne einer Verneinung von Kirche und Christentum sowie im Positiven der Marxismus als Gesellschaftslehre und Weltanschauung. [...]

Auch für die CDU wird es Bewährungsproben geben. [...] Für die Christlich Demokratische Union wird es darauf ankommen, jeder einseitigen sozialen Interessengebundenheit auszuweichen und die kirchlichen Interessen niemals anders als so zu vertreten, daß die christliche Botschaft zur freien Entscheidung jedes einzelnen gestellt bleibt.

Wenn dies unsere heutige innerpolitische Lage ist, so läßt sich ihre Spannung auch dahin umschreiben, daß die christliche und die sozialistische Demokratie sich auf dem deutschen Boden zur Entscheidung begegnen.

II,19-21.

Der Oberbürgermeister von Essen 1946

Zum Oberbürgermeister in Essen gewählt, nannte Heinemann in seiner Antrittsrede am 30.10.1946 seine politischen Ziele:

Für die kommunale Arbeit, um die es hier in erster Linie geht, sehe ich diese Gemeinsamkeit des Wollens vor allem darin gegeben, daß wir eine demokratische Ordnung der Stadt und eine Heilung ihrer tausendfachen Wunden erstreben. Wir wollen eine vom Volk bestimmte und eine dem Volk dienende Stadtverwaltung haben, die sich in allen Gliedern mit ganzer Kraft um die Linderung aller Nöte müht, die uns heute aufliegen. Das ist das Programm, mit dem ich mein Amt antrete. Es ist mit diesen zwei Punkten ebenso karg und phrasenlos, wie unsere Lage notvoll und armselig an Möglichkeiten der Hilfe ist.

Schon einmal hat das demokratische Deutschland nach einem verlorenen Krieg die Verantwortung übernehmen müssen. Es ist letzten Endes gescheitert, weil es von einer neuen Welle des Nationalismus überwältigt wurde. Diesen Kampf um die Demokratie nach 1918 habe ich zuerst als Student an verschiedenen deutschen Universitäten miterlebt. Bereits 1920 bin ich Hitler begegnet, als er in München das Parteiprogamm propagierte, und habe seitdem seine ganze Agitation aufmerksam verfolgt. Ich weiß aus diesem Erleben um die Belastung jedes demokratischen Wollens aus nationaler Not. Ich kann deshalb den Siegermächten, die heute in noch ganz anderer Weise unser Schicksal bestimmen als damals, nur sorgenvoll zurufen, daß man unserem Volk eine Lebensmöglichkeit lassen und wiedergeben möge, damit die demokratischen Kräfte in Deutschland nun endlich nach diesem Kriege einmal durchbrechen können. [...]

Inmitten aller Not und angesichts der allgemeinen politischen Situation gilt es für die demokratischen Kräfte in Deutschland zusammenzustehen, damit wir der Not Herr werden und zu einer demokratischen Ordnung kommen. [...]

Ich werde von mir aus alles tun, um keinen Streit aufkommen zu lassen. Sicherlich werden gerade auch in grundsätzlichen Dingen klare Entscheidungen fallen müssen, und es wird darüber zu Meinungsverschiedenheiten kommen, die wir nicht in jedem Falle beheben können. Das ist auch kein Fehler. Wir sind ja politische Menschen und wissen um unsere Ziele wie auch um unsere Grenzen. Es darf aber in keinem Falle eine politische Differenz jemals dazu führen, daß der gute Kontakt von einem Lager zum andern abreißt, daß wir das Schauspiel eines Zankes bieten und damit die Demokratie in Verruf bringen, von deren endlichem Durchbruch es entscheidend abhängt, daß unser Volk eine neue Zukunft gewinnt. Bei aller Zielstrebigkeit, die mich mit meinen engeren Parteifreunden verbindet, werde ich stets auf den Ausgleich mit den anderen Parteien nachdrücklichst bedacht sein.

Ich übernehme das oberbürgermeisterliche Amt aus den Händen eines Mannes, der es in schwerster Zeit mutvoll und tatkräftig verwaltet hat. Sie wissen, Herr Renner, daß ich bei aller politischen Abweichung, die zwischen uns besteht, mit Ihnen gut habe zusammenarbeiten können und daß ich insbesondere vor Ihrer menschlichen Art große Hochachtung habe.

III,28-31.

Gustav Heinemann (CDU) als Oberbürgermeister von Essen mit seinem Amtsvorgänger Heinz Renner (KPD) 1948.

Die Befugnisse der Siegermächte haben Grenzen

Als Essener Oberbürgermeister wandte Heinemann seine Kräfte darauf, die einengenden Bestimmungen der Siegermächte in Frage zu stellen und der notleidenden deutschen Bevölkerung Möglichkeiten zu Existenz und zu demokratischer Kompetenz zu erstreiten. In einem Zeitungsartikel in der »Welt« stellte er am 15.11.1947 »Die entscheidende Rechtsfrage«:

Das deutsche Volk hat eine Rechtsfrage an die Siegermächte zu stellen: Wo liegen die Grenzen der Befugnisse des Kontrollrats? [...]

Ich will annehmen, daß es für die derzeitige Besetzung Deutschlands keinen genauen völkerrechtlichen Präzedenzfall gibt und daß unsere Situation von den Verfassern der Haager Landkriegsordnung nicht ins Auge gefaßt worden ist. [...]

Die Alliierten haben die Regierung Deutschlands übernommen und vereinigen im Kontrollrat alle Befugnisse, die eine deutsche Zentralregierung haben könnte. Das ist das Einzigartige, für das es anscheinend keinen Präzedenzfall gibt. Deutschland ist aber im völkerrechtlichen Sinne immer noch ein Staat, wenngleich kein souveräner. Das ist aber das, was dennoch verschiedene Teile der Haager Landkriegsordnung wenigstens sinngemäß anwendbar macht.

Die entscheidende Rechtsfrage ist die, ob eine Zwangsregierung nur an diejenigen Grenzen gebunden ist, die sie sich selber setzt. Vom Standpunkt des Rechts bleibt der Einwand bestehen, daß die Befugnisse einer Zwangsregierung ihre Begrenzung in sich tragen müssen, wenn anders nicht ein neuer Abschnitt der Rechtlosigkeit in der Geschichte des Völkerlebens eröffnet werden und das Völkerrecht sich angesichts neuer Situationen als lebensunkräftig erweisen soll. [...]

Auch eine Zwangsregierung wird aus der Natur ihres Auftrages vor den Existenzrechten des besiegten Volkes haltmachen müssen.

III,42-44.

Die Bonner Verfassung in der Praxis

Von Bundeskanzler Adenauer im September 1949 zum ersten Innenminister seines Kabinetts berufen, reflektierte Heinemann einige Wochen später in einem Zeitungsartikel in der »Welt« am 20.12.1949 über die Bonner Wirklichkeit:

Eine Verfassung auf dem Papier und eine Verfassung in lebendiger Anwendung sind zweierlei. Das Bonner Grundgesetz erfährt diese politische Wirklichkeit in mancherlei Einzelheiten. [...].

Das Amt des Bundeskanzlers tritt nicht allein durch die Person des derzeitigen Inhabers überragend in Erscheinung. [...]

Der Bundeskanzler bestimmt die Richtlinien der Politik; im übrigen handelt die Bundesregierung kollegial. Auch der Kanzler ist innerhalb dieses Kollegiums hinsichtlich seiner Befugnisse ein Mitglied wie jedes andere. Wer mit dem Kurs des Kanzlers nicht einverstanden ist, kann zurücktreten, doch werden in einer Koalitionsregierung alle grundsätzlichen Fragen wechselseitig abgestimmt.

III,87f.

Mangel an gemeinsamer Willensbildung im Kabinett

Als Adenauer im August 1950 in einem Memorandum den Westmächten westdeutsche Soldaten für ein Kontingent in einer geplanten Europa-Armee anbot, ohne daß das Kabinett diesen Entschluß gebilligt hatte, erklärte Heinemann seinen Rücktritt als Minister. Er war weder mit dem Ziel noch mit dem Weg des Kanzlers einverstanden. Dessen Vorgehen hielt er für undemokratisch:

Der Bundeskanzler denkt in den Formen autoritärer Willensbildung und des stellvertretenden Handelns. Streiten wir dabei nicht um Verfassungswortlaute. Wo ein Wille zur Mitbeteiligung des Volkes vorhanden ist, gibt es auch Wege, um diese Mitbeteiligung aufzuschließen. Wir werden unser Volk nur dann demokratisch machen, wenn wir Demokratie riskieren. Wenn in irgendeiner Frage der Wille des deutschen Volkes eine Rolle spielen soll, dann muß es in der Frage der Wiederaufrüstung sein. Angesichts dessen, was unser Volk durch Krieg erlebt und durch fünfjährige Besatzungserziehung erfahren hat, wäre es eine Vermessenheit, jetzt so zu handeln, als ob nichts geschehen sei. Die Verwirrung ist heute schon groß genug. Wenn wir nicht die Geduld haben, sie zu klären, kann es unmöglich einen guten Weg geben. […]

Innenminister Heinemann: „Sie sollen das Baby doch nicht immer allein halten." Zeichnung: Fuchs

Bremer Nachrichten vom 7.9.1950 nach Heinemanns Ankündigung seines Rücktritts als Bundesinnenminister.

Mein Rücktritt aus der Bundesregierung ist erfolgt, weil ich die Verantwortung nicht tragen kann, die einem Bundesminister zugemutet wird. Wo die dem Kanzler obliegende Bestimmung der politischen Richtlinien so verstanden wird, daß eine gemeinsame echte Willensbildung nicht stattfindet, und wo jeder nur mit Vorwürfen zu rechnen hat, der sich den Richtlinien nicht willig fügt, möchte und kann ich keine Mitverantwortung tragen.

Mein Ausscheiden aus der Bundesregierung möge das deutsche Volk vor die Frage führen, wie es sich Demokratie denkt und was es von seinen Ministern erwartet. Es möge die deutschen Männer und Frauen insbesondere in der vor uns stehenden sachlichen Frage der Wiederaufrüstung veranlassen, selber nachzudenken und ihren Willen deutlich zum Ausdruck zu bringen.

III,106f.

In der außerparlamentarischen Opposition 1955

Nachdem Heinemann zuerst auf überparteilicher Ebene, und zwar in der Notgemeinschaft für den Frieden Europas, und dann in einer Partei, der Gesamtdeutschen Volkspartei, versucht hatte, seine kritischen Gedanken zu verbreiten, beteiligte er sich am 29.1.1955 in der Paulskirche in Frankfurt/Main an einer Aktion von Gewerkschaftlern, Sozialdemokraten und Christen beider Konfessionen gegen den bevorstehenden Abschluß der Pariser Verträge durch die Bundesregierung – wiederum vergeblich.

Rechte Demokratie erfordert ein Zusammenspiel von Parlament und öffentlicher Meinung. Das Parlament hat die ihm von der Verfassung zugemessene Aufgabe und Verantwortung. Die öffentliche Meinung aber bleibt Quelle und Grundlage seines Handelns. Der Staatsbürger ist nicht Objekt eines Parlamentswillens, sondern der höchste Souverän auch gegenüber dem Parlament. Nachdem in den letzten Wochen die ganze Fragwürdigkeit der Bonner Politik den Menschen in Westdeutschland schlagartig bewußt geworden ist, gleichwohl aber diese Bonner Politik [...] fortgesetzt werden soll, erleben wir einen Aufbruch öffentlicher Meinung, wie er in Deutschland selten ist. Diese öffentliche Meinung sucht ihren Ausdruck nicht von ungefähr an dieser Stätte, die uns allen ein Symbol im Widerstreit von Volkswille und Obrigkeit bleibt. Dieser Widerstreit durchzieht die Auseinandersetzung über die deutsche Aufrüstung von Anfang an. [...]

Der heute hier sichtbar werdende Personenkreis wird nicht der einzige sein, der sich zu Wort meldet. Andere werden folgen, und alle, die unsere Sorge teilen, sind aufgerufen zu sprechen: »Der Bürger, der nur resigniert, muß dulden, was man ihm diktiert.«

Broschüre »Rettet Einheit, Freiheit, Frieden!
Gegen Kommunismus und Nationalismus!«, Frankfurt [1955], S. 10.

Als Rechtsanwalt vor dem Bundesgerichtshof

Vor dem Bundesgerichtshof verteidigte Heinemann 1958 seinen Studienfreund Viktor Agartz, dessen Zeitschrift WISO vorgeworfen wurde, sie werde vom Osten bezahlt. Heinemann erwähnte, daß er persönlich »keineswegs alles« teile, was Agartz vertrete. Aber er machte u.a. verständlich, was Agartz mit seiner Kritik am Parlament meinte:

Wenn etwa Dr. Agartz von »formaler Demokratie« spricht, so sagt er folgendes: In jedem Fall ist die »formale Demokratie« ein Fortschritt gegenüber absolutistischen Gewalten oder feudalistischen Gewalten. Er sagt weiter: Der Westen muß die formale Demokratie verteidigen. Er sagt, aber der Westen muß diese formale Demokratie auch zu einer Gleichheit der Kräfte fortentwickeln. Er sagt in bezug auf den Osten: Er muß die formale Demokratie gewinnen oder zurückgewinnen, es müssen auch dort mehrere Parteien zugelassen werden, es muß auch dort die Möglichkeit einer echten eigenständigen Opposition gegeben sein. Es muß in der DDR – so sagte er speziell – auch eine sozialdemokratische Partei zugelassen sein. Sehen Sie, wenn man das alles hinzunimmt zu dem so oft gebrauchten Begriff »formale Demokratie«, so hat man, glaube ich, einen *sehr deutlichen* Schlüssel für das Verständnis dieses Wortes.

Oder weiter: Wenn Dr. Agartz vom »Parlament« spricht, so fragt er immer, ob im Parlament kapitalistische Einflüsse, d.h. insbesondere außerparlamentarische kapitalistische Einflüsse feststellbar sind. Bejahendenfalls ist es für ihn das Parlament eines Klassenstaates. Dann haben die Gewerkschaften die Aufgabe, diese kapitalistischen Einflüsse wegzuräumen. Das sagt er nicht allein. Sehr geehrte Herren Richter, diese Gedankenlinie war nach 1945 geradezu ein Allgemeingut hier in der Bundesrepublik oder in Deutschland. Dr. Agartz sagte in einem Vortrag vom November 1946 in Düsseldorf: »Keinesfalls darf man bei einer politischen Formaldemokratie stehenbleiben, wie dies leider zwischen 1918 und 1933 der Fall gewesen ist. Die Machtpositionen der Wirtschaft müssen neben den Parlamenten erobert werden. Dies ist die Aufgabe der Gewerkschaften und der Genossenschaften beim Neuaufbau

Deutschlands.« Zur selben Zeit äußerte sich der Vorsitzende der CDU, der Herr Bundeskanzler, in einem Vortrag in Köln, März 1946: »Unsere Auffassung von der Freiheit und Würde der Einzelperson verbietet eine die wirtschaftliche und politische Freiheit gefährdende Zusammenballung wirtschaftlicher Macht an einzelnen Stellen, sei es an privaten oder an öffentlichen.« Und ein anderer Satz – er rückt nun völlig und geradezu *wörtlich* in die Linie der Agartzschen Gedanken – »Ich erkläre«, sagte Dr. Adenauer, »ich wünsche nicht, daß wieder Großkapitalisten entstehen, daß Großkapitalisten niemals eine die Freiheit bedrohende politische Macht ausüben dürfen.« Damit klingt aus dem sonst so differenten Orchester dieser politischen Lager gemeinsam genau das heraus, was nachher zumal der DGB, die SPD, Dr. Schumacher usw. immer wieder dahin ausgedrückt haben: Ohne Sozialismus keine Demokratie!

H.-G. Hermann, Verraten und verkauft, Fulda 1958, S. 239.

Als Jurist im politischen Meinungskampf

In der »Neuen Juristischen Wochenschrift« plädierte Heinemann 1962 in einem Artikel »Die Rechtsordnung des politischen Kampfes« für Bewahrung und Ausbau der Meinungsfreiheit.

Erstmalig in unserer Geschichte stehen wir heute nicht nur vor der Möglichkeit, sondern zugleich auch vor der verfassungsmäßig geforderten Aufgabe, der Meinungsfreiheit zu dem Rang und zu der Tragweite zu verhelfen, die ihr in einer freiheitlichen Demokratie zukommt. Das Grundrecht der Meinungsfreiheit ist für die freiheitliche Demokratie schlechthin konstituierend. Sie ist es, die das Funktionieren dieser Staatsordnung trägt, indem sie den geistigen Kampf und die freie Auseinandersetzung der Ideen und Interessen ermöglicht. Um ihretwillen ist das Recht auf die verfassungsmäßige Bildung und Ausübung parlamentarischer Opposition strafrechtlich geschützt (§ 88 Abs. 1 StGB). Um ihretwillen ist die Bildung politischer Parteien frei und deren Betätigung in besonderer Weise geschützt. Um ihretwillen sind Presse, Rundfunk und

Fernsehen in ihrer institutionellen Freiheit gewährleistet. Weil Meinungsfreiheit in gewissem Sinne die Grundlage aller Freiheit überhaupt ist und alle Demokratie von der Meinungsfreiheit bewegt wird, müssen alle Einrichtungen und Rechtssätze der Demokratie dieser Meinungsfreiheit dienen. Nur wenn dies als Ausgangspunkt festgehalten wird, kann die Begrenzung der Meinungsfreiheit gegenüber dem Persönlichkeitsrecht und der Ehre anderer Menschen richtig gefunden werden.

NJW Jg.15, 17.5.1962, S. 892.

Als Christ über die beste Staatsform

Immer wieder erhielt Heinemann Zuschriften von Menschen, die Kritik an der demokratischen Staatsform und Praxis äußerten. Als Pastor Wolfgang Scherffig Heinemann 1959 in einem Briefe seine Zweifel mitgeteilt hatte, antwortete Heinemann ihm am 15.10.1959:

Ihr Fragezeichen hinter Partei und parlamentarischer Demokratie verstehe ich schon, bin aber immer noch der festen Überzeugung, daß es für die in absoluter Form unlösbare Aufgabe einer guten Zuordnung von Regierenden und Regierten relativ nichts besseres gibt als parlamentarische Demokratie. In dieser Hinsicht halte ich immer noch die Schrift von R. Niebuhr »Kinder des Lichts und Kinder der Finsternis«, Kaiser-Verlag, München 1957, für hilfreich. Was den evangelischen Leuten in der Politik weithin mangelt, ist das Bewußtsein, daß auch die hohen Obertanen im weltlichen Regiment längst keine Engel sind und mit viel größerer Distanz zu ihrem Tun und zu ihrer Person begleitet werden sollten. Hier stecken wir immer noch stark in den Traditionen früherer Zeiten.

Appell nach dem Attentat auf Rudi Dutschke

Als 1967 die außerparlamentarische Opposition aufbegehrte, war Heinemann Justizminister in der von Bundeskanzler Kiesinger (CDU) geführten Koalition. Kiesinger reagierte am Ostersonntag 1967 auf den Mordanschlag, der drei

Tage vorher auf Rudi Dutschke, einen Wortführer der APO, verübt worden war, mit starken Worten gegen »militante linksextremistische Kräfte«, und charakterisierte den Täter als »keiner Gruppe angehörigen abseitigen Verbrecher«. Heinemann gab darauf am nächsten Tage, ebenfalls über Rundfunk und Fernsehen, eine Erklärung ab, in der er auf die konkreten Vorgänge zu sprechen kam und sie in seine Sicht der Demokratie einordnete:

Verehrte Mitbürger!

Diese Tage erschütternder Vorgänge und gesteigerter Unruhe rufen uns alle zu einer Besinnung. Wer mit dem Zeigefinger allgemeiner Vorwürfe auf den oder die vermeintlichen Anstifter oder Drahtzieher zeigt, sollte daran denken, daß in der Hand mit dem ausgestreckten Zeigefinger zugleich drei andere Finger auf ihn selbst zurückweisen.

Damit will ich sagen, daß wir alle uns zu fragen haben, was wir selber in der Vergangenheit dazu beigetragen haben könnten, daß Antikommunismus sich bis zum Mordanschlag steigerte und daß Demonstranten sich in Gewalttaten der Verwüstung bis zur Brandstiftung verloren haben.

Sowohl der Attentäter, der Rudi Dutschke nach dem Leben trachtete, als auch die elftausend Studenten, die sich an den Demonstrationen vor Zeitungshäusern beteiligten, sind junge Menschen.

Heißt das nicht, daß wir Älteren den Kontakt mit Teilen der Jugend verloren haben oder ihnen unglaubwürdig wurden? Heißt das nicht, daß wir Kritik ernst nehmen müssen, auch wenn sie aus der jungen Generation laut wird?

Besserungen hier und an anderen Stellen können nur dann gelingen, wenn jetzt von keiner Seite neue Erregung hinzugetragen wird. Gefühlsaufwallungen sind billig, aber nicht hilfreich – ja sie vermehren die Verwirrung.

Nichts ist jetzt so sehr geboten wie Selbstbeherrschung – auch an den Stammtischen oder wo immer sonst das Geschehen dieser Tage diskutiert wird.

Das Kleid unserer Freiheit sind die Gesetze, die wir uns selber gegeben haben. Diesen Gesetzen die Achtung und Geltung zu verschaffen, ist Sache von Polizei und Justiz. Es besteht kein Anlaß zu bezweifeln, daß Polizei und Justiz tun, was ihre Aufgabe ist.

Wichtiger aber ist es, uns gegenseitig zu dem demokratischen Verhalten zu verhelfen, das den Einsatz von Justiz und Polizei erübrigt.

Zu den Grundrechten gehört auch das Recht zu demonstrieren, um öffentliche Meinung zu mobilisieren. Auch die junge Generation hat einen Anspruch darauf, mit ihren Wünschen und Vorschlägen gehört und ernst genommen zu werden.

Gewalttat aber ist gemeines Unrecht und eine Dummheit obendrein. Es ist eine alte Erfahrung, daß Ausschreitungen und Gewalttaten genau die gegenteilige öffentliche Meinung schaffen, als ihre Urheber wünschen. Das sollten – so meine ich – gerade auch politisch bewegte Studenten begreifen und darum zur Selbstbeherrschung zurückfinden.

Unser Grundgesetz ist ein großes Angebot. Zum ersten Mal in unserer Geschichte will es in einem freiheitlich-demokratischen und sozialen Rechtsstaat der Würde des Menschen volle Geltung verschaffen. In ihm ist Platz für eine Vielfalt der Meinungen, die es in offener Diskussion zu klären gilt.

Uns in diesem Grundgesetz zusammenzufinden und seine Aussagen als Lebensform zu verwirklichen, ist die gemeinsame Aufgabe. Die Bewegtheit dieser Tage darf nicht ohne guten Gewinn bleiben.

III,334-336.

Alliierte Notstandsrechte ablösen

Als 1967 in Bonn über die Notstandsgesetze debattiert wurde, gab es Protest im ganzen Land dagegen. Heinemann erhielt kritische Briefe aus Kreisen derer, die die zustimmende Haltung der SPD für falsch hielten. Er antwortete Frau Käte Koch aus Bremen am 4.10.1967:

Es geht nicht darum, eine Notstandsordnung *einzuführen,* sondern eine bestehende *abzulösen.* Die bestehende Notstandsordnung beruht darauf, daß die Westmächte ihre Rechte aus der Kapitulation von 1945 wieder in Anspruch nehmen können, wenn ein Notstand eintritt. Auf der Grundlage dieser alten Befugnisse der

Westmächte sind interne (Schubladen-)Gesetzentwürfe und Verordnungen vorbereitet, die für den Fall des Falles auf Grund einer alliierten Ermächtigung an die Bundesregierung in Funktion gesetzt werden können. Diese nach Grundlage und Inhalt unerfreuliche Regelung gilt es, durch eine vom Bundestag in ordnungsmäßiger Weise zu beschließende andere Ordnung zu ersetzen. Das ist zunächst einmal ein Zentralthema. Natürlich kann man nun über die Einzelheiten der zur Diskussion stehenden Fragen diskutieren.

Wahl zum Bundespräsidenten: ein Stück Machtwechsel

Nachdem Heinemann am 5. März 1969 mit den Stimmen von SPD und FDP zum Bundespräsidenten gewählt worden war, schilderte er dem Bonner Korrespondenten der Stuttgarter Zeitung, Reinhard Appel, in einem Interview seine Sicht der Lage:

APPEL: Herr Minister, Ihre Wahl zum dritten Bundespräsidenten wird von Ihren Freunden, aber auch von Ihren bisherigen innenpolitischen Gegnern als eine Zäsur, wenn nicht gar als eine Wende in der Nachkriegsgeschichte der Bundesrepublik bewertet. Wie beurteilen Sie diese Betrachtung selbst?

HEINEMANN: Ich würde dieser Bewertung zustimmen. Es hat sich jetzt ein Stück Machtwechsel vollzogen, und zwar nach den Regeln einer parlamentarischen Demokratie. Man hat oft, und ich glaube mehr aus gutem Grund, gesagt, daß eine solche Demokratie ihre Bewährungsprobe erst dann bestanden habe, wenn eben nach ihren Regeln auch einmal ein Machtwechsel zustande gekommen sei. Das ist hier nicht in breiter Front der Fall, das wird sich erst bei der Bundestagswahl ergeben, aber immerhin doch in einem beachtlichen Stück.

APPEL: Manche Leute werden von dieser Antwort vielleicht irritiert sein, wenn Sie im Zusammenhang mit der Wahl des Bundespräsidenten von Machtwechsel sprechen, also die Vokabel Macht miteinbeziehen.

HEINEMANN: Ja, ich weiß, daß die Vokabel in bezug auf die Position des Bundespräsidenten nicht präzise ist. Unsere Verfassung ist aus gutem Grunde so konstruiert, daß der Schwerpunkt politischer Macht beim Bundeskanzler, bei der Bundesregierung liegt, die auch allein dem Parlament gegenüber verantwortlich sind. Der Bundespräsident hat diese Verantwortung gegenüber dem Parlament nicht, und er muß sich dementsprechend zurückhaltend im politischen Bereich bewegen. Aber immerhin, es ist doch eine wesentliche Position unter all unseren staatlichen Organen erstmalig auf die bisherige Opposition übergegangen. [...]

Die Weltwoche, Zürich, zum Machtwechsel in Bonn im Herbst 1969: Bundeskanzler Kurt-Georg Kiesinger (CDU) übergibt die Amtsgeschäfte an Bundeskanzler Willy Brandt (SPD) und Walter Scheel (FDP) – rechts Bundespräsident Gustav Heinemann. Das Zitat Konrad Adenauers, der 1967 verstorben war, aus den 50er Jahren war inzwischen ein geflügeltes Wort geworden.

APPEL: Einige Ihrer Kritiker verdächtigen Sie eines unklaren Verhältnisses zum Staat im allgemeinen und zur Bundesrepublik im besonderen. Was haben Sie diesen Kritikern zu sagen?

HEINEMANN: Da kann ich nur lachen über soviel Torheit. Wenn man jemandem, der sich seit 1945 pausenlos darum bemüht hat, aus dem Elend der Vergangenheit herauszukommen, hier etwas Neues entstehen zu lassen, vorhalten will, er hätte kein Verhältnis zum Staat, was soll man denn eigentlich noch mehr tun, als daß man sich darum bemüht, hier in einer guten Weise auch öffentliche Ordnung wiedererstehen zu lassen? Ich wehre mich allerdings dagegen, daß man aus dem Staat etwas Übermenschliches macht.

Ich habe den Staat in meinen eigenen nunmehr fast siebzig Jahren in fünf verschiedenen Gewandungen erlebt. Ich war Soldat unter dem König von Preußen bis zum Ende des Ersten Weltkrieges. Ich war Student, ich habe meine Familie gegründet, mein Berufsleben angefangen in der Weimarer Zeit; in der Weimarer Republik, die zusammengequetscht wurde von rechts und links. Ich habe das »Dritte Reich« erlebt, kontra oder abseits. Ich habe das Besatzungsregime erlebt, wo mir zum Beispiel in meinem Kampf als Essener Oberbürgermeister gegen die Demontagen der englische Hochkommissar gesagt hat: Es gibt keine andere rechtliche Grenze dessen, was wir tun dürfen, als die, die wir uns selber setzen. War das ein Rechtsstaat? Und jetzt erleben wir die Bundesrepublik mit ihrer wirklich freiheitlichen demokratischen Ordnung. Die möchte ich erhalten wissen.

Der Staat an sich ist mir nicht der Kern, sondern das Gewand. Der Staat kann ja ein Verbrecherstaat sein, das haben wir doch auch erlebt. Der Staat kann verrückt sein in seiner Großsprecherei, wie wir es unter Kaiser Wilhelm erlebt haben. Also: Mir kommt es auf das Gewand dieses Staates an. Im Grunde genommen hat er doch nichts anderes zu tun, als das Gute zu fördern und das Böse abzuwehren.

III,349-353.

Das Grundgesetz – ein großes Angebot

Beim Festakt in Bonn »25 Jahre Grundgesetz« erklärte Bundespräsident Heinemann am 24. Mai 1974:

In den gerade hinter uns liegenden zweieinhalb Wochen haben wir in Bonn viel erlebt. Wir erlebten den überraschenden Rücktritt des Bundeskanzlers Brandt und damit das Ende seiner Regierung. Wir erlebten die Wahl eines neuen Bundeskanzlers Helmut Schmidt durch den Deutschen Bundestag, die rasche Bildung einer neuen Regierung; die Aussprache über die Vorstellungen und Ziele der neuen Regierung hier im Parlament fand in dieser Woche statt.

Wie auch immer wir zu diesen Vorgängen stehen, so können wir jedenfalls feststellen: Das Grundgesetz hat wiederum eine Bewährungsprobe bestanden. [...]

Das Inkrafttreten des Grundgesetzes vor 25 Jahren zählt zu den Sternstunden unserer Geschichte. Es unterbreitet uns das große Angebot, zum ersten Mal eine freiheitlich-rechtsstaatliche und soziale Demokratie zu verwirklichen.

Im Mittelpunkt seines Ordnungsgefüges steht der mündige Bürger. Er soll mitverantwortliches und in freier Selbstbestimmung mitwirkendes Glied einer nicht von oben geformten und genormten Gesellschaft sein. Ihm ist das Recht zugesprochen, aber auch die staatsbürgerliche Verpflichtung zugedacht, unseren Staat als seine eigene Angelegenheit anzunehmen und im Rahmen der verfassungsrechtlichen Grundsätze mitzugestalten. [...]

Diese Ordnung ist kein Heilsplan, sondern wie alles irdische Tun nur unvollkommenes Menschenwerk. Ihre Würdigung kann auch nicht verschweigen, daß außerdem zwischen Verfassungsaussage und Verfassungswirklichkeit ein Graben klafft. Es gehört sogar zum Wesen freiheitlich-demokratischer Ordnung, daß sie von keinem Zustand behauptet, er stimme mit dem Ideal überein, daß sie vielmehr die jeweiligen Verhältnisse für ständig verbesserungsbedürftig, aber eben auch verbesserungsfähig hält und uns damit die nie zu Ende kommende Aufgabe stellt, die Wirklichkeit in beharrlicher Annäherung auf das Leitbild der Verfassung hin fortzuentwickeln.

Es wäre das Ende aller Politik, wenn Bestehendes nur noch verwaltet, aber nicht mehr verbessert würde. Die Einheit von Demokratie, Rechtsstaat und Sozialstaat bedarf ständiger Bemühung. [...]

Ich greife nun einige Probleme heraus, die uns auch heute noch auf den Nägeln brennen. Artikel 14 des Grundgesetzes nimmt das Eigentum in Sozialpflicht. Im Vordergrund steht dabei das Eigentum an Grund und Boden, das für jedermann lebenswichtig ist und nicht vermehrt werden kann. Deshalb darf es nicht Objekt einer Spekulation sein, durch die das Gemeinwohl behindert oder geschädigt wird.

Die Pressefreiheit und die öffentliche Aussprache über Vorgänge und Personen sind Lebenselemente jeder Demokratie. Sie sind durch die Pressekonzentration gefährdet. Es bedarf einer Vorsorge, damit die Vielfalt der Meinungen in der Presse wie auch in Rundfunk und Fernsehen wirklich zu Worte kommt.

Das Grundrecht auf Verweigerung des Kriegsdienstes mit der Waffe aus Gewissensgründen durchbricht einen Zwang, unter dem viele Menschen in der Vergangenheit gelitten haben. Gewiß kann dieses Grundrecht mißbraucht werden. Es gibt aber auch Beschwerden über Mißachtung von Gewissensbindung, die der Abstellung bedürfen. Wir sollten meines Erachtens überlegen, ob es nicht für den ganzen Fragenkreis staatlicher Dienstpflicht bessere und zugleich gerechtere Lösungen gibt. [...]

Kein Grundgesetz kann die Nöte der Welt im ganzen lösen. Es gibt auch keine Antwort auf die Frage nach dem Sinn des Lebens und kann sie nicht geben. Das Grundgesetz bietet uns Demokratie, es bietet uns den Rechtsstaat, es bietet uns den Sozialstaat, es bietet uns Regeln für deren ständige Verbesserung. Es ermöglicht der Bundesrepublik Deutschland, nach Kräften an den Bemühungen teilzunehmen, die Welt um uns herum zu bessern.

Das mag bescheiden erscheinen und ist doch zugleich ein Höchstmaß dessen, was eine Verfassung bieten kann. Von einer Staatsverfassung mehr zu verlangen, halte ich für wirklichkeitsfremde Utopie.

Wenn wir aber uns alle und zumal die ungeduldigen Gesellschaftsveränderer unter uns zur Besinnung auf diesen Gehalt des Grundgesetzes berufen wollen, so muß immer wieder hinzugefügt werden, daß es der ständigen erkennbaren Bemühung um Gerechtigkeit, aber auch der Bewahrung der Freiheit als der Grundlage für alle Bemühung um Gerechtigkeit bedarf.

Freiheit ohne Gerechtigkeit ist gewiß ein Übel. Ein Leben aber ohne die Freiheitsrechte des Glaubens, des Gewissens, der Rede, der Versammlung, der Berufswahl, der Freizügigkeit, wie sie das Grundgesetz sichert, wäre selbst bei Erfüllung aller materiellen Wünsche und höchster sozialer Gerechtigkeit immer noch ein menschenunwürdiges Leben. Deshalb sollte jeder Bürger bei allem, woran er sich stößt, nicht vergessen, daß nur eine Freiheitssicherung, wie sie das Grundgesetz gewährt, ihm und uns allen die Möglichkeit bietet, offen aufzutreten. Noch in der Weimarer Demokratie konnten etliche Grundrechte durch einfache Gesetze wirkungslos gemacht werden, während heute ein Grundrecht in keinem Falle in seinem Wesensgehalt angetastet werden darf (Art. 19 Abs. 2 GG).

Was auch immer den westlichen Demokratien, zu denen wir gehören, mangelt, so sind sie in dieser verworrenen Welt Inseln der Freiheit und des persönlichen Schutzes vor Willkür. Ich hoffe zuversichtlich, daß allein schon um deswillen unser Grundgesetz immer tiefer in unser aller Bewußtsein Wurzeln schlagen wird.

Eine freiheitliche Demokratie muß sich freilich auch wehren können. Die breite Bejahung des Grundgesetzes wie auch unsere Übereinstimmung darin, daß uns eine Politik ständiger Besserungen aufgetragen ist, schließen nicht aus, daß da und dort die Bereitschaft fehlt, aufeinander zu hören und immer wieder einen Weg der Verständigung zu suchen.

Im Vertrauen auf die Überlegenheit unserer Ordnung, die jedem Bürger ein selbstverantwortliches Leben sichern will, sind wir verpflichtet, ihren auf Vergewaltigung bedachten Gegnern entschlossen zu widerstehen. Die Gesetze ermöglichen das. Die Grundordnung gewährt Spielraum, sie setzt aber auch Grenzen. Wer z.B. die Meinungsfreiheit zum Kampf gegen die Grundordnung, d.h. zum Kampf gegen die Freiheiten seiner Mitbürger oder gegen das Gefüge unserer Verfassung mißbraucht, verwirkt sie. So steht es in Artikel 18 des Grundgesetzes. Warum wird er nicht angewandt? Vielleicht sind dazu einige Klärungen erforderlich.

Freiheitliche Demokratie muß auch verhindern, daß ihre Gegner in die Beamtenschaft eindringen. Das Beamtenrecht fordert das positive Eintreten für unsere verfassungsmäßige Ordnung. Seine richtige und vernünftige Anwendung sollte sich wohl, so meine ich, regeln lassen.

Je überzeugender es gelingt, Rechtsstaat, Sozialstaat, staatsbürgerliches Bewußtsein und Demokratie in ihrem Zusammenspiel zur Geltung zu bringen, desto weniger brauchen wir uns um die Zukunft der grundgesetzlichen Ordnung zu sorgen. Alsdann dürfen wir es auch im Vertrauen in die Überlegenheit dieser Ordnung wagen, ihren Gegnern nicht nur entschlossen, sondern auch mit gelassener Souveränität zu begegnen.

Noch einmal: Wir werden diese Ordnung gegenüber Gegnern mit Zähnen und Klauen verteidigen. Wir werden uns aber auch vor übereifrigem und übersteigertem Schutz zu hüten haben, der das, was wir schützen wollen, erstickt oder unansehnlich macht. Freiheit muß auch die Freiheit für Andersdenkende bleiben, und der Preis für die Freiheit steigt, wenn die Nachfrage sinkt. [...]

Bewahrende und fortschrittswillige Kräfte erfüllen beide notwendige Aufgaben. Sie müssen sich gegenseitig auf mögliche Gefahren ihres Weges hart befragen. Bei aller Härte der Auseinandersetzung muß aber jeder dessen eingedenk bleiben, daß er nur Teil eines Ganzen ist und daß niemand über garantiert sichere Zukunftslösungen verfügt. Der Weg in die Zukunft ist vielmehr – wie es das Bundesverfassungsgericht im KPD-Urteil beschrieben hat – ein Prozeß des Erprobens und Irrens.

Meinungsverschiedenheiten allein rechtfertigen es niemals, den anderen als nicht verfassungstreu zu verunglimpfen. Wer es gleichwohl versucht, muß sich fragen lassen, wessen Geschäft er betreibt und ob es ihm wirklich um das allgemeine Beste geht.

Es muß uns schlechterdings unerträglich sein, die Chance dieses Grundgesetzes zu verspielen. Zu diesem Grundgesetz gibt es für uns keine Alternative. Es verkörpert erlittene Erfahrungsweisheit der besten unserer Vorfahren. Es hat seine Lebensfähigkeit erwiesen.

Es läßt sich – bei allem, was noch zu bessern ist – nicht bestreiten, daß die Bundesrepublik Deutschland in ihrer 25jährigen Geschichte in den Kreis derjenigen Staaten gerückt ist, die ein hohes Maß an staatsbürgerlicher Freiheit, wirtschaftlichem Wohlstand und sozialer Daseinssicherung verwirklichen konnten. Diesen Tatbestand durch Übertreibung bestehender Sorgen zu zerreden, ist leichtfertiger Undank und kann die Strafe der Geschichte herausfordern.

I,183-194.

Schwierige Aufgaben der Bundesverfassungsrichter

Bei einem Besuch des Bundesverfassungsgerichts in Karlsruhe nannte Heinemann am 8.12.1971 als besondere Aufgaben des Verfassungsrichters:

Seine Stellung ist vor allem geprägt durch das Spannungsverhältnis zwischen der Bindungskraft der Verfassung und der Eigengesetzlichkeit des politischen Wägens und Handelns. [...]

Dem Bundesverfassungsgericht ist in der Vergangenheit gelegentlich vorgehalten worden, es habe mit der einen oder anderen Entscheidung die Grenze zu dem Bereich überschritten, der den politisch Handelnden vorbehalten ist. Ich meine, daß das Gericht dem standhalten kann. Es hat stets erkannt, daß die Verfassung das politische Handeln nicht vorbestimmen und den Politikern die Verantwortung für Ihre Entscheidungen nicht abnehmen kann. [...]

Die Verfassung setzt Schranken gegen einen Mißbrauch politischer Macht. Gerade diese Schranken weisen aber die grundsätzliche Offenheit unserer Verfassung für die unterschiedlichen in unserer Gesellschaft vertretenen Standpunkte, Meinungen und Wertungen auf. Deren Austrag will das Grundgesetz nicht verhindern, sondern ermöglichen.

Diese für unser Demokratieverständnis wesentliche Aufgabe bliebe unerfüllt, – wenn die Verfassung bei der Ordnung der verschiedenen Sach- und Lebensbereiche immer nur einen bestimmten Weg offenließe, – wenn sachliche Gegenvorschläge den Makel der Verfassungswidrigkeit erhielten, – wenn die politische Aussprache zwischen den in Gesellschaft und Politik maßgeblichen Gruppen auf unwichtige Einzelfragen verkürzt würde.

Einer solchen Fehldeutung der Verfassung hat das Bundesverfassungsgericht mit Bestimmtheit und zu jeder Zeit einen Riegel vorgeschoben. So hat es beispielsweise nie einen Zweifel daran gelassen, daß die überkommene Wirtschafts- und Sozialordnung eine zwar verfassungsrechtlich mögliche, aber keineswegs die allein erlaubte Ordnung ist.

Auch die Gewährleistung des Eigentums ist keine unüberwindliche Schranke für notwendige Reformen. Das Grundgesetz läßt vielmehr dem Gesetzgeber Spielraum, auch bestehende Rechte im Spannungsverhältnis zwischen der Freiheit des einzelnen und den Belangen des Allgemeinwohls inhaltlich umzugestalten.

I,200-203.

Der Beamte als Partner der Bürger

Als Bundespräsident suchte Heinemann den verschiedenen Berufsgruppen, die im Dienste des Staates stehen, ein Bild demokratischer Berufsauffassung zu vermitteln. Auf dem 8. Beamtentag des Deutschen Gewerkschaftsbundes führte er in Bonn am 11.11.1971 über die Rolle der Beamten aus:

Unser Staat ist der Staat aller Bürger. Der demokratisch soziale Rechtsstaat steht nicht im Gegensatz zur Gesellschaft, sondern ist deren organisierte Daseinsform, um die von der Gesellschaft gewollten Gemeinschaftsaufgaben zu erfüllen und bei allem die Freiheit der Staatsbürger zu gewährleisten.

Die Rolle, die der Beamte dabei zu spielen hat, ist historisch geprägt durch sein besonderes Treueverhältnis ursprünglich gegenüber dem Fürsten, später gegenüber dem Staat. Der Beamte war zunächst Erfüllungsgehilfe seines Fürsten. Geblieben aber ist ein Treueverhältnis gegenüber allen Bürgern, die diesen Staat bilden. Für die Verwaltung folgt aus solchem Staatsverständnis, daß sie nicht mehr die Eingriffsverwaltung früherer Zeiten sein kann, sondern vielmehr als Leistungsverwaltung im Interesse wachsender Daseinsvorsorge des Staates für den Bürger verstanden werden muß. Der Beamte soll darum dem Bürger unseres Gemeinwesens als Partner begegnen. Der Bürger ist anspruchsberechtigter Empfänger von Dienstleistungen. [...]

Wir alle wissen, daß die bestehenden Gesetze nicht ausreichen, um die ideale Verwaltung zu verwirklichen. Deshalb ist die Diskussion nützlich, die heute überall mit dem Ziel einer Reform des öffentlichen Dienstes eingesetzt hat.

Bei aller Bemühung um Besserung des Beamtenrechts darf nicht immer nur an Besoldung und Beförderung gedacht werden. Es muß auch daran erinnert werden, daß gegen Beamte bei fehlerhafter Leistung disziplinarisch vorgegangen werden kann. Auch das muß bei allen Überlegungen bedacht werden.

Zur Diskussion über das, was der öffentliche Dienst leisten kann und muß, gehört aber auch jenes heiße Eisen, das oft mit dem Stichwort »Trottelparagraph« bezeichnet wird. Ich weiß, das ist ein unschönes Wort. Schon vor 21 Jahren als Innenminister habe ich mich darum bemüht, hier neue Wege zu finden. Das ist alles damals steckengeblieben. Hier wird ein Problem deutlich, an dem niemand vorbeikommt. Das Berufsbeamtentum tut sich selber den größten Dienst, wenn es diese Dinge ernst nimmt, um sich als solches zu erhalten. Der Beamte ist im Gegensatz zum freien Beruf und zur freien Wirtschaft der Sorge enthoben, bei ungenügender oder fehlerhafter Leistung Folgen befürchten zu müssen. Damit rede ich nicht einem gnadenlosen Leistungsdruck das Wort, wohl aber einem gründlichen Überdenken der bevorzugten Stellung, die der Beamte in unserer Gesellschaft genießt.

I,329-332.

Aufgaben der Polizei im freiheitlichen Rechtsstaat

Heinemann charakterisierte die Aufgaben der Polizei im freiheitlichen Rechtsstaat in einer Rede im Polizei-Institut Hiltrup am 23.8.1972 so:

Mit dem Grundgesetz haben wir uns eindeutig gegen den Polizeistaat für den freiheitlichen Rechtsstaat entschieden. Die Polizei ist damit ähnlich wie die Bundeswehr in einen Gesamtrahmen grundsätzlicher Verfassungsentscheidungen gestellt. [...]

Die Untertanen eines totalitären Obrigkeitsstaates müssen sich mit der Polizei abfinden, die die Staatsführung ihnen aufzwingt. Eine freie demokratische Gesellschaft aber kann sich durch ihr Verhalten selbst die Polizei schaffen, die sie haben möchte.

Dazu gehört auf beiden Seiten die Bereitschaft, gewisse Spielregeln der Fairneß einzuhalten und sich gegenseitig mit einem natürlichen Maß an Vertrauen zu begegnen. Wo dies der Polizei oder dem Bürger verweigert wird, bildet sich ein selbstverschuldeter Graben von Mißtrauen, der zwangsläufig zur Verhärtung im Verhältnis von Polizei und Bürger führt. [...]

Daß die Polizei im Gerede ist, muß sie hinnehmen. Auch andere öffentliche Einrichtungen, sonderlich die Justiz, sind davon nicht ausgenommen. Solches gehört zu den Lebensäußerungen einer lebendigen Demokratie. In ihr wird Kontrolle und ständige Überwachung nicht nur von oben nach unten, sondern auch quer durch alle Schichten, Berufe und Stände ausgeübt. Es ist nicht die Polizei allein, der es da oder dort schwerfällt, dies mit Gelassenheit einerseits, aber zugleich auch mit wachem, selbstkritischem Hinhören zur Kenntnis zu nehmen.

Wir Deutschen waren allzulange daran gewöhnt, Tadel und selbst persönliche Boshaftigkeiten zu ertragen, wenn sie »von oben« kamen – und sei dieses »oben« auch nur der Unteroffizier auf dem Kasernenhof gewesen. Dagegen sind wir sehr empfindlich gegenüber Kritik, die von, wie wir meinen, Unzuständigen geäußert wird. Dabei sind in der Demokratie – im Grundsatz jedenfalls – alle für alles zuständig!

Bedeutet das, daß unsere Polizei in einer ständigen Verunsicherung leben und arbeiten muß? Gewiß nicht. Über allem steht ihre Aufgabe, das Leben, das Recht und das Eigentum der Bürger zu schützen. Alles, was sich bei Wahrung der Verhältnismäßigkeit der Mittel als notwendig erweist, diesen Auftrag zu erfüllen, ist gerechtfertigtes Handeln. Die Verantwortung dafür zu übernehmen, darf sich kein Beamter scheuen. [...]

Ein verhätscheltes Lieblingskind unseres Staates, das für unbedingten Gehorsam und harten Zugriff reichlich belohnt werden soll, kann die Polizei bei uns nicht werden. Das gibt es nur in Staats- und Gesellschaftsordnungen, die ohne eine rücksichtslos handelnde Polizei nicht existieren können. Auf der anderen Seite aber werden unsere freiheitliche Demokratie und die ihrer Verfassung verpflichteten Regierungen Sie niemals in Gewissenskonflikte drängen. Niemand wird Ihnen zumuten, etwas gegen das Recht oder gegen Ihr eigenes Gewissen zu tun. Diese Gewißheit sollte Ihnen viel bedeuten. Sie sollte die Erschwerungen gern hinnehmen lassen, die ein Polizeibeamter in einem freien Gemeinwesen in Kauf zu nehmen hat.

I,317-322.

In der Armee die Demokratie selbstverständlicher machen

Über eine demokratische Armee äußerte sich Heinemann in einer Ansprache vor der Schule der Bundeswehr für Innere Führung in Koblenz am 26.4.1972 so:

Vernünftiges demokratisches Verhalten und der militärische Führungsgrundsatz von Befehl und Gehorsam stehen sich gegenseitig nicht im Wege. Die Behandlung der anvertrauten Menschen steht unter dem Gebot der Wahrung ihrer Würde und ihrer Rechte. Das ist die eine Seite. Demgegenüber fordern die Eigenart des soldatischen Dienstes und die Erfüllung des militärischen Auftrages eine klare Führung, die auf Befehl und Gehorsam nicht verzichten kann. Das ist die andere Seite. Beides ist durch die Verfassung dem Soldaten zugesprochen und auferlegt.

Dem soldatischen Führer erwächst die Pflicht, sein Wollen und Können auf diesen Auftrag einzustellen. Menschen zu führen ist in unserer Zeit eine schöne, aber zugleich schwere Aufgabe. Sie verlangt Persönlichkeiten, die Beispiele geben können. Das heißt, Autorität entsteht nicht zuerst von Rang und Stellung her, sondern muß erworben und durch den Einsatz der Person täglich neu gefestigt werden. Autorität wird nur dann nicht angezweifelt, wenn sie sich auf fachliche Leistung und untadelige menschliche Haltung gründet. [...]

Die Bundeswehr ist nicht der alleinige Teil unserer Gesellschaft, in dem gelegentliche Reibungen auftreten.

Die Bundesregierung hat das kürzlich dahin ausgedrückt, daß die Bundeswehr als Wehrpflichtarmee gar nichts anderes sein kann als ein Spiegelbild der Gesellschaft, in der sie lebt. Mit dieser Feststellung allein wollen wir uns nicht zufriedengeben. Unser aller

Beitrag dazu, die Demokratie auf allen Ebenen selbstverständlicher zu machen, kann nur darin bestehen, selbstkritisch zu sein und unermüdlich Beispiele zu setzen, auch im Befehlen und auch im Gehorchen.

I,326-328.

Die deutsche Volkszeitung, Düsseldorf, am 18.7.1969 nach Heinemanns Amtsantritt als Bundespräsident.

Der mündige Bürger in Staat und Gesellschaft

Als am 11.2.1973 der Theodor-Heuss-Preis an den »Mündigen Bürger« vergeben wurde, hielt Heinemann in München eine Laudatio auf den mündigen Bürger in Staat und Gesellschaft. Der vollständige Text lautete:

Der mündige Bürger ist zuallererst ein wacher Bürger, der nicht durch andere verwaltet oder vertreten, sondern der mitbestimmend und mithandelnd dabeisein will.

Uns ist geläufig, daß jeder Mensch – grundsätzlich – in einem bestimmten Lebensalter der elterlichen oder vormundschaftlichen Gewalt entwächst und fortan als mündig gilt, seinen persönlichen Lebensweg in Selbstbestimmung zu gehen. Hier setzt eine zählbare Altersgrenze den entscheidenden Zeitpunkt für jedermann fest.

Im politischen Verständnis meinen wir offensichtlich etwas anderes, wenn wir vom mündigen Bürger sprechen. Hier geht es um eine bestimmte Bewußtseinshaltung gegenüber Staat und Gesellschaft, die man hat oder entwickelt oder die man nicht hat. Einmaliges Aufbegehren aus besonderer persönlicher Betroffenheit zählt allerdings wenig. Wie Mensch-Sein stets auch Mensch-Werden bedeutet, so heißt Mündiger-Bürger-Sein sich stets neu als solcher bewähren.

Auf solche bewußte Lebendigkeit haben viele von uns lange gewartet. Wie oft hörten wir das Gerede, daß man ja doch nichts ausrichten könne, weil »die da oben« machen, was sie wollen. Aber schon die Tatsache, daß unsere Gesellschaft von einem wahrlich großen Geflecht von Organisationen aus freiwilliger Mitgliedschaft durchzogen ist und viele Abläufe ohne diese Organisationen gar nicht möglich wären, setzte einen Gegenpunkt.

Mit anderen Worten: Ein Stück Bürgermündigkeit ist es ja auch, wenn ich einer Berufsorganisation, einer politischen Partei, einer freiwilligen Feuerwehr oder einer der vielen sonstigen, auf Hilfe für andere bedachten Organisationen beitrete. So schwer sich alle diese Organisationen im einzelnen auch tun, so sollten wir doch das hohe Ausmaß solcher Freiwilligkeiten nicht unterschätzen und uns je und dann bewußtmachen, was die Leistungen der darin tätigen Mitbürger für unsere Gesellschaft bedeuten.

Weil man heute so leichthin mit verallgemeinernden abschätzigen Urteilen über die junge Generation umgeht, sei in diesem Zusammenhang zum Beispiel daran erinnert, was allein sie an freiwilligem Einsatz leistet. Das fängt bei den Schülerlotsen an, die jeweils früher als ihre Mitschüler zur Stelle sind und nach Schulschluß noch ausharren, um andere Schüler ungefährdet über verkehrsdichte Straßen zu geleiten. Im Roten Kreuz, im Technischen Hilfswerk, in der Lebens-Rettungs-Gesellschaft, in freiwilligen sozialen Diensten vielfältiger Art usw. sind Hunderttausende allein an jungen Menschen für andere tätig – von den älteren ganz abgesehen.

Das alles ist nicht neu. In den letzten Jahren ist aber etwas hinzugekommen, was die gesellschaftliche und politische Landschaft gründlich verändert. Es ist, als ob ein seit langem angestautes Verlangen nach persönlicher Mitbestimmung und Mitgestaltung plötzlich wie ein Frühlingswind ausgebrochen wäre, der alle Einrichtungen und Organisationen durchfegt und nichts ungeschoren läßt.

An Kindergärten fehlt es schon lange. Jetzt aber sind Eltern munter geworden, fordernd oder auch Kindergärten selbst organisierend. Darauf komme ich noch einmal zurück. Zuwenig Lehrer und überfüllte Schulklassen gibt es schon lange. Jetzt aber sind Schüler und Eltern demonstrierend oder streikend auf dem Plan, um Besserungen durchzusetzen. Mängel in der Lehrlingsausbildung wurden seit langem erörtert. Jetzt aber sind Geduldsfäden gerissen; Lehrlinge melden sich selber kräftig zu Wort und verlangen bessere, zeitgemäßere Ausbildung. Die Forderung nach Mitbestimmung der Arbeitnehmer fehlt mittlerweile in keinem Parteiprogramm. Umstritten ist allein noch das Wie der Verwirklichung.

Am heftigsten hat der Sturm der Umgestaltungen die Universitäten ergriffen. Die Unruhe dort brach nicht nur an Fragen der organisatorischen Hochschulreform, sondern auch an allgemeinen politischen Vorgängen wie dem Vietnam-Krieg auf. Der Streit um die Hochschulverfassungen scheint bis auf weiteres nicht zum Abschluß zu kommen, wobei die Sperren für den Zugang zu überfüllten Studiengängen zusätzliche Nahrung geben.

Eine für unser Thema interessante Änderung von nachhaltiger Bedeutung sehe ich darin, daß die Studierenden nicht nur bei der Hochschule im ganzen, sondern vor allem bei der Gestaltung des

Lehr- und Lernprozesses mitbestimmen wollen. Vorlesungen und Seminare sollen nicht mehr nur Veranstaltungen der Lehrenden für Lernende, sondern ein gemeinsames Unternehmen sein, bei dem alle an der Auffindung der Lehrmethode und der Lehrinhalte zu beteiligen sind. Nicht mehr der einzelne studiert einsam zu Hause oder in einer Bibliothek, sondern man lernt oder experimentiert gemeinsam. Auch schriftliche Arbeiten entstehen in Gruppen. Neben der persönlichen Leistung wird durch alles dieses die Fähigkeit zur Zusammenarbeit entwickelt.

Ein Durchbruch von Mündigkeit aus begrenzten Lebensbereichen in das gesamte politisch-soziale Leben zeigte sich besonders deutlich im letzten Bundestagswahlkampf. Mehr als zuvor kamen Männer und Frauen aller Altersgruppen der Partei zu Hilfe, die sie als Sieger der Wahl zu sehen wünschten. Ein großer, zuweilen auch humorvoller Erfindungsreichtum und viel persönliches Hervortreten waren am Werke, um zu sagen, es gehe bei dieser Wahl um ihn, den einzelnen Bürger selbst. Die geheime Stimmabgabe wurde plötzlich weitgehend aufgedeckt. Man bekannte sich öffentlich zu dem, was man politisch wollte. Im Ergebnis erlebten wir eine sonst nie erreichte Beteiligung an der Wahl, wobei die veränderte Haltung der Erst- und Jungwähler eine besondere Beachtung verdient. An früheren Wahlen hatte nur etwa die Hälfte von ihnen teilgenommen. Diesmal gingen fast vier Fünftel zur Wahlurne.

Es war aber das Wahlkampfverhalten, nicht das Ergebnis der Wahl, wie manchmal fälschlich behauptet wurde, das für die Theodor-Heuss-Stiftung den Ausschlag gegeben hat, den mündigen Bürger zum diesjährigen Preisträger zu bestimmen. Diese Entscheidung mag als ungewöhnlich empfunden werden. Sie ist aber geeignet, ins allgemeine Bewußtsein zu rufen, wovon der Bundeskanzler in seiner Regierungserklärung vom 18. Januar dieses Jahres sprach. Er sagte, daß sich »seit der Zeit der Gewaltherrschaft ein gewandelter Bürgertypus gebildet hat, der seine Freiheit auch im Geflecht der sozialen und wirtschaftlichen Abhängigkeit behaupten will«. Er fügte hinzu: »Wir brauchen Menschen, die kritisch mitdenken, mitentscheiden und mitverantworten.« In der Antwort hat der Oppositionsführer den »mündigen Bürger« als eine Zielvorstellung auch seiner Partei bezeichnet.

Wenn wir beschreiben wollen, worin sich bürgerliche Mündigkeit darstellt, so treten zwei Gruppen von Vorgängen hervor.

Wir alle kennen die Protestinitiativen. Wir kennen sie als Aufbegehren gegen Fluglärm, gegen umweltgefährdende oder -verschmutzende Industriewerke oder gegen Wohnviertel zerstörende Stadtplanungen, gegen die Erhöhung von Fahrpreisen öffentlicher Verkehrsmittel sowie gegen Bodenspekulationen.

Manche solcher Proteste könnten aufgefangen werden, wenn die Behörden oder Vertretungsorgane in einem möglichst frühen Zeitabschnitt ihrer Planung die Bürger mit in das Gespräch hineinnähmen. Ob eine Schule hier oder dort gebaut oder ob eine kommunale Neugliederung so oder anders geschehen soll – das sind Vorgänge, die nicht allein die zuständigen Behörden oder Vertretungsorgane samt ihren Fachleuten angehen, sondern eben auch und sogar sehr stark die Bürger vor Ort, die mit der neuen Einrichtung oder unter den veränderten Umständen leben sollen. Hier ist zuviel Geheimniskrämerei üblich. Es sollte zum guten Ton zeitgemäßer Politik gehören, daß Planungen, die andere angehen, nicht über sie hinweg betrieben werden. Darum darf keine Planungsstelle verärgert sein, wenn Bürger unbequem werden mit der Forderung, daß sie gehört sein wollen – dies zumal dann nicht, wenn diese Bürger sich nach bester Möglichkeit um Sachkunde bemüht haben.

Eine andere Gruppe von Initiativen zielt auf Lücken oder Unzulänglichkeiten im Netzwerk unserer öffentlichen Einrichtungen. Dabei werden Mißstände unserer Wohlstandsgesellschaft angegangen. Besonders eindrucksvoll sind Initiativen zu eigener Wahrnehmung von Aufgaben, die dann zuständige Behörden zum Nachziehen veranlassen.

Ohne Anspruch auf Vollständigkeit zähle ich als Anlässe von Initiativen auf: Obdachlosensiedlungen, Gastarbeiterprobleme, Strafentlassene, Jugendheime.

Hervorheben möchte ich, was junge Eltern unternehmen, um den Mangel an Kindergärten anzugehen, oder auch zum Ausgleich veralteter pädagogischer Auffassungen – oft mit eigenen Opfern an Geld und Zeit. So sind zum Beispiel in Berlin über 200 Eltern-Kindergruppen von Eltern für ihre eigenen Kinder eingerichtet worden. Außerdem gibt es in Berlin neun Sonderprojekte, die gezielt unter sozial schwachen Teilen der Bevölkerung als Kindergärten für fremde Kinder arbeiten. Auch Spielplatz-Initiativen sind hier zu erwähnen.

Es gibt viele unter uns, die unsere Verflochtenheit mit dem Weltgeschehen außerhalb unserer Grenzen als einen Teil ihrer eigenen politischen Verantwortung erkannt haben. Ich denke dabei an die deutschen Gruppen von Amnesty International, die sich um die Menschenrechte politischer Gefangener in bestimmten Ländern bemühen oder an Gruppen zum Studium von Problemen der dritten Welt mit dem Ziel der besseren Unterrichtung oder der Organisation von Hilfen. Zumal die Erschütterung über den Vietnam-Krieg hat seit Jahren bei vielen Bürgern in unserem Land ein Interesse an Vorgängen außerhalb Europas geweckt.

Das Betätigungsfeld für wache Bürger ist wahrlich groß und noch lange nicht ausgefüllt. Der Produktivkraft-Phantasie ist keine Grenze gesetzt.

Natürlich gibt es in unserem Land noch manches Defizit an wachem Bürgersinn und wacher Bürgermündigkeit. Als Beispiel sei die oft unzulängliche Art genannt, mit der Schöffen aus lauter Respekt vor den Berufsrichtern ihre Aufgabe in der Strafrechtspflege wahrnehmen. Ihr Dabeisein erfüllt nur dann seinen Sinn, wenn sie sich in vollem Maße gleichberechtigt und mitverantwortlich wissen. Die politische Bedeutung bürgerlicher Mündigkeit ist vielschichtig. Initiativen, welcher Art auch immer, machen zumal den Bürgern, die sich bislang unpolitisch verhielten, mit einem Mal deutlich, daß ihre persönlichen Probleme mit allgemeinen Problemen in Staat und Gesellschaft zusammenhängen.

Bürgerinitiativen tragen dazu bei, daß wir uns unserer Freiheiten bewußt werden. Sie haben ihre Grundlage, aber auch ihre Grenze in der Verfassung. Sie gehören zu einer lebendigen Demokratie.

Nach einem ersten Erschrecken haben Staat und Verwaltung angefangen, das einzusehen. Es mehren sich die Fälle, in denen Bürgeraktionen von Parteien und Behörden zumal im öffentlichen Bereich ermutigt werden. Das sollte und kann überall dort geschehen, wo das Ziel verfolgt wird, die bestehende Rechtsordnung durch Initiative von unten zu verbessern, sie gerechter zu machen oder an veränderte Gegebenheiten anzupassen.

Zu achten ist freilich darauf, daß Teilinteressen nicht gegen das Interesse der Gesamtheit verstoßen. Deshalb bleibt wichtig, daß die Grenzen bürgerlicher Freiheit ebenso gewahrt bleiben wie die Rechte, die das Grundgesetz anerkennt, lebendig sein sollen. Das Grundgesetz ist der Maßstab, an dem der mündige Bürger sich selber messen und messen lassen muß.

Ich will das noch einmal anders ausdrücken. Unser Grundgesetz ist ein großartiges Angebot. Es anerkennt Grundrechte und Freiheiten, wie sie unsere Geschichte zuvor zu keiner Zeit gekannt hat. Das sage ich auch im Hinblick auf die Weimarer Verfassung. Die Wahrung der Grundrechte und Freiheiten haben wir unter die besondere Kontrolle durch das Bundesverfassungsgericht gestellt. Für die Wirksamkeit dieser Kontrolle gibt es hervorragende Beispiele, bei denen allenfalls zu bedauern ist, daß es der Korrekturen von höchster Stelle bedurfte, um anderen Gerichten und Behörden deutlich zu machen, unter welcher Verfassung wir leben.

So wie Gerichte und Behörden aller Art sich in unsere Verfassung einleben müssen, genauso müssen es auch die Bürger. So wie zum Beispiel die Polizei hat lernen müssen, daß Bürger demonstrieren dürfen, ja daß sie die Demonstrationsfreiheit der Bürger sogar zu schützen hat, solange die Rechte anderer Bürger nicht verletzt werden, so stehen auch die Bürger in einem Prozeß des Lernens.

Dieser Prozeß hat große Fortschritte gemacht. Die heutige Veranstaltung will helfen, ihn zu verlebendigen.

Eine amerikanische Zeitschrift hat kürzlich eine aufregende Erdkarte veröffentlicht. Sie zeichnet die Gebiete unserer Erde, die in freiheitlicher Ordnung leben, in Weiß, die Länder, in denen die freiheitliche Ordnung eingeschränkt ist, in Grau und die Länder der Unfreiheit in Schwarz. Grau und Schwarz beherrschen das Bild. Die weißen Gebiete wirken wie Inseln in einem Meer von Unfreiheit. Die Bundesrepublik Deutschland gehört dabei zu den wenigen Ländern, denen ein reines Weiß zugebilligt ist.

Wir wissen alle, wieviel zu dieser so gekennzeichneten unterschiedlichen Weltlage und ihren Ursachen zu sagen wäre. Jedenfalls aber gehört unser Land zu den Bereichen bürgerlicher Freiheit und Rechtssicherheit. Dieser Tatbestand wird uns nur dann erhalten bleiben, wenn wir ihn ständig bessern und ausfüllen. Dazu brauchen wir in einer Demokratie, der von vielen Seiten immer wieder Gefahren drohen, zuallererst den mündigen Bürger mit Sachkunde, Phantasie und Initiative.

I,263-269.

Auf Verletzungen der Menschenrechte hinweisen

In die aktuelle Politik konnte Heinemann während seiner Amtszeit als Bundespräsident selten einwirken. Aber er konnte hier und da ein Zeichen setzen. Als sich der südvietnamesische Diktator Thieu 1973 zu einem Höflichkeitsbesuch bei ihm einlud, nahm sich Heinemann nur eine Dreiviertelstunde Zeit für ihn, fragte nach den Zuständen in den südvietnamesischen Gefängnissen und fordete eine Überprüfung durch neutrale Beobachter. In der Presse kritisierte die politische Rechte, daß Heinemann einen Bundesgenossen der USA brüskiert hätte, die Linke wandte sich dagegen, daß er »den Bluthund von Saigon« überhaupt empfangen hatte. Daraufhin erfuhr die Agentur Reuter »aus diplomatischen Kreisen« Genaueres vom Besuch Thieus. Danach begann Heinemann das Gespräch mit den Worten: »Herr Präsident, Sie haben gewünscht, hier empfangen zu werden – was gibt's?« Als die Presse diese und andere Einzelheiten wiedergab und z.B. die Frankfurter Allgemeine Zeitung »die Direktheit von Gustav Heinemann und die Taktlosigkeit von Willy Brandt« angriff, der Thieu nicht empfangen hatte, schrieb Heinemann am 19.4.1973 an Bundeskanzler Brandt und riet ihm zu einer Erklärung etwa folgenden Inhalts:

Das gegenwärtige politische Thema zwischen der Bundesrepublik Deutschland und Vietnam ist die von der Bundesrepublik Deutschland erwartete Aufbauhilfe. Diese Hilfe stößt in der Bundesrepublik Deutschland auf Widerstände. Sie entzünden sich an den Nachrichten über die Behandlung von Gefangenen in Südvietnam, insbesondere über Folterungen. Diese hat Präsident Thieu in einem Interview mit dem französischen Journalisten Todd (nachgedruckt im SPIEGEL vom 9. April 1973) faktisch bestätigt, als er auf die Frage von Todd nach Folterungen antwortete: »Das gibt es überall. Aber das ist nicht unsere Politik.«

Bundespräsident hat Präsident Thieu unter Bezug auf diese Antwort gesagt, daß sie als Bestätigung von Folterungen gewertet werde, und ihn gebeten: »Helfen Sie uns, damit wir Ihnen helfen können.« Bundespräsident hat ihm vorgeschlagen, das Internationale Rote Kreuz in Genf einzuladen, die Gefangenenlager in Südvietnam, und zwar alle, zu besuchen und darüber öffentlich zu berichten. [...]

Sobald die Bundesrepublik Deutschland nach Aufnahme Diplomatischer Beziehungen mit Nordvietnam mit der dortigen Regierung über die vorgesehene Aufbauhilfe verhandeln sollte, wird, wie der Bundespräsident dem Präsidenten Thieu gesagt hat, auch die Regierung von Nordvietnam auf die Behandlung ihrer Gefangenen angesprochen werden.

Politische Verhandlungen unter Staaten richten sich nach den beiderseitigen Interessen. Da ist häufig kein Raum für humanitäre Fragen. Wo aber von einem Land wie der Bundesrepublik Deutschland Hilfe aus humanitären Beweggründen erwartet wird, kann es nicht verwehrt sein, auf Verletzungen der Menschenrechte im Empfängerland hinzuweisen – zumal dann, wenn in dem Land, dessen Hilfe erwartet wird, die Bereitschaft zu solcher Hilfe durch Nachrichten über Verletzungen der Menschenrechte beeinträchtigt wird.

Kritik am Radikalenerlaß

Als Altbundespräsident äußerte sich Heinemann 1975 in einem Vortrag und 1976 in einem Aufsatz »Freimütige Kritik und demokratischer Rechtsstaat« zu der Praxis des Radikalenerlasses von 1972:

Sicher gehört es zum Schutz unserer Verfassung, ihre Feinde vom Staatsdienst als Beamte fernzuhalten. Aber auch dieses Bemühen muß im Einklang mit der Verfassung stehen. Es muß darauf geachtet werden, daß das Grundgesetz nicht mit Methoden geschützt wird, die seinem Ziel und seinem Geist zuwider sind. Die Entwicklung der letzten Jahre zwingt dazu, diese Methoden sorgsam zu überprüfen. Wir beobachten nämlich, wie das freimütige und gewiß oft auch ungebärdige Verhalten junger Generation, das wir Ende der sechziger Jahre erlebt haben, weithin einer ängstlichen Haltung gewichen ist. Anstelle politischer Wachheit und rigoroserer moralischer Bewertung des politischen Alltags breitet sich offensichtlich Anpassung und Schweigen aus, so, als gelte es nur noch die eigene Haut und Karriere zu retten.

Sicher ist daran nicht nur die in Gang gekommene Überprüfung ganzer Jahrgänge von Bewerbern für den öffentlichen Dienst schuld, sondern auch der durch die wirtschaftliche Lage und den Numerus clausus bewirkte Leistungsdruck, der mittlerweile bis in die unteren Klassen der Schulen durchschlägt. Die Gefahr einer Verwüstung von natürlichem jugendlichen Selbstbewußtsein dürfen wir nicht gering nehmen.

Deshalb muß gefragt werden, inwiefern die jetzigen Methoden, Personen, die sich die Abschaffung demokratischer Rechte zum Ziel gesetzt haben, vom Beamtendienst fernzuhalten, sich negativ auswirken und also geändert werden müssen. Es stehen Dienstaufsichts- und andere personalrechtliche Verfahren bereit, um gegen Beamte und Angestellte des öffentlichen Dienstes, die sich verfassungswidrig betätigen, vorzugehen. Soweit es sich um Bewerber handelt, müssen eindeutige Beweise dafür vorliegen, daß sie sich die Abschaffung der vom Grundgesetz verbrieften demokratischen Rechte zum Ziel setzen. Solche Bewerber sind aber zu unterscheiden von denjenigen, die sich zu gesellschaftlichen Zuständen kritisch äußern und deren Veränderung anstreben, um dadurch die Forderung des Grundgesetzes besser zu verwirklichen. [...]

Um so deutlicher müssen wir daran festhalten, daß eine freiheitliche Gesellschaft auch bei uns eine Gesellschaft in Bewegung ist. Sie kann kein fertiger und ein für allemal bleibender Zustand sein. Ihre Weiterentwicklung muß bewußt betrieben werden, damit es nicht zu Rückfällen kommt. Wie schon erwähnt, erleben wir gegenwärtig eine sich verstärkende Gleichsetzung der Strukturen unserer Gesellschaft mit der Verfassung selbst. Der Staat soll wieder einmal als das hohe, über uns schwebende Etwas verstanden werden, das unabhängig von Parlamenten, Parteien und Volkssouveränität als ein Inbegriff von ausübender Gewalt besteht. Deshalb werden radikale Verfechter von Freiheit und Demokratie auch da in den Verdacht von Verfassungsfeindlichkeit gerückt, wo sie mit und aus der Verfassung heraus für bessere Freiheit und Demokratie eintreten. Das läßt an Parallelen zu Metternich denken. Ich meine, wir sollten dem nachdrücklich widerstehen.

Grundwerte wie Freiheit, soziale Gerechtigkeit und Solidarität müssen alle Bereiche unseres öffentlichen Lebens durchdringen. Vielfach müssen dabei aber Verkrustungen aufgebrochen werden. Dazu bedarf es auch radikaler, in die Tiefe der Probleme dringender Kritik. Solche Kritik muß nicht nur geduldet werden, sie soll auch erwünscht sein. Erinnert sei nur an die Artikel 14 und 15 des Grundgesetzes, die Eigentum mit sozialer Verpflichtung verbinden, oder an den Artikel 4, der Kriegsdienstverweigerung als Grundrecht schützt.

Wird nun aber radikale Kritik an der Verfassungswirklichkeit mit verfassungsfeindlichem Extremismus bewußt verwechselt, gilt es, Alarm zu schlagen. Wenn der radikale Verfassungsfreund nicht mehr vom Verfassungsfeind unterschieden wird, bleibt ihm oft nur die Wahl zwischen Resignation und Abmarsch ins Lager der wirklichen Feinde einer sich ständig erneuernden und weiterentwikkelnden freien und solidarischen Gesellschaft. Kritik, radikale Kritik bedarf des freien Marktes der Meinungen und Gegenmeinungen, um fruchtbar zu bleiben. Dazu gehört auch, daß man sich politisch irren oder gar verirren kann, ohne dafür nach Jahren zur Rechenschaft gezogen zu werden, zumal, wenn inzwischen die Irrtümer eingesehen und überwunden sind.

IV,56.63f.

Teil 2: Glaube und Politik

Protest gegen die Verfälschung von Kirchenwahlen 1933

In der Kirchenwahl, die im Juli 1933 in ganz Deutschland in den Gemeinden der evangelischen Kirche stattfanden, suchten überall die »Deutschen Christen« Machtpositionen zu erringen. Die »DC« glaubten, Nationalsozialismus und Christentum vereinbaren, ja verschmelzen zu können, und wurden ausdrücklich durch Hitler in einer Rundfunkrede unterstützt. Gegen die Wahl dreier Kirchmeister in der Gemeindevertretung von Essen-Altstadt erhoben mehrere Mitglieder, darunter Gustav Heinemann, in einem Brief an Pfarrer Hasselmann, den stellvertretenden Vorsitzenden des Presbyteriums, am 1.8.1933 Einspruch:

Die Wahl der genannten Herren ist in einer Versammlung erfolgt, in der nicht die Hälfte des ordentlichen Mitgliederbestandes der größeren Gemeindevertretung anwesend war. Die Versammlung war folglich beschlußunfähig. Außerdem ist ein Wahlverfahren geübt worden, welches dem Gesetz widerspricht. [...] Diese Wahl ist null und nichtig. Wir bitten, dies unverzüglich festzustellen.

Die Amtsenthebung von Pastor Friedrich Graeber – nicht zu verantworten

Im Herbst 1933 enthob die rheinische Kirchenleitung Pastor Friedrich Graeber in Essen, Gegner der Deutschen Christen, seines Amtes. Durch Graebers Beispiel hatte der bis dahin kirchenferne Heinemann den Weg zur evangelischen Kirche gefunden. Er richtete am 24.9.1933 folgenden Protestbrief an das Evangelische Konsistorium der Rheinprovinz in Koblenz:

Mit tiefer Bestürzung habe ich gehört, daß Herr Pfarrer Graeber seines Amtes enthoben worden ist. Ich fühle mich verpflichtet, Ihnen zu sagen, daß diese Maßnahme der Kirchenbehörde weithin große Beunruhigung schafft. [...] Herr Pfarrer Graeber erfreut sich weit über den Bereich seiner engeren Gemeinde hinaus eines ganz ungewöhnlichen Ansehens. Auch ich schätze ihn wegen seiner eigenwilligen und tatkräftigen Art, mit der er in dem ärmsten Bezirk Essens auf seinem »Hoffnungskotten« die Arbeitsbeschaffung und Siedlung in die Hände genommen hat, mit der er in zahllosen Versammlungen gegen Kommunisten und Freidenker zu einer Zeit aufgetreten ist, wo *Mut* dazu gehörte, und mit der er jederzeit und überall auch einem Gegner gerecht geworden ist. Ein Mann, der wie Pfarrer Graeber so viele Menschen durch Wort und Tat zur evangelischen Kirche geführt hat, verdient wahrlich eine andere Behandlung! Nehmen Sie es bitte mit allem Ernst auf, daß eine Entlassung des Herrn Pfarrer Graeber aus seinem hiesigen Pfarramt eine Belastungsprobe für das Essener Gemeindeleben schaffen würde, deren Ausgang unabsehbar ist. Heil Hitler!

Kirchlicher Führerkult führt zu Kirchenspaltung

In einer Abordnung von Protestanten überreichte Heinemann bei der Kirchenleitung die schriftlichen Erklärungen von 351 rheinischen Pfarrern, die sich mit den disziplinierten Pfarrern solidarisierten. Heinemann kommentierte den Vorgang am 13.2.1934 in einem Brief an Dr. Schmidt in Marl:

Am kommenden Sonntag wird auf einer Freien Synode über das weitere Verhalten beraten werden. Kein Zweifel: das Ende dieser Entwicklung – wenn sie auf die Spitze getrieben wird – wird das Schisma sein. Die rheinische Freikirche, welche durch Jahrhunderte hindurch den zähen Kampf gegen anti-evangelische Obrigkeiten geführt hat, wird wieder auferstehen. Das alles wird – so Gott es nicht anders fügt – deshalb kommen, weil ein ungeistlicher Einheitsfimmel den Kernpunkt evangelisch-reformatorischen Glaubens nicht mehr sieht. Dieser Kernpunkt ist der, daß es nur und ausschließlich eine Bindung an die Schrift, aber niemals und in keiner Weise eine Bindung an Menschen gibt, mögen sie Reichsbischof, Landesbischof, Landespfarrer oder Propst heißen. Es ist eigenartig, daß man gerade in einer Zeit, wo die Erinnerung an Luther so laut gefeiert wird, derartiges unter evangelischen Menschen sagen muß.

Die Barmer Erklärung bleibt grundlegend

Als Synodaler nahm Heinemann im Mai 1934 an der Ersten Bekenntnissynode der Evangelischen Kirche in (Wuppertal-)Barmen teil, auf der die Barmer Theologische Erklärung angenommen wurde. Diese Erklärung hielt er hinfort für grundlegend. Am 29. Mai 1959 schrieb er im sozialdemokratischen »Vorwärts«:

Vor 25 Jahren – vom 29. bis 31. Mai 1934 – ereignete es sich zum ersten Male in der 400jährigen Geschichte des deutschen Protestantismus, daß sich seine wichtigsten Zweige zu einem gemeinsamen kirchlichen Handeln zusammenfanden. Die Reformation im 16. Jahrhundert war ja kein einheitlicher Vorgang gewesen. Luther und Calvin hatten unterschiedliche theologische Auffassungen vertreten, und soweit die überaus zahlreichen deutschen Territorialgewalten der damaligen Zeit (Landesfürsten und reichsfreie Städte) sich der Reformation anschlossen, bedienten sie sich ihrer zur Entwicklung teils lutherischer, teils calvinistischer Landeskirchen von unterschiedlichem Bekenntnisstand. Erst im 19. Jahrhundert kam es, zumal in Preußen, zu kirchlichen Unionen. Im ganzen sind aus dieser Entwicklung bis heute 28 Landeskirchen, darunter 11 lutherische, 2 reformierte (calvinistische) und 15 unierte, verblieben.

Der Ansturm des Nationalsozialismus versetzte sie alle 1933 in Bedrängnis. Die Bibel sollte als Judenbuch abgetan und durch eine Offenbarung aus germanischem Blut ersetzt werden. Auch aus den kirchlichen Gemeinden, zumindest aus dem Pfarrerstand, sollten »Nichtarier« ausgeschieden werden. Hiergegen erhob sich der Widerstand einer Bekennenden Kirche. Martin Niemöller rief zu einem Pfarrernotbund auf. Bruderräte aus bekenntnistreuen Pfarrern und Gemeindegliedern übernahmen die Leitung von Gemeinden und Landeskirchen dort, wo es den »Deutschen Christen« gelungen war, mit Hilfe politisch beeinflußter Wahlen die kirchlichen Körperschaften zu erobern.

Im Mai 1934 war es soweit, daß sich in Barmen 139 Vertreter aus allen Landeskirchen, Theologen wie Laien, zu einer Synode – der ersten – der Bekennenden Kirche in Deutschland versammelten. Entscheidende theologische Vorarbeit hatte insbesondere Karl

Barth, damals Professor in Bonn und heute in Basel, geleistet. Die Synode schloß mit einer Erklärung, die seitdem als »Barmer Erklärung« im In- und Ausland als ein kirchliches Dokument von besonderem Rang angesehen wird und nach 1945 in Kirchenordnungen und Ordinationsgelübde der Pfarrer förmlich aufgenommen worden ist. Ihre Bedeutung ist eine doppelte.

Die Barmer Erklärung ist einmal eine Besinnung auf die biblischen Fundamente in Abkehr der deutsch-christlichen Irrlehren von 1933, und zwar so, daß sie zugleich den liberalen Aufweichungen begegnet, wie sie die Theologie des 19. Jahrhunderts bis hin zu Adolf von Harnack (†1930) so vielfältig erbracht hatte und aus der heraus die deutsch-christliche Irrlehre möglich wurde. Zum anderen ist sie Wegweisung und Versprechen in eine Zukunft hinein, die für die Kirche immer noch und immer wieder Anfechtungen mit sich bringen wird, wie sie in Barmen abgewehrt worden sind. Barmen ist mit anderen Worten zugleich ein Aufruf zu immer erneuter aktueller Entscheidung.

Prof. Karl Barth, Basel, und Gustav Heinemann bei einer theologischen Tagung in Herborn/Hessen 1951.

Jedes Gedenken an die Barmer Synode vor 25 Jahren muß darum zugleich eine Besinnung darüber sein, ob jene Erklärung inzwischen zu einem historischen Dokument verblaßt ist oder ob sie von einer immer neuen Kraft der Besinnung auf den Auftrag der Kirche weitergetragen wird.

Werden sich die evangelischen Kirchen über die Barmer Sätze hinaus zu einer Einheit finden? Werden sie auch andere Ereignisse als den Nationalsozialismus als Quelle ablehnen? Werden sie den 1934 bekannten totalen Gehorsamsanspruch Christi auch gegenüber den Versuchungen der Gegenwart vertreten? Werden sie gegenüber den jeweiligen weltanschaulichen oder politischen Strömungen in beiden Teilen unseres Vaterlandes immun bleiben? Werden sie die besonderen Aufträge von Staat und Kirche überall unvermischt halten? Werden sie die immer wiederkehrenden Versuche abwehren, sich für fremde Zwecke oder Interessen einspannen zu lassen? Solche und andere Fragen stellt die »Barmer Erklärung« alle Tage neu, und jedermann dürfte unschwer erfühlen, daß und wie sie auch gegenwärtig aktuell sind.

Keine Trennungen in der Bekennenden Kirche

Auf den Bekenntnissynoden der Bekennenden Kirche wuchs die Tendenz der Lutheraner, daß lutherische und reformierte Protestanten getrennt beraten und entscheiden sollten. Dem widersprach Heinemann mit einigen wenigen anderen Synodalen. Auf der Synode in Bad Oeynhausen gab er 1936 in ihrem Namen eine Erklärung ab, die er durch eine persönliche Erklärung ergänzte.

Die unterzeichneten, in der Union stehenden Synodalen, die sich als solche zu einer ausschließenden Entscheidung für eines der beiden evangelischen Sonderbekenntnisse nicht ermächtigt sehen, erklären vor der Synode, daß sie sich als Glieder der Kirche Jesu Christi wissen, berufen und in unierten Gemeinden versammelt durch sein Wort und seinen Geist in der einen Herde des einen Hirten. Die Gemeinschaft in der Bekennenden Kirche wäre verleugnet und preisgegeben und unser bisheriges Reden und Handeln würde als Täuschung dargestellt, wenn die lutherischen oder reformierten Brüder diesen Anspruch nicht gelten ließen. [...]

Eine theologische Begründung hierfür zu geben, ist hier und jetzt nicht die Zeit und der Platz. Wir wollen nur klarstellen, daß wir diesen Anspruch erheben, und zwar insofern, daß wir nicht ein Gesetz gegen andere machen wollen, indem wir ihnen etwa zuzumuten gedächten, sich in eine unierte Kirche zu finden. Der Anspruch wird hier lediglich vertreten als eine Abwehr gegen kirchliche Angriffe gegen die Union. Wir wissen, daß diese Erklärung an Existenzgrundlagen der Bekennenden Kirche rührt. Wir sind angetreten als eine Bekennende Kirche, d.h. als eine Gemeinschaft derer, die sich in gleicher Weise als Glieder Christi wußten, und wollen uns fragen, ob wir das auch heute noch wissen. Oder ist es so, daß die Behauptung der Irrlehre nicht nur zwischen uns und den Deutschen Christen steht, sondern auch unter uns in unseren eigenen Reihen?

W. Koch, Heinemann im 3. Reich, Wuppertal 1972, S. 204.

Unbiblische Starrheit ist eine Gefahr

Seit Herbst 1938 festigte sich bei Heinemann der Eindruck, daß die Bekennende Kirche auf falschem Wege war. Im April 1939 trat er von seinen Ämtern in der BK zurück. Gegenüber der Macht der Deutschen Christen in den Kirchenleitungen empfahl er Lösungen, wie er sie selbst in Essen gefunden hatte, als er für den amtsenthobenen Pastor Graeber eine eigene Predigtstätte in einem gemieteten Saal organisierte; dort hatte sich innerhalb der Landeskirche die »Freie presbyterianische Gemeinde des Westens« gebildet.

Entscheidend wäre ein entschlossener und zielbewußter Wille, solche Gemeinden schon vor der letzten, vom Gegner erst örtlich geschaffenen Not landauf und landab, wo immer es geht, dringlich anzuregen. [...] Die BK hat nichts getan, um in solcher Richtung eine Initiative zu entwickeln. [...] Wir haben nichts getan, um die Gemeinden zu einer selbständigen Bestimmung der Kollekten zu erziehen. [...] Wir haben nichts getan, um die Gelddiktatur der Finanzabteilungen und Parochialverbände durch einen organisierten »Kirchenaustritt« solcher Gemeindeglieder mit überdurchschnittlichem Steuerzettel zu durchbrechen, die Gewähr dafür bieten, daß sie trotz eines »Austritts« in der Gemeinde verbleiben und mindestens ihre Steuerbeträge an die BK-Gemeinde zahlen. Wir haben nichts getan, um beizeiten außerkirchliche Räume für gottesdienstliche Zwecke zu sichern oder die Gemeindeglieder beizeiten an Hausgottesdienste zu gewöhnen. [...] Wir haben nichts getan, um eine echte und glaubwürdige Bereitschaft zum Verzicht auf die öffentlich-rechtliche Kirche zu wecken. Wir sehen immer noch nicht, daß eine wirkliche Verteidigung einer Kirche öffentlichen Rechtes nur aus einer solchen Bereitschaft zum Verzicht (nicht: aus einem selbstherrlichen Willen zum Verzicht) erwächst. [...]

Man kann alles, was oben gesagt wurde, auch dahin ausdrücken, daß die BK an einem völlig unbiblischen Uniformismus leidet. Weil wir nicht sehen wollen, daß die von Gott geschenkten Gaben und damit auch die von Gott gestellten Aufgaben wie überall, so auch in der BK, unterschiedlich sind, müht man sich vergeblich ab, die BK ständig als eine geschlossene Kolonne allenthalben dasselbe tun zu lassen. Das kann nur dahin führen, daß man bald zu weit und bald zu kurz schießt. [...]

W. Koch, Heinemann im Dritten Reich, Wuppertal 1972, S. 208f.

Die Stuttgarter Schulderklärung bleibt Anstoß zur Umkehr

Heinemann hielt die Erklärung des Rats der Evangelischen Kirche in Deutschland, die er im Oktober 1945 mitunterzeichnet hatte, für den »Dreh- und Angelpunkt« seiner späteren politischen Tätigkeit. Er charakterisierte sie in einem Vortrag in der Johanneskirche in Bern am 1.12.1950 so:

Als der nach dem Kriege eingesetzte Rat der Evangelischen Kirche in Deutschland (EKD) im Oktober 1945 in Stuttgart erstmalig zusammentrat, stieß zu unserer Überraschung eine Reihe von Vertretern der ausländischen Christenheit zu uns, darunter Kirchenpräsident Koechlin, Basel. Sie waren gekommen, um zu sehen, ob über die Gräben des Krieges hinweg eine neue Gemeinschaft der Christenheit möglich sei. Aus dem Gespräch mit ihnen entstand die *Stuttgarter Erklärung des Rates der EKD,* in der wir u.a. sagten: »... wir wissen uns mit unserem Volke nicht nur in einer großen Gemeinschaft der Leiden, sondern auch in einer Solidarität der Schuld. Mit großem Schmerz sagen wir: Durch uns ist unendliches Leid über viele Völker und Länder gebracht worden. Was wir unseren Gemeinden oft bezeugt haben, das sprechen wir jetzt im Namen der ganzen Kirche aus: Wohl haben wir lange Jahre hindurch im Namen Jesu Christi gegen den Geist gekämpft, der im nationalsozialistischen Gewaltregiment seinen furchtbaren Ausdruck gefunden hat; aber wir klagen uns an, daß wir nicht mutiger bekannt, nicht treuer gebetet, nicht fröhlicher geglaubt und nicht brennender geliebt haben ... Wir hoffen zu Gott, daß durch den gemeinsamen Dienst der Kirchen dem Geist der Gewalt und der Vergeltung, der heute von neuem mächtig werden will, in aller Welt gesteuert werde und der Geist des Friedens und der Liebe zur Herrschaft komme, in dem allein die gequälte Menschheit Genesung finden kann.«

Diese Erklärung sollte die Grundlage sowohl für die Neuordnung unserer Kirchen nach der nationalsozialistischen Zerstörung und eine neue ökumenische Gemeinschaft als auch eine Hilfe für die Besinnung unseres Volkes über seinen Weg in den vorausgegangenen 12 Jahren und damit eine Grundlage für eine neue nationale Gemeinschaft sein. *Unser Volk hat uns diese Erklärung nicht abgenommen.* Der Mann, der sie besonders vor unserem Volke vertrat, Martin Niemöller, erfuhr darüber viel Anfeindung. Unsere Kirchen zeigten neben viel Aufgeschlossenheit ebenfalls manche Ablehnung oder Verständnislosigkeit. So wurde uns das in Hybris und Katastrophe, in Gericht und Gnade Erlebte aufs ganze gesehen nicht ein Anlaß zur Umkehr und neuer Besinnung. Deshalb stehen wir im Grunde genommen auch heute noch zentral vor der Aufgabe, unseren Weg durch die vergangenen Jahre und unsere Lage heute erst einmal im Lichte des Wortes Gottes zu sehen und zu begreifen, ehe wir weitergehen können.

II,70f.

Die Stellung des »Laien« in der Kirche stärken

Nach 1945 suchte Heinemann durchzusetzen, daß in stärkerem Maß als bisher Nichttheologen in der evangelischen Kirche zum Zuge kamen. So kündigte er gegenüber einem Verfassungsentwurf der Evangelischen Kirche in Deutschland am 20.10.1947 in einem Brief an Pfarrer Hans Asmussen an, daß er »eine stärkere Vertretung des Laien-Elements der EKD fordern werde«:

Hinsichtlich der Synode sieht der Entwurf vor, daß nicht mehr als die Hälfte der Mitglieder Pfarrer sein dürfen. Das führt praktisch zu dem Ergebnis, daß weniger als die Hälfte der Synodalen Nichttheologen sein werden, weil als Pfarrer ja nur diejenigen Theologen gelten, die in einem Pfarramt stehen, also z.B. nicht die Theologie-Professoren oder die Leiter von Verbänden und dergleichen. Wenn das Gesamtverhältnis zwischen Pfarrern und sonstigen Synodalen 2 : 1 wäre, würde ich diesen Einwand nicht erheben, aber bei einem Verhältnis von nur 1 : 1 muß gewährleistet werden, daß die Synode alles in allem nicht mehr als zur Hälfte aus Theologen besteht. Sodann vermisse ich hinsichtlich der Zusammensetzung des Rates überhaupt eine Bestimmung über die Mitwirkung von Nichttheologen. Hier sollte der bisherige Zustand gewahrt werden, daß für jede der drei Konfesssionen wenigstens ein Nichttheologe im Rat sein soll.

Kritik an der Entwicklung der evangelischen Kirche nach 1945

Später kritisierte Heinemann immer wieder die konservative Entwicklung der evangelischen Kirche nach 1945, so in einem Artikel vom Oktober 1965:

Die Barmer Synode von 1934 hatte Lutheraner, Reformierte und Unierte zu einem gemeinsamen Bekennen gegenüber den Irrtümern des Nationalsozialismus zusammengeführt. Wir wollten es Gott überlassen, was dieses gemeinsame Bekennen für unser Verhältnis zueinander zu bedeuten haben würde. Daraus ist längst wieder eine Versteifung auf den alten innerprotestantischen Konfessionalismus geworden. Zwar nehmen wir alle fleißig an der Fülle der ökumenischen Konferenzen teil, auf denen die verschiedenen

Kirchen zur Rechenschaft darüber gerufen werden, wieso und warum sie glauben, getrennte Kirchen sein zu dürfen, und auf denen die jungen Kirchen in Afrika und Asien immer stärker auf die Überwindung des innerprotestantischen Konfessionalismus drängen, um in ihrer Umwelt ein glaubwürdiges Zeugnis für den einen Herrn abgeben zu können. Etliche unserer Landeskirchen aber verharren unbewegt bei den alten Differenzen um das Abendmahl oder um das Amt und um einige andere Fragen. Sie vermögen nicht zur wechselseitigen Anerkennung ihrer Kirchlichkeit und der EKD als einer Kirche durchzudringen, so als ob man immer noch entweder lutherisch oder reformiert sein müsse, aber nicht evangelisch sein könne. Dieses dogmatische Beharren bei angeblich kirchentrennenden, in der Praxis aber längst weitgehend aus dem Bewußtsein des Kirchenvolkes entschwundenen Lehrunterschieden ist wahrlich nicht geeignet, die Wirksamkeit der evangelischen Kirche zu stärken.

Auch hinsichtlich einer vernünftigen organisatorischen Abgrenzung und Neugliederung unserer 27 Landeskirchen erlebt die Umwelt kein Vorbild. Großkirchen mit weit über 1000 Pfarrstellen und Kleinstkirchen mit weit unter 100 Pfarrstellen existieren aus alten landesherrlichen Zeiten nebeneinander. Als im norddeutschen Raum (Hamburg, Schleswig-Holstein, Eutin und Lübeck) eine Neugliederung versucht wurde, verlief sie ähnlich wie Europa-Verhandlungen unter Franzosen, Deutschen oder Holländern.

Erst recht hat sich an der traditionellen Art volkskirchlicher Gemeindearbeit nichts Wesentliches geändert. Die Klage über den Ein-Mann-Betrieb der Pastoren verstummt nicht. Die Gemeinde als Lebensgemeinschaft bleibt – aufs Ganze gesehen – ein Vorzug der Sekten.

II,207-209.

Konsequenzen christlichen Glaubens

Auf der Schlußkundgebung des 2. Deutschen Evangelischen Kirchentages in Essen hielt Heinemann, der diese Veranstaltung in seinen Heimatort eingeladen hatte, am 27.8.1950 eine Ansprache, die mit den Absätzen endete:

Daß Christus gekommen ist, zu suchen und selig zu machen, was verloren ist, ist unser aller Rettung, der bürgerlich rechtschaffenen Menschen ebensosehr wie der bürgerlich verworfenen Menschen. Was haben wir denn für einen anderen Reichtum als diesen, daß Christus uns gefunden hat, genau so, wie er diesen anrüchigen Zachäus fand? Deshalb laßt uns um der Dankbarkeit willen für solche Begnadigung die Schranken niederbrechen, die wir aus menschlichen Urteilen unter uns selbst oder zwischen uns und den Menschen auf Straßen und Plätzen, in Kellern und Lagern, in Freiheit und Unfreiheit, in guten und schlechten Kleidern aufrichten. Das wäre glaubwürdiger Christenstand in der Nachfolge des Herrn, der zu allen kommen will, die Gottes Ebenbild tragen.

Laßt mich noch ein Letztes sagen: Aus der Verlorenheit führt Jesus Christus uns schon hier und heute in die Geborgenheit seiner göttlichen Allmacht. Wo wir aufhören, herrenlos zu sein, hören wir auch auf, schutzlos zu sein. Wenn irgend etwas die Verlorenheit des Menschen unserer Tage sichtbar macht, so ist es das Ausmaß von Angst und Furcht, die unter uns umgeht. Furcht ist das Kainszeichen unserer Zeit.

Laßt uns deutlich machen, daß es einen Weg gibt, um der Furcht zu entrinnen. Dieser Weg heißt: die Vergebung ergreifen, die Jesus Christus uns anbietet. Wer sich von ihm finden läßt, wird ein geretteter Mensch, wird sein Eigentum im Leben und Sterben und durch den Tod hindurch bis in sein himmlisches Reich. Laßt uns der Welt bezeugen, daß nichts diese Rettung zunichte machen kann, weil Gott stärker ist als alle Menschengewalt.

Unsere Freiheit wurde durch den Tod des Sohnes Gottes teuer erkauft. Niemand kann uns in neue Fesseln schlagen, denn Gottes Sohn ist auferstanden. Laßt uns der Welt antworten, wenn sie uns furchtsam machen will:

Eure Herren gehen, unser Herr aber kommt!

II,67f.

Die Verantwortung des Christen im politischen Leben

Das Engagement des Christen im politischen Leben wurde für Heinemann ein zentrales Thema. Er behandelte es immer wieder, so in der Evangelischen Akademie Bad Boll am 25.7.1951:

Verantwortlichkeit des Menschen im politischen Leben kann nur dort sein und nur dort wieder wachsen, wo Personhaftigkeit des Menschen lebendig ist.

Wie kann sie entstehen?

Ich bin überzeugt, daß sie im letzten und echten Sinne nur dort entsteht, wo der Mensch durch Jesus Christus angeredet und überwunden wird. Wo wir Gottes Anrede hören: »Ich habe dich erlöst, ich habe dich bei deinem Namen gerufen, du bist mein« (Jes. 43, 1), da beginnt die Unvertretbarkeit unserer Existenz, da bricht es auf, daß der Mensch sein Leben als eine persönliche Geschichte Gottes mit ihm zu leben beginnt und daß er all sein Tun und Lassen von Gott begleitet sieht. Da tritt Gott dem Menschen so gegenüber, daß der Mensch »verantwortlich« wird.

Über alles das verfügen wir nicht. Es bleibt Gottes grundlose Barmherzigkeit, daß er uns das Evangelium aufschließt. Das hebt gewiß unseren Auftrag zur Verkündigung des Evangeliums nicht auf, und wir haben uns zu bemühen, ihn nach besten Kräften überall auszurichten. Letztlich können wir aber Gott immer nur darum bitten, daß er Menschen in die Verantwortung vor ihm berufe und damit auch unseren staatlichen und anderen Gemeinschaften verantwortungsfähige Menschen schenke.

Wo Gott das tut, gewinnen wir auch den Ansatz, um jener Abneigung gegenüber der politischen Betätigung zu begegnen, von der ich gesprochen habe.

Wer da sagt, es sei unklug, sich zu exponieren, dem ist zu antworten, daß diese Rechnung umgekehrt aufgeht. »Trachtet am ersten nach dem Reich Gottes und nach seiner Gerechtigkeit, so wird Euch solches alles zufallen« (Matth. 6, 33). Trachten nach dem Reich Gottes heißt, daß wir gehorsam sein sollen, damit Gott sein Reich bauen kann. Dieser Gehorsam kann auch politische Verantwortung und Betätigung einschließen. Jeder ist zu dem berufen, was er leisten kann. Unsere uns von Gott geschenkten Gaben bestimmen unsere Aufgaben. Wenn der Mensch dort zu handeln beginnt, wo eine seinen Gaben entsprechende Aufgabe vor seinen Füßen liegt, so folgt er damit einer Platzanweisung Gottes. Wer da sagt, das heutige Geschehen sei sinnlos geworden, dem ist zu antworten, daß keine Epoche der Geschichte ferner von Gott ist als irgendeine andere. Auch unsere Zeit ist es nicht, einerlei, wo wir leben. Weltgeschichte ist immer Gottes Mummerei und Larve, wie Luther sagt. Gerade als Christen dürfen wir wissen, daß Gott auch über dem uns sinnlos erscheinenden Geschehen waltet und alles zu seinem Ziel führt. Deshalb kann unsere Verantwortung zu keiner Zeit aussetzen.

Wer da sagt, daß er sich gegenüber den bestimmenden Kräften des Zeitgeschehens ohnmächtig fühle, dem ist zu antworten, daß Einer mit Gott immer noch Majorität ist. Was wir ausrichten werden, hängt nicht davon ab, welche Kräfte gegen uns stehen, sondern davon, wie viel oder wie wenig wir gehorsam sind. Freilich muß hier angefügt werden, daß die Christen überall gerufen sind, der Vermassung zu wehren und auf Ordnungen unseres politischen und sozialen Lebens hinzuwirken, die dem einzelnen Menschen einen möglichst großen persönlichen Lebenskreis belassen.

Wer da sagt, daß ihm die Last persönlicher Entscheidungen und Verantwortungen zu schwer sei, dem ist zu antworten, daß Gott uns niemals mehr auferlegt, als wir tragen können. Er waltet auch über unseren Fehlern, und wir dürfen uns auch in der politischen Entscheidung seiner vergebenden Gnade getrösten. Deshalb brauchen wir keinerlei Zuflucht zu menschlichen Autoritäten oder autoritären Systemen zu nehmen.

So kann also alles in allem nichts unsere Geborgenheit in Gottes Hand aufheben. Sie trägt uns durch Gefahren und Zweifel und waltet über unserem Tun und Lassen.

Weil das so ist, dürfen die Christen sich von der so weit verbreiteten Abneigung gegen öffentliche Verantwortung nicht anstekken lassen. Sie tragen gerade heute ein erhöhtes Maß von Verantwortung inmitten der Verwirrung und Ratlosigkeit der Menschen. Ihnen ist mehr gegeben als denen, die Christus nicht gefunden haben. Deshalb ist auch mehr von ihnen gefordert. Sie, die der

Furcht entnommen sind, können allein schon dadurch zur Beruhigung der aufgeregten und angsterfüllten Welt beitragen, daß sie diese Befreiung von der Furcht exemplarisch leben und überall zu nüchternem Handeln rufen. Wer um den Frieden in Christus weiß, kann auch den Frieden auf dieser Erde hüten.

II,103-105.

Thesen zur politischen Ethik des Christen

Im Bundestagswahlkampf 1957, in dem es um die geplante Atomrüstung der Bundeswehr ging, verfaßte Heinemann im Juli 1957 für die Zeitschrift »Junge Kirche« folgende zehn Thesen zur politischen Ethik:

I. Politische Diakonie

Christenstand ohne Dienst ist wie ein Baum ohne Frucht. Unser Dienst hat nicht nur der Kirche und den hilflosen (den kranken, alten oder gefangenen) Menschen zu gelten, sondern auch den gesunden Menschen in allen ihren Lebensbereichen. Diakonie ist so umfassend wie möglich zu verstehen. Darum gehört auch Mitverantwortung für die bürgerliche Gemeinde und ihre Gemeinschaften in Dorf, Stadt und Staat, Parteien, Betrieben und Berufsverbänden zum Dienstbereich des Christen.

II. Unser Platz

Nicht alle Menschen haben das gleiche zu tun. Wo ist dein Platz unter der Fülle der Aufgaben?

Die Antwort gibt Gott in seinen Gaben, welche er jedem bereitet hat. Gott hat uns verschiedene Gaben geschenkt. Diese Gaben sind eine Platzanweisung für unseren Dienst.

III. Unsere Hemmung

Jahrhundertelang wurden unsere Kirchen durch die Landesherren regiert. Daraus entstanden Predigtanstalten ohne lebendige Gemeinden. Jahrhundertelang waren unsere Obrigkeiten in den erblichen Monarchen vorgegeben. Daraus entstand ein Untertanengeist, der immer noch nachwirkt.

Heute sind wir als Christen und als Staatsbürger für Kirche und Staat mitverantwortlich. Kirchenregiment und Obrigkeit erwachsen heute, wenngleich auf recht verschiedene Weise, aus uns selbst als den Gliedern der Gemeinde und als Staatsbürgern.

Die Obrigkeit ist nicht mehr unser Herr, sondern soll unser Diener sein. Wir alle sind mitverantwortlich für ihre Art und für ihre Entscheidungen. Wir alle haben sie zu wählen, und viele von uns sind gerufen, selber in öffentlicher Verantwortung – in einer Selbstverwaltung, einer Partei, der Regierung oder als Amtsträger verschiedener Art – zu stehen.

IV. Gehört Politik zum Herrschaftsbereich Christi?

Die Barmer Erklärung der 1. Bekenntnissynode vom Mai 1934 sagt in These II: »Wie Jesus Christus Gottes Zuspruch der Vergebung aller unserer Sünden ist, so und mit gleichem Ernst ist er auch Gottes kräftiger Anspruch auf unser ganzes Leben; durch ihn widerfährt uns frohe Befreiung aus den gottlosen Bindungen dieser Welt zu freiem, dankbarem Dienst an seinen Geschöpfen.«

Zuspruch *und* Anspruch! Anspruch an unser *ganzes* Leben! Anspruch also auch auf unser Leben und Handeln als Staatsbürger in öffentlicher Verantwortung, gleich welcher Art. Die Barmer Erklärung fügt ausdrücklich hinzu: »Wir verwerfen die falsche Lehre, als gebe es Bereiche unseres Lebens, in denen wir nicht Jesus Christus, sondern anderen Herren zu eigen wären …«

Damit ist abgetan, daß Politik ein Feld eigener Gesetze oder selbstherrlicher Interessen wäre. Damit ist abgetan, daß Bindung an Christus eine Sache nur des privaten Lebens wäre. Auch Politik untersteht dem Herrschaftsanspruch Jesu Christi.

V. Luthers Lehre von den zwei Reichen

Dabei will uns Luthers Unterscheidung der zwei Reiche oder der zweierlei Herrschaftsweisen Gottes in Gesetz und Evangelium helfen. Luther mußte sich in doppelter Frontstellung mit dem Papst und den Schwärmern auseinandersetzen. Mit der Unterscheidung der zwei Reiche wehrte er klerikale Machtansprüche der Kirche über den Staat ebenso ab wie die Utopie einer Weltverbesserung durch das Evangelium.

Es gilt aber zu verhindern, daß eine Resignation des Sich-Abfindens mit der Welt entsteht. Darum fragen wir stärker als Luther nach dem Zusammentreffen der beiden Reiche in Gott. Auch in ihrer Vorläufigkeit und ihrer durch menschliche Anstrengung nicht zu behebenden Unverbesserlichkeit ist die (gefallene) Welt ein Raum wirklichen Gottesdienstes am Menschen und seiner Wohlfahrt.

VI. Der Realismus der Bibel

Die Bibel sagt uns, wer der Mensch ist. Er ist das gefallene Geschöpf Gottes, nicht fähig, sich selbst zu erlösen, aber der Verheißung teilhaftig, durch Jesus Christus erlöst zu werden.

Damit ist der Christ zur einen Seite davor bewahrt, etwa im Staat oder in ethischen oder technischen Entwicklungen die Wegbereiter zu einem Paradies der Gerechtigkeit oder des ewigen Friedens zu sehen. Es gibt keine Verchristlichung (Selbsterlösung) der Welt. Darum dürfen wir den Staat, einerlei welche Form er hat, nicht vergöttern und nicht in idealistische Schwärmerei verfallen. Aber wir dürfen den Staat, einerlei welche Form er hat, auch nicht grundsätzlich mißachten oder in Anarchie verfallen lassen. Er ist Notordnung Gottes und hat den Auftrag, allem guten Werk zu helfen und allem Bösen zu wehren (auch durch Gewalt).

Damit ist der Christ zur anderen Seite davor bewahrt, einen Mitmenschen abzuschreiben. Es gibt kein lebensunwertes Menschenleben, das wir auslöschen dürften. Es gibt keinen Leugner Jesu Christi, dem wir, etwa aus politischer Gegnerschaft, die Bezeugung Jesu Christi versagen dürften. Christus ist auch nicht *gegen* Karl Marx oder gegen die Bolschewisten, sondern *für* sie wie für uns alle gestorben. Darum darf es keine christlichen Fronten (etwa in Parteien oder Gewerkschaften) gegen andere geben.

VII. Weisung aus dem Evangelium oder durch die Kirche?

Der Herrschaftsanspruch Jesu Christi erfaßt uns – wie im privaten Leben so auch in öffentlicher Verantwortung – im Hören auf das Evangelium in der uns bereiteten Lage.

Die Bibel ist kein Rezeptbuch, welches uns aus einem Stichwortregister für jede Situation eine vorgefertigte Dienstanweisung gäbe. Desgleichen kann niemand in der Kirche, auch keine Kirchenleitung (Presbyterium, Synode, Präses oder Bischof) uns im Namen Jesu Christi verbindlich sagen, was wir zu tun haben. Auch in der Kirche ist niemand Herr unseres eigenen Gewissens. Gleichwohl ist die Bibel mehr als ein Buch der »Ordnungen« oder der »Grenzmarken«, innerhalb deren es lediglich freie Ermessensentscheidungen gäbe, und die Kirche ist etwas anderes als ein Sprechsaal.

VIII. Persönliche Entscheidungen

Wir haben unsere Entscheidungen persönlich zu vollziehen, weil Gott jedes seiner Geschöpfe ganz ernst nimmt. Es gibt keine Flucht aus der Entscheidung; wir bleiben von Gott bei seinem Namen gerufen. Das ist der Ernst, zugleich aber auch die Größe des Evangeliums, zumal im reformatorischen (protestantischen) Verständnis.

Bei allen unseren Entscheidungen, auch in der Politik, geht es um ihre größtmögliche Geladenheit mit Gehorsam gegenüber Jesus Christus.

Gottes Wort in seinem Evangelium sowie der Rat der Brüder und ihre Fürbitte helfen uns zu diesem Gehorsam.

IX. Die brüderliche Gemeinschaft

Unsere gegenwärtigen politischen Entscheidungen sind verschieden, ja sogar einander entgegengesetzt (etwa zur Aufrüstung oder in Fragen des Kriegsdienstes). Das ist nicht gottgewollt.

Deshalb haben wir uns in der Unterschiedlichkeit unserer Entscheidungen nicht stehenzulassen, sondern einander darin zu suchen, auf daß wir uns zu dem einen Gehorsam helfen, zu dem wir alle gerufen sind.

Unsere kirchliche Gemeinschaft darf über einer Unterschiedlichkeit unserer politischen Entscheidungen nicht zerbrechen, weil sie in der Gemeinschaft des Glaubens an Jesus Christus gegründet ist, welche über alle Meinungsverschiedenheiten hinausgeht.

X. Gottes Verheißung

Die Politik ist in nicht größerem Maße ein Bereich der Dämonen, als es etwa Geschäft oder Ehe sind. In allen Bereichen dürfen wir uns der Vergebung in Jesus Christus getrösten.

Darum gibt es keine Ausrede gegenüber dem Ruf zur Verantwortung und Betätigung auch im öffentlichen Leben.

II,148-152.

Die Rechte religiöser Minderheiten achten

Gegen den Superintendenten Hohler in Wuppertal, der sich gegen die Bereitstellung der Stadthalle für eine Freigeistige Vereinigung gewandt hatte, wandte Heinemann in einem Briefe vom 5.2.1958 ein:

Im Evangelischen Pressedienst las ich unter dem 23.1. Ihre Erklärung zu der in der Wuppertaler Stadthalle vorgesehenen Jugendweihe und war sehr betroffen darüber, daß Sie in der Bereitstellung der Stadthalle für die Freigeistige Vereinigung eine ungünstige Rückwirkung auf die Kirche in der DDR erblicken. Ich bin genau gegenteiliger Ansicht.

In der DDR kämpft die Kirche um Zulassung auch zu den allgemein öffentlichen Einrichtungen. Wenn wir nun hier in der Bundesrepublik einer Freigeistigen Vereinigung eine Stadthalle streitig machen, so kann das drüben nur als eine Rechtfertigung des Verhältnisses gegenüber der Kirche empfunden werden.

Unsere freiheitliche Demokratie muß auch einer Minderheit die allgemein öffentlichen Einrichtungen zugänglich machen. Die Wuppertaler Stadthalle kann nicht nur den, wie Sie sagen, 90 % Christen der Bevölkerung zur Verfügung stehen, sondern ist anteilig auch für die restlichen 10 % da.

Das Selbstbestimmungsrecht der Völker und das Volk Israel

Im Kalten Krieg wurde das »Selbstbestimmungsrecht der Völker« vielfach als Argument gegen die Endgültigkeit der Oder-Neiße-Linie als Grenze gebraucht. Im Artikel »Selbstbestimmungsrecht – theologisch« führte Heinemann im Evangelischen Staatslexikon, Stuttgart/Berlin 1966, aus:

Zur Rechtfertigung eines Selbstbestimmungsrechts der Völker und der damit in der Regel angestrebten Veränderung bestehender Verhältnisse sind je und dann auch theologische Argumente verwendet worden. Insbesondere die Behauptung, daß das Volk eine sogenannte Schöpfungsordnung Gottes sei, legt die Ableitung eines göttlichen Rechtes auf einen eigenen nationalen Staat als Mittel zur Selbstverwirklichung des Volkes bis hin zu dem Anspruch auf Zusammenfassung aller seiner Glieder in einem eigenen Staat und auf die Selbstbestimmung seiner Lebensordnung nahe. So hat sich beispielsweise die nationalsozialistische Bewegung samt ihren theologischen Vor- und Mitläufern fälschlicherweise solcher Thesen bedient.

Es trifft zu, daß der Wille der Völker, sich je für sich als selbständiges Staatswesen zu konstituieren und sich selber zu regieren, natürlich ist. Er hat sich zu jeder Zeit als bewegendes Element der Geschichte erwiesen. Gleichwohl läßt sich ein Selbstbestimmungsrecht der Völker theologisch nicht ableiten. Die einzige schöpfungsmäßige, von Gott gesetzte unabänderliche Bestimmtheit jedes Menschen besteht darin, daß er Mann oder Frau und daß er Kind seiner Eltern oder Elternteil seiner Kinder ist. Von daher gibt es im Bereich von Mann und Frau sowie von Kindern und Eltern einen besonderen Gehorsam. Dagegen gibt es weder eine schöpfungsmäßig permanente Bestimmtheit des Menschen hinsichtlich seiner Zugehörigkeit zu einem bestimmten Volk noch eine Verheißung Gottes hinsichtlich der Existenz der Völker oder eine besondere Gestalt seines Gebotes hinsichtlich ihres Verhältnisses zueinander. Die Zugehörigkeit des einzelnen Menschen nach Sprache, Sitte, Lebensraum und Geschichte zu diesem und nicht jenem Volk ist eine Fügung Gottes, die er dankbar ehren darf, die aber auch mit seinem Willen oder gegen seinen Willen verloren und durch eine andere abgelöst werden kann. Darum darf der Mensch in seiner Zugehörigkeit zu einem bestimmten Volk nur eine Platzanweisung für den von ihm geforderten Dienst sehen, nicht aber einen Anspruch auf Teilhabe an einer völkischen Selbstverwirklichung oder auf eine persönliche Entfaltung.

Die biblische Offenbarung kennt nur *ein* Volk, das um seiner selbst willen Volk ist. Es ist dies das *Volk Israel,* das Gott zu seinem Bundesvolk erhob.

Nirgendwo sonst ist Völkergeschichte primär oder zentral Gottesgeschichte. Die Zerstreuung der Menschen in die Verwirrung ihrer Sprachen und damit in ihre völkischen Gegensätzlichkeiten ist ein Gericht Gottes. Thema des Alten Testamentes und des Neuen Testamentes bleiben über diese Entstehung der Völker hinaus allein der alte Bund Gottes mit Israel und der neue Bund mit der Gemeinde aus allen Völkern. Der in Christus geoffenbarte Sinn der Völkergeschichte ist darum nicht die Entfaltung von Völkerindividualitäten, sondern die Ausbreitung seines Evangeliums unter den Völkern. Die Völker als solche kommen und gehen, sie vermischen sich und sie zerfallen; des ist die Weltgeschichte voll. Darum entspricht wohl die Vielzahl der Völker oder die Völkerwelt in ihrer Buntheit einem Willen Gottes. Nicht aber kann jedes Volk für sich oder gar ein einzelnes in seiner – zeitweiligen – Existenz eine Schöpfungsordnung Gottes in dem Sinne sehen, daß ihm ein besonderer Auftrag zuteil sei. Alle Überhöhung des Völkischen in eine Heilsordnung oder auch nur in einen Anspruch auf Selbstverwirklichung geht fehl. Was Gott einem Volk schenkt, wird nicht zu dessen Eigentum oder zum Selbstzweck, sondern bleibt Mittel zur Erfüllung seiner Aufgabe, dem Evangelium Raum zu geben. Gott liebt nicht das Wesen der Völker, sondern die Seinen in allen Völkern. Zu einem göttlichen Selbstbestimmungsrecht der Völker führt deshalb von der Offenbarung aus keine Brücke. Das Selbstbestimmungsrecht ist nicht mehr, aber auch nicht weniger als ein politisches Prinzip, dessen Qualität allein nach seiner Bedeutung für die Bewahrung des Friedens unter den Völkern und für die Verwirklichung von Freiheit und Gerechtigkeit zu beurteilen ist.

Diese theologische Sachlage schließt nicht aus, daß auch die Kirche grundsätzlich oder im Einzelfall dort, wo es dem Frieden, der Freiheit oder der Gerechtigkeit dient, für das Selbstbestimmungsrecht der Völker eintritt. Sie kann es um dieser mitmenschlichen Werte willen legitim tun. In der Tat hat das Selbstbestimmungsrecht nicht nur bei nationalen Kirchen, sondern auch in der Vollversammlung des Ökumenischen Rates der Kirchen (zum Beispiel in Neu-Delhi 1961 anläßlich der Angola-Frage) und in seiner Kommission der Kirchen für internationale Angelegenheiten in solchem Sinne wiederholt eine Rolle gespielt.

Wesentlich bleibt, daß kirchliche Erklärungen zum Selbstbestimmungsrecht sich von der Inanspruchnahme göttlicher Gebote freihalten. Wohl aber kann die Kirche geltend machen, daß das Menschenrecht der Glaubens- und Gewissensfreiheit zur Entwicklung des Selbstbestimmungsrechts der Völker beigetragen hat. Als sich in den Vorläufern der amerikanischen Neu-England-Staaten des 16. und 17. Jahrhunderts der Vorrang der Glaubens- und Gewissensfreiheit vor aller staatlicher Gewalt zu einem das Wesen dieser Staaten bestimmenden Elemente entwickelte, wurde ein entscheidender Durchbruch zur freiheitlichen Demokratie vollzogen. Ihre Entfaltung führte aus den Konsequenzen des damit aufgeschlossenen politischen Leitbildes auch zum prinzipiellen Selbstbestimmungsrecht der Völker. Die Unabhängigkeitserklärung der Neu-England-Staaten (1776) fußt bereits auf diesem Grundsatz.

II,213-216.

Der Antisemitismus und seine Folgen

In einer Bundestagsdebatte über antisemitische Vorfälle nannte Heinemann am 18.2.1960 Ursachen des Antisemitismus:

Antisemitismus ist niemals ein punktueller Vorgang, sondern eine ständige, unüberhörbare Frage an uns alle, an die politischen und gesellschaftlichen Ordnungen in unserem Volk [...], ist eine ständige, unüberhörbare Frage nach dem Verhältnis zu unserer eigenen Vergangenheit, nach unserem Umgang mit der Jugend in Deutschland und nicht zuletzt auch eine ständige, dringliche Frage an die Verkündigung der christlichen Kirchen in Deutschland. [...]

Christen und Juden verbindet und trennt der Jude Jesus Christus am Kreuz. Christenglaube und Judenhaß sind unvereinbar in einem sehr speziellen Sinn, leider nicht faktisch unvereinbar; denn es hat immer wieder pseudo-theologische Argumente für einen Judenhaß gegeben, und volle tausend Jahre christlicher Kirchengeschichte sind ausgefüllt mit schrecklichen Untaten an den Juden. Alles das liegt längst schon vor einem »Dritten Reich«. [...]

Juden sind und bleiben Gottes Volk in einem besonderen Sinn, auch wenn sie auf den Messias noch warten, von dem die Christen sagen, daß er in Jesus Christus gekommen sei. Es ist eines der verhängnisvollsten Mißverständnisse in Theologie und Kirchengeschichte, daß man den Juden allein die Kreuzigung Christi glaubt anlasten zu können, während sie in Wahrheit das Zeichen unserer aller Auflehnung gegen Gott ist. So wie damals der Volljude Kaiphas, der Halbjude Herodes und der Arier Pilatus gemeinsam am Werke waren, so sind auch heute Glaube und Unglaube nicht nach Völkern oder sogenannten Rassen aufzuteilen, sondern sie sind in diesem Zusammenhang immer wieder gemeinsam anzusprechen. [...]

Die Juden werden fortexistieren, so wahr Gott existiert. Keine Assimilation saugt sie auf, keine Verfolgung rottet sie aus. Sie existieren in der Zerstreuung, ohne gemeinschaftliche Geschichte, ohne gemeinschaftliche Kultur, ohne gemeinschaftliche Sprache. Auch wenn wir den Staat Israel ansehen und ihn in seinem Aufbau bewundern, bleibt das jüdische Volk ein Sonderfall. Dessen müssen wir uns bei den Vorgängen, die wir hier behandeln, immer wieder bewußt sein. Denn über der jüdischen Geschichte steht das alttestamentliche Wort: »Wer euch antastet, tastet meinen Augapfel an« – ein Wort Gottes [Sach. 2,12].

Von da her, verehrte Damen und Herren, ergibt sich die Besonderheit der Aufgabe, die uns gestellt ist. Antisemitismus ist mehr als Intoleranz, ist auch mehr und noch etwas anderes als Angriff auf Demokratie. Antisemitismus hat in letztem Zusammenhang etwas zu tun mit den Dingen unseres christlichen Glaubens, und von da her müssen wir auch unsere Aufgabe einer politischen Erörterung wie hier in diesem Parlament ansehen. Antisemitismus ist immer höchste Alarmstufe, nicht weil ein Ausland sich aufregt, nicht nur weil eine Demokratie gefährdet wäre, sondern weil mit dem Antisemitismus Bezirke betreten werden, vor denen die Warntafel steht: Gott läßt sich nicht spotten! [...]

Am Antisemitismus sehen wir, wo verführtes Denken enden kann. Deshalb müssen uns diese letzten Vorgänge so wachrütteln und empfindlich machen gegen verführerisches Denken, von welcher Seite auch immer es kommt.

Im vergangenen Monat hat die Äußerung eines Mannes, der in unser aller Namen spricht, größtes Aufsehen erregt, vornehmlich im Ausland, und zwar sowohl bei den östlichen wie bei den westlichen Nachbarn, und ich muß im Hinblick auf diese Äußerung – die ich gleich wörtlich zitieren werde – fragen, ob sich in ihr nicht ein verführerisches Denken darstellt.

Was ich meine, sehr verehrte Damen und Herren, ist die Erklärung, die der Herr *Bundeskanzler Dr. Adenauer* am 22. Januar vor dem Papst in *Rom* abgegeben hat. (Unruhe bei der CDU/CSU. – Zuruf von der CDU/CSU: Unerhört! – Abg. Erler: Ja, die Erklärung war unerhört, Sie haben ganz recht!) Er sagte: »Ich glaube, daß Gott dem deutschen Volke in den jetzigen stürmischen Zeitläuften eine besondere Aufgabe gegeben hat, Hüter zu sein für den Westen gegen jene mächtigen Einflüsse, die von Osten her auf uns einwirken.«

Diese in feierlicher Audienz abgegebene Erklärung ist im Bulletin der Bundesregierung [23.1.1960, S. 130] amtlich veröffentlicht. (Unruhe bei der CDU/CSU.) [...]

Selbstachtung unseres Volkes: ja. Aber daß wieder ein *Sendungsbewußtsein* aufklingt, das macht mich unruhig, (Sehr gut! bei der SPD) und daß es aufklingt, das geht uns alle an.

II,153-157.

Keine staatliche Wohlstandsfinanzierung der Kirche

Nachdem Heinemann 1964 auf einer Tagung einer evangelischen Akademie die Finanzierung der Kirche durch den Staat kritisiert hatte, erhielt er einen sechsseitigen Brief eines Oberkirchenrats, der die gängige Praxis verteidigte und Heinemanns »Ausführungen über das Verhalten der Kirche und ihrer Finanzleute als verletzend und kränkend« empfand. Heinemann erwiderte ihm am 26. Juni:

Worum es mir geht, ist doch nichts anderes als dieses, daß die christliche Gemeinde im Zuge der staatlichen Wohlstandsfinanzierung das freiwillige Opfer verlernt. In Ihrem eindrucksvollen Referat von Arnoldshain bestätigen Sie das durch die Feststellung, daß gegenüber den sehr gestiegenen Kirchensteuereinnahmen alle sonstigen Einnahmen zurückgeblieben sind. Auf das Abkassieren der zahlreichen öffentlichen Fonds wird größeres Geschick verwendet als auf das Engagieren der Gemeinden in konkreten Aufgaben. Sogar die sogenannte Laienbewegung »Kirchentag« wäre ohne Bundes-, Landes- und Kommunalmittel längst zu Ende. Genau das wollten wir alle 1945 nicht, was wir heute haben, nämlich daß die Kirche sich durch den Staat und vom Staate finanziert. Zumindest wollte man das kircheneigene Kopfgeld (»Kirchgeld«) als Ansatz für eigene Finanzierung angesehen wissen. [...] Heute sind wir ja so weit, daß reiche Kirchenkreise das Kirchgeld überhaupt nicht mehr erheben und damit große Summen fahren lassen. [...]

Irgendwie erwarten die Menschen von der Kirche eine andere Vorbildlichkeit, als wir sie ihnen bei noch so guter und redlicher Verwaltung bieten. Die Kirche soll nicht einfach nur eine Sonderabteilung des allgemeinen öffentlichen Finanzwesens sein. Sie mag ihre Abfindungen für frühere Konfiskationen nehmen, sie mag sich Kriegsschäden ersetzen lassen, sie mag Beihilfen fordern, wo sie dem Staat Aufgaben abnimmt – das alles meine ich nicht. Fragwürdig ist die Selbstverständlichkeit, mit der auch alles übrige durch den Staat und vom Staat weit über die geistige Substanz der Gemeinden hinaus finanziert wird. Auf diese Fragwürdigkeit werde ich immer wieder die Aufmerksamkeit zu lenken versuchen, und zwar auch deshalb, weil wir nicht nur in der Kirche, sondern auch in unserer freiheitlichen Demokratie verludern, wenn wir, statt Opferfreudigkeit und Bürgersinn zu wecken und zu pflegen, nachgerade alles und alles an den Steuersäckel hängen – neuerdings auch noch die Finanzierung der politischen Parteien. Dieser Abweg schreckt mich. Leider sehe ich die Kirche stark daran beteiligt.

Gegen Gottesdienstschutz durch Militär

Nachdem Studenten im Dezember 1967 in Hamburg den Gottesdienst von Prof. D. Helmut Thielicke mit dem Begehren gestört hatten, sie wollten über den Vietnamkrieg diskutieren, hatte Thielicke für einen Gottesdienst im Januar 1968 Soldaten mobilisiert, die den ungestörten Ablauf sichern sollten. Auf Zeitungsmeldungen darüber reagierte Heinemann mit einem Leserbrief an »Die Welt«, den die Zeitung unter der Überschrift »Singen ist besser« am 27.1.1968 abdruckte:

Ich beschränke mich auf die Empfehlung, für die weiteren Gottesdienste von jeder Mobilisierung eines besonderen Kirchenschutzes, zumal durch Angehörige der Bundeswehr, Abstand zu nehmen und sich statt dessen zu erinnern, wie die Bekennende Kirche im Dritten Reich sich der Störung von Gottesdiensten durch nationalsozialistische »Deutsche Christen« erwehrte: Die Störer wurden durch Gemeindegesang überrundet.

Professor D. Thielicke möge beim nächsten Mal am Eingang zur Kirche Handzettel mit etwa folgendem Text verteilen lassen: Im Falle einer Störung des Gottesdienstes singen wir aus dem Gesangbuch Lied Nr. X, nach dem Gesang aller Verse werde ich predigen. Kommt es zu neuer Störung, so singen wir das nächstfolgende Lied.

Der Lernprozeß Kirche – Staat – Gesellschaft

Nachdem Heinemann nach 1945 immer wieder das Verhältnis zwischen Staat und Kirche behandelt hatte, analysierte er in seinen letzten Reden und Aufsätzen das Verhältnis zwischen Staat, Kirche und Gesellschaft, so in einem Vortrag in der Evangelischen Akademie in Tutzing 1975. Im folgenden werden daraus erst seine grundsätzlicheren Gedanken und dann seine Ausführungen zu sieben konkreten Themen wiedergegeben.

Erst in unserer Zeit sind Staat – Kirche – Gesellschaft zu einem Dreiklang geworden, den unser Thema meint.

Wir nennen unsere Gesellschaft pluralistisch und drücken damit aus, daß die dem Staat vorgegebene grundrechtliche Meinungsfreiheit eine von Staats wegen nicht begrenzbare Vielfalt von Meinungen und Meinungsäußerungen gewähren läßt. Nur für das Umsetzen von Meinungen in politische Willensbildung setzt das Grundgesetz Grenzen und Spielregeln. Bestimmte Grundwerte der Verfassung und ein bestimmtes Ordnungsgefüge des Staates sind festgeschrieben, der Änderungsmöglichkeit entzogen. Im Streit der Meinungsäußerungen untereinander oder miteinander aber ist der Staat neutral. Zur Demokratie gehört Dialog, sowohl im Parlament zwischen Regierung und Opposition als auch außerhalb des Parlamentes zwischen Regierenden und Regierten. Der Bürger muß angeredet werden, und die Regierung, die eben nicht mehr geheiligte Obrigkeit früherer Zeiten darstellt, muß für die Anrede der Bürger offen sein. Insofern sind Staat und Gesellschaft auf ein Wechselspiel der Meinungen gestellt. Der demokratisch-soziale Rechtsstaat steht nicht über der Gesellschaft, auch nicht im Gegensatz zur Gesellschaft, sondern ist deren organisierte Daseinsform, um die in der Gesellschaft gewollten Gemeinschaftsaufgaben zu erfüllen und bei allem die Freiheit der Staatsbürger zu gewährleisten. Der Staatswille erwächst aus ständiger geistiger Auseinandersetzung zwischen den einander begegnenden sozialen Kräften, Interessen und Ideen. Dem entspricht, daß der Beamte nicht mehr Erfüllungsgehilfe und Diener einer vorgegebenen Obrigkeit ist, sondern in einem Treueverhältnis zu allen Bürgern steht.

Für die Kirche gelten andere Grundsätze. Sie ist kein vereinsmäßiger Zusammenschluß, sondern Stiftung Jesu Christi. Sie hat den aus der Offenbarung Gottes in Jesus Christus gesetzten Auftrag zu erfüllen. Dieser Auftrag kann in seinem Gehalt sowie hinsichtlich der Ordnungen der Kirche theologisch diskutiert werden. Sein Verständnis bedarf auch immer neuer Formulierung. Jede neue Formulierung aber muß sich ausweisen als übereinstimmend mit dem Kern der christlichen Überlieferung. Dieser Kern kann keiner demokratischen Mehrheitsentscheidung der Kirchenglieder oder gar aller Staatsbürger unterliegen. In ihrer inneren Ordnung gehen die beiden großen christlichen Kirchen verschiedene Wege. Die katholische Kirche ist hierarchisch auf den Papst als Stellvertreter Christi zugeschnitten. Die evangelische Kirche beruht im Prinzip auf der Brüderlichkeit ihrer Glieder und auf der Gleichwertigkeit aller Dienste in der Kirche. Was beide Kirchen vom Staat verlangen und was das Grundgesetz ihnen in der Bundesrepublik Deutschland gewährt, sind die Glaubensfreiheit samt Freiheit der Religionsausübung und die kirchliche Selbstverwaltung einschließlich Lehre, Kultus und Ämterbesetzung. [...]

Ehe ich mich einigen der in Rede stehenden Einzelfragen zuwende, unterstreiche ich mit Nachdruck, obwohl es eigentlich selbstverständlich ist, daß ich nur eine persönliche Meinung ausspreche, die für jeglichen Einwand offenbleibt. Auch hebe ich als eine grundsätzliche Haltung zu diesen Einzelfragen hervor, daß sie meines Erachtens nur auf dem geschichtlichen Boden beurteilt werden können, auf dem wir nun einmal stehen. Es kann nicht darum gehen, sozusagen auf dem Reißbrett etwas zu konstruieren, sondern es muß bedacht werden, daß auch kirchliche Ordnung und deren Zuordnung zum Staat geschichtlich gewordene Ordnung ist und darum unter Berücksichtigung ihrer Gewordenheit ohne Zertrümmerung in neue Ordnung fortentwickelt werden kann.

II,301-304.

Den staatlichen Einzug der Kirchensteuer in Frage stellen

Es ist nach dem Kriege zumal im evangelischen Bereich viel darüber diskutiert worden, ob die im Kirchenkampf unter Hitler in der Bekennenden Kirche entwickelte eigene Finanzierung durch freiwillige Beiträge beibehalten und zur allgemeinen Regel gemacht werden sollte oder nicht. Es dauerte aber nicht lange, bis die Versuchung überhandnahm, die Kirchensteuer wieder durch die Finanzämter und im Lohnabzug durch die Arbeitgeber einziehen zu lassen. Immerhin beschloß die Synode der Evangelischen Kirche im Rheinland noch 1950 mit überwältigender Mehrheit, es solle die Kirchenleitung mit allem Ernst darauf bedacht sein, daß auf die Inanspruchnahme des Staates zur Einziehung der Kirchensteuer sobald wie möglich verzichtet werden könne. Inzwischen ist davon keine Rede mehr. Am längsten widerstand die Evangelische Landeskirche in Württemberg; sie übertrug erst 1956 den Steuereinzug dem Finanzamt und den Arbeitgebern. Heute zieht nur die Bayerische Landeskirche noch die Einkommensteuer selber ein, während auch sie sich dem Lohnsteuerabzug angeschlossen hat. Neben der Kirchensteuer nach Maßgabe des Einkommens war in manchen Kirchen geraume Zeit ein jährliches Kopfgeld in kircheneigener Verwaltung üblich. Anstatt es auszubauen, besteht es heute kaum noch. Das Wirtschaftswunder hat auch das Kopfgeld überrollt.

Angesichts dieser Entwicklung besteht heute keine Aussicht, daß man kirchlicherseits bereit ist, auf die staatliche Einziehung der Kirchensteuer zu verzichten. Sie ist zu einer ebenso praktischen wie obendrein ertragreichen Erleichterung geworden. Gleichwohl behält sie in ihrer Anbindung an die staatliche Einkommensteuer auch ihre Nachteile. Der Staat gibt großen Steuerzahlern bekanntlich bei besonderer Verwendung von Einkommen manche Möglichkeiten zur Minderung ihrer Steuern. Dementsprechend sinkt auch die Kirchensteuer. Auch besondere Abkommen großer Steuerzahler mit der Kirche kommen vor. Seit Jahresbeginn stellt jetzt der Staat durch seine Steuerreform viele bisher Lohnsteuerpflichtige steuerfrei. Dementsprechend tritt nun insoweit auch Kirchensteuerfreiheit ein. Vom Standpunkt der Kirche ist das eine ebensowenig gut wie das andere. Es erweist sich auch von daher als nachteilig, daß die nach dem Kriege üblich gewesenen Kopfbeiträge in etlichen Landeskirchen außer Übung gekommen sind.

Schließlich ist aber auch noch dieses zu sagen: Eine Überleitung der Kirchensteuer auf die Kirchen selbst würde unstreitig die Einnahmen beträchtlich schmälern. Die Kirchen müßten eigene Verwaltungen aufbauen, die mehr kosten als die zwei bis fünf Prozent, die der Staat heute zur Abgeltung seiner Arbeit aus der Kirchensteuer einbehält. Mit Recht machen die Kirchen geltend, daß alle Einnahmeverluste sonderlich ihre vielfältige diakonische Arbeit in Anstalten und Heimen treffen würde. Gerade durch diese Arbeit nehmen die Kirchen der öffentlichen Hand vieles ab, was sonst auf andere Weise von dieser zusätzlich erbracht werden müßte. Auch der Staat bekundet deshalb kein Interesse, die Einziehung der Kirchensteuer auf die Kirchen überzuleiten. Ein anderes Kapitel sind Meinungsverschiedenheiten darüber, ob oder inwieweit kirchliche Werke auch auf eine Förderung durch die öffentliche Hand rechnen können.

II,304f.

Die Form der Militärseelsorge ändern

Zur Militärseelsorge werde ich nur ein paar Worte sagen, die entsprechend auch für Gefängnisseelsorge gelten. Natürlich hat die Kirche die Aufgabe, auch die Soldaten zu betreuen. Muß es aber durch Pfarrer im Staatsdienst geschehen, oder entspräche es der Kirche nicht besser, es durch Pfarrer im kirchlichen Dienst zu tun? Diese Frage hat jedenfalls die Evangelische Kirche in

Deutschland (EKD) stark erregt. Sie endete 1957 in einer Kampfabstimmung ihrer Synode zugunsten der staatlichen Organisationen der Militärseelsorge. Ich habe damals zur Minderheit in der Synode gehört und halte die Entscheidung auch heute noch für verfehlt.

II,305f.

Den staatlich vorgeschriebenen Eid ersetzen

Der Eid ist ein Rechtsvorgang, in dem profane Aussagen sakral sanktioniert werden. Er verbindet aus mancherlei Ursprüngen einen Rechtsvorgang mit Religion und gibt ihm damit eine über das Rechtliche hinausgreifende Verbindlichkeit besonderen Grades. Entgegen der neutestamentlichen Aussage Jesu: »Eure Rede sei ja, ja, nein, nein; was darüber ist, ist vom Übel« (Math. 5, 33-37; Jak. 5, 12) fing mit der konstantinischen Zeit die Staatskirche an, den Eid theologisch zu rechtfertigen. Sie hat ihn bis in die Neuzeit weitergetragen. Zu keiner Zeit ist aber der neutestamentliche Einwand dagegen verstummt. Die mit dem Eid gemeinte Selbstverfluchung in die Hand des Teufels für den Fall der Eidesverletzung fand zunehmend kein Verständnis mehr. Die Weimarer Verfassung zog aus der durch Jahrzehnte geführten Erörterung nur eine halbherzige Folgerung. Sie beließ es beim Schwören, stellte aber frei, die religiöse Beteuerungsformel fortzulassen. So ist es auch heute noch.

Als ich am 1. Juli 1969 vor dem Bundestag und dem Bundesrat vereidigt werden sollte, machte ich einige Tage zuvor dem damaligen Bundestagspräsidenten von Hassel einen Besuch. Ich fragte, was geschehen würde, wenn ich den im Grundgesetz vorgeschriebenen Eid verweigerte, – ich könnte ja beispielsweise zu den Mennoniten gehören, die schon von den Königen von Preußen von jeder Eidespflicht freigestellt waren. Das war nur eine theoretische Frage, weil ich bereit war, den Eid zu leisten. Es war aber eine grundsätzliche Frage, weil nach Artikel 3 des Grundgesetzes niemand wegen seiner religiösen Anschauungen von einem Amt ausgeschlossen werden darf und wir darauf gefaßt sein müssen, daß einmal ein gewählter Bundespräsident oder Bundeskanzler oder ein ernannter Bundesminister sich weigert zu schwören. Ich sage noch einmal, daß man das Problem des Schwörens nicht dadurch neutralisieren kann, daß es freigestellt wird, die im Grundgesetz vorgesehene Bekräftigungsformel (»So wahr mir Gott helfe«) entfallen zu lassen, solange zwingend vorgeschrieben bleibt zu sagen »Ich schwöre …«. Wenn schon die Kinder der Welt vergessen, was Schwören bedeutet, so sollten doch die Kirchen dessen eingedenk bleiben und selber den Anstoß geben, daß von Staats wegen Eide entfallen. Im anderen Teil Deutschlands, in der Deutschen Demokratischen Republik, lebt der Eid in völlig verweltlichter Form fort. Beim Fahneneid hat der Wehrpflichtige etliche Pflichten zu beschwören und sich in der Schlußformel für den Fall der Eidesverletzung einer harten Strafe und der Verachtung des werktätigen Volkes auszuliefern.

Mit anderen Worten: Ich halte dafür, daß wir jedes Schwören ersetzen sollten durch Formeln eines Versprechens der Pflichterfüllung oder der wahrheitsgemäßen Aussage. Auch damit lassen sich Strafandrohungen verbinden.

II,306f.

Kirchliche Feiertage überprüfen

Es gibt in der Bundesrepublik neben den drei staatlichen Feiertagen (Neujahrstag, 1. Mai, 17. Juni) je nach den verschiedenen Bundesländern deren sieben bis elf, wobei in einigen Bundesländern noch einmal Unterschiede je nach dem Überwiegen der einen oder anderen Konfession bestehen. Alles in allem also eine recht bunte Feiertagslandschaft. Die Bedeutung der kirchlichen Feiertage ist für das kirchliche Leben stark verblaßt. […]

Heute gilt in der Bundesrepublik ein dem Kalendertag nach einheitlicher Bußtag, jedoch mit der Ausnahme, daß es ihn in den überwiegend katholischen Gebieten von Bayern überhaupt nicht gibt.

Von den kirchlichen Staatsfeiertagen sprechen auch diejenigen nicht, die eine konsequente Trennung von Staat und Kirche fordern. Jedermann weiß nämlich, daß die für Arbeitnehmer bezahlten kirchlichen Staatsfeiertage als sozialer Besitzstand gelten, den die

Gewerkschaften verteidigen würden. Die Kirchen aber sollten, so meine ich, erkennen lassen, daß sie bereit wären, mindestens über den Bußtag, der dem Geist des Grundgesetzes nicht mehr entspricht, mit sich reden zu lassen.

II,307f.

Weltliche Gruppeninteressen nicht christlich nennen

Die in diesem Zusammenhang immer wieder aufkommende Frage, ob eine politische Partei sich als christliche Partei bezeichnen solle, berühre ich jetzt nur. Diese Frage begleitet den Weg der CDU und CSU seit ihrem Entstehen. Als 1956 der Rat der EKD gefragt wurde, wie er zu einer sich christlich nennenden Gewerkschaft stehe, hat er von dieser Bezeichnung abgeraten und erklärt: »Der christliche Name sollte zur Bezeichnung einer an sich berechtigten Vertretung weltlicher Gruppeninteressen heute nicht gebraucht werden.« Gewerkschaften und vollends politische Parteien sind Kampfverbände, bei denen es um sachliche Interessen, aber nicht um Fragen des Christentums geht. Das »C« im Namen einer Partei wird darum immer fragwürdig bleiben.

II,309f.

Kirchliche Amtsträger sollten keine Orden annehmen

Als die Bundesrepublik Deutschland in den fünfziger Jahren anfing, Orden zu verleihen, wurde unter den Mitgliedern des Rates der EKD verabredet, daß man für die Dauer der kirchlichen Tätigkeit keine Orden annehmen wolle. Einzelne Ratsmitglieder wichen aber alsbald davon ab. Damit kam alles ins Rutschen. Als dann eines Tages ein ostdeutscher Bischof einen westdeutschen Bischof um Rat bat, ob er einen Orden der Deutschen Demokratischen Republik annehmen könne oder solle, konnte ihm der westdeutsche Bischof nur sagen, daß *er* einen Orden der Bundesrepublik Deutschland schon trage. Der ostdeutsche Kirchenmann hatte das Gefühl, daß ein Orden der Deutschen Demokratischen Republik ihm im Ansehen seiner Gemeinde schaden würde. Wie aber sollte er ihn ablehnen, wenn sich die Amtsträger der EKD im ganzen nicht grundsätzlich aus der Verleihung von Orden heraushielten? Interessant ist, daß Kardinal Mindszenty in seinen Erinnerungen die Ordensauszeichnung eines ungarischen Bischofs durch das Kadar-System fühlbar geringschätzig erwähnt.

Ich habe es sehr begrüßt, daß seit dem Sommer 1971 in der Bundesrepublik Deutschland die Richter aller Justizzweige als Träger der Dritten Gewalt aus der Verleihung von Bundesverdienstkreuzen ausgeschert sind. Kein aktiver Richter wird seitdem mehr dekoriert. Wäre dieses Selbstbewußtsein unserer Richter nicht ein Beispiel für die Kirchen? Ich meine, es sollte erwogen werden.

II,314.

Christliche Gemeinde soll zur Verlebendigung staatsbürgerlichen Handelns beitragen

Nur wenn die Ortsgemeinden aufnehmen und auf ihre Weise bedenken, was Kirchenleitungen aussprechen, kann es in der sie umgebenden Gesellschaft wirksam werden. Ich habe den Eindruck, daß es an solcher Umsetzung in das Gemeindebewußtsein noch weithin fehlt. Darüber hinaus kann auch der christlichen Ortsgemeinde obliegen, zu Gegebenheiten oder Vorgängen in der bürgerlichen Gemeinde ein helfendes Wort zu sagen und selbst tätig zu werden. Mit anderen Worten: Die Kirche kann auf allen Ebenen ihre Wertvorstellungen und Maßstäbe als einen Beitrag neben anderen in den demokratischen Dialog einbringen.

Als Beispiel bieten sich die mehrfach bekanntgewordenen Auseinandersetzungen um Heime für Behinderte in bestimmten Wohngegenden oder um die Mitbenutzung öffentlicher Einrichtungen durch Behinderte an. Gehört die christliche Gemeinde nicht grundsätzlich an die Seite der Benachteiligten? Was geht nicht alles an Vorurteilen unter uns um! Hier greife ich nur heraus, daß wir uns gern als Gerechte von den Gerichteten, von den Vorbestraften, scheiden, statt ihnen zu helfen, daß sie einen Berufsweg finden und nicht in neue Straftat verfallen. Auch zur Verlebendigung staatsbürgerlichen Handelns kann die christliche Gemeinde beitragen, indem sie einer Bürgerinitiative zur Anregung gemeindlicher Einrichtungen Raum gibt. Vor allem aber sollte eine christliche Gemeinde in sich für brüderliche Beratung ihrer Glieder in Konfliktfällen offen sein. Ich habe schon mehrfach unwillig einen Vorfall erwähnt, wie einem Arbeitnehmer auf einem Gemeindeabend eine Aussprache darüber, ob er sich an einem Streik beteiligen solle oder nicht, mit der Begründung verwehrt wurde, so etwas gehöre da nicht hin.

Eine Kirche, die nur sich selbst bedenken und ihre Verkündigung auf das Heilsangebot Gottes beschränken würde, wäre eine Kirche im Ghetto, wäre nur ein dummes Salz. Es gehört zu ihrer ureigenen Aufgabe, dem Angebot des Heils eine Anleitung zum Handeln ihrer Glieder für das Wohl der Menschen hinzuzufügen. Beides gehört zusammen.

Politische Predigt also? Ganz gewiß Nein! wenn das, was die Kirche zur Gesellschaft sagt, nicht aus klarer Verwurzelung im Evangelium gesagt wird. Deshalb vor allem kein vorschnelles Reden von der argen Welt, sondern ein Begleiten dieser Welt als Dank für das Gerettetsein dieser Welt durch Gottes Handeln in Christus. Auch das gehört immer erneut zu dem Lernprozeß der Kirche – einer Kirche, die heute zusätzlich lernen muß, ohne Privilegien zu leben und nur noch eine Minderheit in unserer Gesellschaft zu sein.

II,314-316.

Teil 3: Geschichte und Gegenwart

Die Idealisierung des deutschen Kaiserreiches vermeiden

In seinem ersten Zeitungsartikel »Zwei Welten« wandte sich der zwanzigjährige Heinemann am 8.10.1919 in der Hessischen Landeszeitung gegen eine Idealisierung des früheren Offiziersstandes, wie sie General Erich Ludendorff vorgenommen hatte:

Ludendorff schreibt: »Der Beruf des Offiziers stand auf christlichem Boden. Es war die Treue zu Kaiser und Reich, der kategorische Imperativ der Pflicht, der ihn beherrschte. Irdische Güter wurden ihm nicht zuteil.« Das klingt sehr schön, zweifellos! Aber gehen wir diesen Idealen doch einmal etwas auf den Grund. Was waren denn diese Offiziere, wo stammten sie her? Doch ausschließlich aus den sogenannten ersten Familien des Landes, d.h. aus ostelbischen Junkerfamilien und den Kreisen des reichen Großbürgertums. Diese Gesellschaftsschichten konnten sich rühmen, durch ihren Einfluß auf den Hof, durch Besetzung aller ausschlaggebenden Regierungs- und Verwaltungsposten gleichfalls aus ihren Kreisen, durch ihre Begünstigung im Wahlrecht die so ziemlich allein maßgebenden Kreise im ganzen Staat zu sein. Diese Machtstellung wurde von ihnen redlich ausgenutzt. Großgrundbesitz und Unternehmertum konnten der grundsätzlichen Unterstützung durch diese Regierung in all ihren Bestrebungen, innen- und außenpolitisch, stets sicher sein. In wessen Interesse wurden Sozialistengesetz, Zoll- und Steuerpolitik gemacht? Die Interessen dieser Kreise waren die Interessen des Staates; die Interessen des Staates waren ihre Interessen. Darum hatten auch diese Kreise allein die wahre nationale Gesinnung gepachtet!

Die Konservativen wußten sehr genau, was sie an diesem Staate hatten, nicht umsonst führten sie den kurzsichtigen Kampf um das preußische Wahlrecht mit solcher Hartnäckigkeit. Es ging um ihre reale Macht! Wußten nicht auch die Offiziere sehr wohl, was sie an diesem Staate hatten? Sie, die sich rühmen konnten, daß der Kaiser »ihr« Kaiser war. Was brauchte sie dieser Staat noch großartig zu bezahlen? Er ließ ihnen und ihren Kreisen indirekt genug zukommen an Ehren und Vorrechten, nicht zuletzt materieller Art. Wer so viele Vorrechte genoß, braucht mit seinen »idealen Pflichten« nicht hausieren zu gehen. Die kaiserlichen Offiziere hatten es wirklich leicht, »nur ihren hohen Idealen, ihrem hohen Berufe« zu leben. Es waren Ideale mit sehr realem Hintergrund! Ja noch weiter! War diese sogenannte ideale Pflicht des Offiziers nicht selbst wieder eines der größten Vorrechte? Wer konnte denn Offizier werden? Diese Verdrehung von Pflicht und Vorrecht wirkt nachgerade lächerlich, und das Gerede von »hohem, idealem Beruf« und ausschließlich nationaler Gesinnung ist nichts als ruhmredige Selbstüberhebung.

Heinemann: „Haben Sie's nicht 'ne Nummer kleiner?" WAZ-Zeichnung: Klaus Pielert

Westdeutsche Allgemeine Zeitung vom 18.1.1971 zu Heinemanns Rede »100 Jahre Reichsgründung«.

Ist es demgegenüber wirklich etwas aus einer ganz anderen Welt, wenn Noske sagt: »Wir werden am 1. Januar 1920 ein bettelarmes Offizierskorps haben, das mit seiner Existenz an die Sicherheit des Landes und die Tätigkeit der Regierung gebunden ist?« Mir scheint es nicht so. Die Mittel des alten Systems haben sich in dieser Hinsicht bewährt. Die kaiserlichen Offiziere schwelgen heute noch in sehnsüchtiger Erinnerung an das alte System – weil sie es so gut unter ihm hatten. Wer treue Diener haben will, muß sie mit etwas anderem als mit bloßen Idealen und Phrasen an sich ketten. Es ist gut, daß auch Noske das erkannt hat.

III,11f.

Verurteilung antisemitischer Tendenzen nach dem Holocaust

Im Frühjahr 1950 gab es in Hamburg bei einem Prozeß gegen Veit Harlan antisemitische Tumulte, und auf dem jüdischen Friedhof in Frankfurt wurden Grabsteine umgeworfen. Heinemann, Bundesinnenminister, erklärte dazu am 15.4.1950 im Westdeutschen Rundfunk:

Als Präses der Synode der Evangelischen Kirche in Deutschland verurteile ich diese Vorgänge schärfstens. Im Namen des deutschen Volkes sind an den Juden in den Jahren der nationalsozialistischen Herrschaft solch ungeheure Untaten und Verbrechen begangen worden, daß wir allesamt wahrlich nur *einen* Anlaß hätten, nämlich uns der ganzen Tragweite dessen, was in unserem Namen geschah, vor Gott und den Menschen zutiefst bewußt zu werden und uns alle zur Umkehr rufen zu lassen. Es kann keinen Frieden unter uns und mit anderen Nationen geben, wenn wir nicht alle von jeglichem Antisemitismus entschlossen abrücken.

Es hat Gott gefallen, Menschen vielerlei Art und Rasse in gleicher Weise zu schaffen. Wer will darüber mit ihm rechten? Juden und Nichtjuden leben als Bürger des gleichen deutschen Staates beieinander. Niemand kann es verantworten, daß wir uns gegenseitig mißachten oder gar in unseren Menschenrechten verletzen. Ich bitte alle, die dieses hören, eindringlich, sich der großen Verantwortung bewußt zu werden, die ein jeglicher von uns als Staatsbürger und wir alle zusammen als deutsches Volk gegenüber jedem Menschen haben, der unter uns lebt. Ich bitte zumal die Christen in unserem Volke, dessen eingedenk zu sein, was uns im Neuen Testament über das Volk Israel und unsere eigene christliche Existenz gesagt ist.

Ich bitte alle, die eine öffentliche Verantwortung tragen, sich in dieser Verantwortung gegen den Antisemitismus zu bekennen. Ich bitte zumal die christlichen Gemeinden und ihre Pfarrer, in den Gottesdiensten die Verkündigung des Wortes Gottes auf das zu lenken, was hier etwa aus dem Römerbrief (XI,18) gesagt werden muß:

»Rühme dich nicht wider die Zweige, rühmst du dich aber wider sie, so sollst du wissen, daß du die Wurzel nicht trägst, sondern die Wurzel trägt dich.«

Die Verantwortung deutscher Soldaten

Nach seiner Erklärung gegen Antisemitismus 1950 erhielt Heinemann kritische Zuschriften. Ein Oberst a.D. schrieb aus Hamburg, ihn und alle neben ihm »stehenden Kameraden, Witwen und Kinder« würde interessieren, welche Einstellung Heinemann »zu der noch unwürdigeren, unchristlichen Behandlung der großen Menschengruppe der ehemaligen Soldaten« einnähme, über deren »Riesenelend« er »gewiß unterrichtet« sei. Die »Aufregung um die lächerlichen Symptome der Judendemonstrationen steht in gar keinem Verhältnis zu der himmelschreienden Unmenschlichkeit an den Soldaten ...«

Heinemann antwortete am 3. Mai auf diesen »Zornausbruch«:

Was zunächst die materiellen Bezüge ehemaliger Offiziere anlangt, so versichere ich Sie, daß alles getan wird, schnellstmöglich eine gesetzliche Regelung herbeizuführen. [...] Alle Beteiligten haben bis in die späten Nachtstunden das Äußerste darangesetzt, die Arbeit zu bewältigen. Jeglichen Vorwurf, der in dieser Beziehung erhoben werden möchte, weise ich nachdrücklich zurück.

Ihre Frage nach der Verantwortung für das Elend der früheren Soldaten, ihre Witwen und Kinder kann ich nur an Sie zurückgeben, indem ich Sie frage, was Sie beizeiten persönlich gegen die Verwüstung des deutschen Volksvermögens und gegen die Auflösung aller öffentlichen Ordnung in Deutschland bis in die bedingungslose Kapitulation hinein getan haben? Wenn wir so mit Vorwürfen hin und her anfangen, kommen wir allesamt nicht weiter. Immerhin sollte klar zutage liegen, daß jedenfalls die Demokratie oder die Bundesregierung oder einzelne Bundesminister nicht diejenigen sind, die Sie in solchem Zusammenhang anklagen können. Sie wissen zur Genüge, wer Hitler gewählt hat und wer den Krieg begann. [...]

Bitte prüfen Sie noch einmal, ob Sie unser gemeinsames Schuldkonto wirklich so abtun können, daß Sie neue antijüdische Demonstrationen als eine lächerliche Angelegenheit bezeichnen. Ich meine, daß es hier um den ganzen Ernst letzter Verantwortung vor Gott geht. Darum der Hinweis auf Römer 9 bis 11 oder zusätzlich etwa noch auf Jeremia 30 Verse 15-16.

Kritik an der Haltung Staatssekretär Globkes im Dritten Reich

In einer Diskussion mit Schülern und Schülerinnen einer Berufsschulklasse aus Hessen wurde Heinemann 1962 nach seinem Urteil über die Rolle gefragt, die der Bonner Staatssekretär Hans Globke im Dritten Reich als Kommentator der Nürnberger Rassegesetze gespielt hatte. Nach der Veranstaltung schrieb ihm Karl Kanka, Mitglied des Bundestages, und brachte vor, daß Heinemann entlastende Momente außer Acht gelassen habe. Der antwortete ihm am 31. Oktober:

Über die Tätigkeit oder Nichttätigkeit von Herrn G. in seiner Eigenschaft als Ministerialbeamter zugunsten jüdischer Verfolgter habe ich gar nichts ausgesagt. Ich habe mich lediglich dagegen gewehrt und tue es auch noch, daß man die Mitverantwortung von Herrn G. für den bekannten Kommentar in Abrede stellt und daß man nicht eben auch gelten lassen will, daß Herr G. in dem von mir vorgebrachten Beispielfall der Kommentierung zu der Reichsgerichtsentscheidung vom 9. Dezember 1936 öffentlich einen Standpunkt möglichst weiter Auslegung der sogenannten Rassenschande vertreten hat, indem er die ohnehin schon u.a. auf seinen Kommentar abgestützte Entscheidung obendrein auch noch »begrüßte«. Ich kann es schwer in Einklang bringen, daß Herr G. jüdische Verfolgte geschützt habe, wenn er gleichzeitig auch öffentlich eine möglichst weitgehende Anwendung des Rassenschutzgesetzes vertrat.

Die Schuld am Ersten Weltkrieg

Als der Historiker Imanuel Geiss das »Gutachten zur Kriegsschuldfrage 1914«, das der Historiker Hermann Kantorowicz in der Weimarer Zeit verfaßt hatte, 1967 in Frankfurt herausgab, schrieb Heinemann im Geleitwort dazu:

Dem Nachgeborenen wird es heute kaum noch faßbar sein, in welchem Ausmaß die Frage nach der Kriegsschuld von 1914 die Deutschen in der Weimarer Republik aufwühlte. [...] Nur wenige in Deutschland behielten damals einen kühlen Kopf, verlangten mit einem schon Mut erfordernden Ausmaß an Zivilcourage und intellektueller Redlichkeit die sachliche, wissenschaftliche und kritische Selbstprüfung der deutschen Nation angesichts des ersten Weltkriegs. Zu den wenigen akademischen Lehrern dieser Art gehörte Hermann Kantorowicz, der bedeutende Freiburger und Kieler Rechtsgelehrte und persönliche Freund des sozialdemokratischen Reichsjustizministers Gustav Radbruch. [...]

Für uns, die wir heute in der zweiten deutschen Republik leben, sollten die Wiederentdeckung von Hermann Kantorowicz und der Rückgriff auf seinen damals von Amts wegen unterdrückten Beitrag zur Kriegsschulddiskussion einige beherzigenswerte Lehren beinhalten:

1) Demokratie und Erhaltung des Friedens sind – jedenfalls in Deutschland – auf die Dauer untrennbar.
2) Die Demokratie wird nicht geschwächt, sondern gestärkt, wenn sie ein Höchstmaß an freier und rationaler Diskussion nicht nur gestattet, sondern ermöglicht und ermutigt.
3) Der Lebensweg von Hermann Kantorowicz sollte die heute oft so leichthin ausgesprochene Behauptung widerlegen, als hätten die Intellektuellen, zu denen Kantorowicz wahrlich zu rechnen ist, die Weimarer Republik zerstört. Vielmehr schwächte und zerstörte sie sich selbst, weil sie die radikalen und konsequenten Vertreter der Demoktratie abstieß und zermürbte. Die Weimarer Republik ging nicht an zu viel, sondern an zu wenig demokratischer Substanz zugrunde.
4) Es darf uns in unserer heutigen, noch immer ausbaubedürftigen Demokratie nicht noch einmal passieren, daß sich zwischen ra-

dikaldemokratischer Intelligenz und dem Staat eine verhängnisvolle Kluft auftut.

Demokratie erfordert Mut zum Wagnis, auch zum intellektuellen Wagnis. Kantorowicz hat es gewagt, das damals im Deutschen Reich fast Undenkbare zu denken, schriftlich zu fixieren und gegen eine demokratisch verfaßte Obrigkeit zu verfechten.

Gefallener Soldaten angemessen gedenken

1967 kam es in Flensburg zu einem Streit um die angemessene Ehrung deutscher Soldaten des Zweiten Weltkrieges. Drei Pastoren der evangelischen Mariengemeinde wandten sich dagegen, daß in einer Kapelle ein Ehrenmal mit dem Vers Joh. 15,13 errichtet würde, stießen aber auf breiten Widerspruch in Kirche und Öffentlichkeit. Sie schickten ihre Thesen und einen Bericht an Justizminister Heinemann. Der antwortete ihnen am 13. März von Bonn aus, er habe »alles aufmerksam gelesen, dazu auch vielerlei Zeitungsberichte und Leserbriefe, wie sie einem Vorgang von grundsätzlicher Bedeutung entsprechen«:

Mir stehen noch die gleichartigen Auseinandersetzungen um den Fall *Dehn* in Erinnerung, der 1928 in Magdeburg anfing und sich in Halle fortsetzte. Der damalige Pfarrer Günther Dehn (später Professor der Theologie in Halle, zuletzt in Bonn und heute hier im Ruhestand lebend) sagte damals in einem Vortrag in Magdeburg:

»Es ist allgemein üblich, daß von der Kirche der Tod fürs Vaterland unter den Gesichtspunkt des reinen Opfertodes gestellt wird unter dem Bibelwort: ›Niemand hat größere Liebe denn die, daß er sein Leben läßt für seine Freunde (Johannes 15,13).‹ Wir wollen ganz gewiß diesem Tod seine Würde und auch seine Größe lassen, aber ebenso gewiß wollen wir auch die Wahrheit sagen. Es wird bei dieser Darstellung eben außer Acht gelassen, daß der, der getötet wurde, ebenso auch selbst hat töten wollen. Damit wird die Parallelisierung mit dem christlichen Opfertod zu einer Unmöglichkeit.«

Diese Sätze führten zu wilden Angriffen gegen Pfarrer Dehn, in denen die ganze nationalistische Verkrampfung aufbrach. Was sich damals in Magdeburg und vor allem in den Jahren darauf in Halle um Günther Dehn abspielte, war einer der Anmarschwege zum Nationalsozialismus. […]

Weite Kreise sind nach anfänglicher Besinnung in den ersten Jahren nach 1945 heute wieder in die alten Verquickungen von Thron und Altar zurückgefallen. Das zeigt der Flensburger Vorgang. Barmer Erklärung 1934, Stuttgarter Erklärung 1945 und manche andere Aussagen sind dort wie leider auch anderwärts weithin verhallt. Um so erfreuter bin ich über Ihre Haltung. Ich kann Sie nur ermuntern, bei Ihrer Sache zu bleiben und sie in ruhiger Klarheit und im Vertrauen auf Gottes Führung zu vertreten.

Unbegreiflich ist mir, wieso die Verfechter kirchlicher Ehrung derer, die ihr Leben in einem riskanten Einsatz verloren, dieses immer auf Soldaten beschränken. In meiner Ruhrgebietsheimat sterben unausgesetzt Bergleute den Bergmannstod. Mancher Feuerwehrmann oder Polizist läßt sein Leben im Dienst für Mitmenschen. Würden sie nicht gleicher Ehrung teilhaftig zu machen sein? Wo vollends dokumentiert unsere Kirche ein Gedenken an die Opfer des nationalsozialistischen Terrors?

Nach dem Zweiten Weltkrieg einen neuen Anfang setzen

Dreißig Jahre nach dem Beginn des Zweiten Weltkriegs zog Heinemann am 1.9.1969, kurz nach seiner Wahl zum Bundespräsidenten, in einer Rede, die über alle Rundfunk- und Fernsehsender der ARD und des ZDF übertragen wurde, Konsequenzen für die Gegenwart:

Heute vor 30 Jahren, am 1. September 1939, begann das schauerliche Drama, das wir den Zweiten Weltkrieg nennen. Nach wochenlangem Streit mit Polen um Danzig und um den Korridor verkündete Hitler an jenem 1. September 1939 in Berlin im Reichstag vor den jubelnden und sich in Begeisterung überschlagenden Abgeordneten »den Kampf für des Reiches Recht und Sicherheit«. Seit 5 Uhr 45 werde zurückgeschossen. […]

Der gewählte Bundespräsident Gustav Heinemann zu Gast bei der Ministerpräsidentin Golda Meir in Tel Aviv 1969.

Gustav und Hilda Heinemann: Kranzniederlegung in der Neederl. Schauburg beim Staatsbesuch in den Niederlanden am 24.11.1969.

Hitler hatte seit den zwanziger Jahren geredet, geschrieben, agitiert und gehetzt, daß es ihm auf die Lösung der Judenfrage und auf die deutsche Herrschaft über die slawischen Nachbarvölker bis weit nach Rußland hinein ankomme. Danzig und der Korridor waren nur der Auftakt zum Programm des Großdeutschen Reiches germanischer Herren über sogenannte slawische Untermenschen. Auch über den Ausgang des Krieges zu sprechen ist müßig. Vergessen aber wollen wir nicht, daß über 55 Millionen Menschen in aller Welt im Zweiten Weltkrieg ihr Leben verloren haben. Noch mehr Menschen verloren in aller Welt als Vertriebene und Umsiedler ihre Heimat. [...]

Was mit dem ehemaligen »Erbfeind« Frankreich zu unserer großen Befriedigung erreicht ist, steht gegenüber den östlichen Nachbarn und zumal gegenüber Polen als eine ungelöste Aufgabe noch immer vor uns. Polen war das erste Opfer des Überfalls von 1939. Sein Anteil an den Toten des Krieges macht allein 6 Millionen aus, von denen 0,7 Millionen als Soldaten umkamen, die übrigen mehr als 5 Millionen aber willkürlicher Ausrottung zum Opfer fielen. Was immer die Verantwortlichen in Polen 1939 an Argumenten für Hitlers Handeln beigetragen haben mögen und wie schwer auch das Los unserer Landsleute gewesen ist, die 1945 das Opfer des Verlustes ihrer Heimat jenseits von Oder und Neiße bringen mußten, so kann doch nichts daran vorbeiführen, daß es zwischen Polen und uns nicht so bleiben kann, wie es ist. Auch hier gilt es, die alten Gräben endlich zuzuschütten, so fest, daß niemand mehr einbrechen kann. Dafür müssen die entscheidenden Voraussetzungen geschaffen werden. Seit 1945, d.h. seit dem Ende des Zweiten Weltkrieges, hat es in aller Welt zahlreiche neue Kriege gegeben. Einige davon erfüllen zur Zeit täglich die Welt mit Nachrichten und Bildern über das Elend, das sie anrichten. Auch sie werden, wenn das neue Blutvergießen zum Stillstand kommt, wenig oder nichts von den Fragen gelöst haben, derentwegen sie begonnen worden sind. Müßte nicht längst in aller Welt und besonders dringlich auch bei uns die wissenschaftliche Erforschung des Friedens, d.h. seiner Voraussetzungen einschließlich der sozialen und wirtschaftlichen Strukturen sowie der psychologischen Faktoren, die Grundlage aller Grundlagenforschung sein? [...]

Bundesgärtner Heinemann: „Eichen gibt's genug in Deutschland . . .“
SZ-Zeichnung: E. M. Lang

A. Camus hat einmal gesagt: »Wir können es vielleicht nicht verhindern, daß diese Schöpfung eine Welt ist, in der Kinder gemartert werden. Aber wir können die Zahl der gemarterten Kinder verringern.«

Das gilt auch für den Krieg. Laßt uns deshalb heute bei der 30. Wiederkehr des Tages, an dem der Zweite Weltkrieg ausbrach, dieses Doppelte bedenken: Wir müssen einen neuen Anfang zwischen uns und unseren östlichen Nachbarn, zumal mit Polen, setzen.

Wir müssen der Geißel neuer Kriege entschlossen begegnen.

I,88-91.

Alle Widerstandskämpfer gegen Hitler ehren

Anläßlich des 20. Juli erinnerte Heinemann am 19.7.1969 in Berlin-Plötzensee an die Widerstandskämpfer gegen das nationalsozialistische Regime:

Wir sind hier zusammengekommen, um derer zu gedenken, die an diesem Ort hingerichtet wurden, weil sie vor 25 Jahren unser Land von Hitler und seinem System durch den Anschlag auf das Leben des Tyrannen zu befreien versuchten.

In dieses Gedenken schließen wir alle Widerstandskämpfer ein, die in den Jahren der Diktatur von 1933 bis 1945 in Deutschland und außerhalb Deutschlands, aus welcher Nation und an welchen Orten auch immer, das Opfer des Lebens für Recht und Menschenwürde brachten. Des zum Zeichen steht an der Steinwand dieses Mahnmals geschrieben »Den Opfern der Hitlerdiktatur der Jahre 1933 bis 1945«. Wir schließen ebenfalls und ausdrücklich auch alle jene Menschen ein, die in unserem Namen verfolgt wurden und unter den Taten unseres verführten Volkes gelitten haben.

Welchen Sinn hat es, insonderheit des mißglückten Anschlags von 1944 und derer zu gedenken, die ihn unternahmen? Solches Gedenken ist, zumal an dieser Stelle, schon oft geschehen. Aber es darf nicht leere Form werden. Tradition heißt nach einem Wort des 1914 ermordeten Kriegsgegners, des Franzosen Jean Jaurès, nicht Asche verwahren, sondern *eine Flamme am Brennen halten.* Um dieses Wachhalten geht es. Der 20. Juli 1944 war ein gesamtdeutscher Tag und muß es bleiben, wenn das Wort Nation trotz der Spaltung Deutschlands für uns einen Sinn behalten soll. In diesem Datum verzahnen sich die schlechtesten und die besten Überlieferungen unserer Geschichte in ihren vollen Gewichten miteinander. Sie rufen uns immer wieder auf, ihre dramatische Verknotung zu lösen. Wie war es möglich – so müssen wir uns auch heute wiederum fragen –, daß Menschen unseres Volkes sich im sogenannten Dritten Reich in Selbstüberhebung, in Rassenwahn und Eroberungssucht verloren? Wie war es möglich, daß bürgerliche Freiheit, Menschenwürde und Selbstbestimmung so barbarisch mißachtet werden konnten? Aus dieser Frage dürfen wir uns nicht davonstehlen, wenn wir mit uns selber zurechtkommen wollen. Eine

Antwort auf diese Frage muß tief in die allgemeine Geschichte Europas und in die besondere deutsche Geschichte zurückgreifen.

Auch viele andere Völker stehen vor einer solchen Aufgabe. Wir sind nicht die einzigen, bei denen es Nationalismus gegeben hat oder gibt. Was die Behandlung der Juden anbelangt, so ist eine Ursache dafür u.a. der christliche Antisemitismus, dem endlich das II. Vatikanische Konzil ein allgemein gültiges Ende gesetzt hat. Was uns angeht, so können wir nicht an der bis in unsere Zeit geübten Erziehung unseres Volkes zur folgsamen Untertänigkeit gegenüber aller Obrigkeit bis hin zur Unterwerfung auch unter die Befehle des Verbrechens vorübergehen. Es darf nicht verschwiegen werden, daß wir auch schon vor dem Auftreten Hitlers von allen Sedan-Feiern her und im Jubel des Kriegsausbruches von 1914 für einen gewalttätigen Nationalismus anfällig waren. [...]

Diese nur knappen Striche [...] wollen andeutend sagen, daß das Dritte Reich nach meinem Urteil kein Betriebsunfall gewesen, also nicht etwa nur durch die Arbeitslosigkeit um 1930 oder durch Reparationslasten des Versailler Vertrages von 1919 verursacht worden ist. Im Vorspiel und im Nachspiel des 20. Juli 1944 haben Überlieferungen unserer Geschichte kulminiert. Sie bereiteten die Not, aus der die Männer und Frauen des 20. Juli 1944 handelten. Sie zeichneten vor, mit welcher unsagbaren Gemeinheit sie und viele ihrer unbeteiligten Angehörigen vernichtet wurden.

Der 20. Juli 1944 steht aber auch für unseren Anteil an den besten abendländischen Überlieferungen und an den großen europäischen Zeugnissen des Ringens um Menschenrecht und Menschenwürde. [...]

Wir müssen zugeben, daß wir nicht aus eigener Kraft zu einer freiheitlichen Demokratie durchgebrochen sind. Zweimal haben fremde Siegermächte sie uns nach verlorenen Kriegen ins Land gebracht. Die Weimarer Republik ging nach einem kurzen Bestand wieder unter. Werden wir die freiheitliche Demokratie jetzt bewahren, zur sozialen Demokratie weiterentwickeln und zu unserem Lebenselement machen? Das ist eine der Fragen, die uns der 20. Juli 1944 stellt. Die Widerstandskämpfer der Hitlerzeit waren freilich von unterschiedlichen politischen und sozialen Zielsetzungen erfüllt. Einig aber waren sie darin, daß Unfreiheit und Krieg ein Ende haben sollten. Die äußere Erfolglosigkeit ihrer Tat kann den hohen Rang ihres Vorbildes in keiner Weise schmälern. Sie alle wußten um die besondere Schwere ihres Handelns und wagten es dennoch. Sie alle mußten Zwiespalt und Zweifel durchstehen, ob es recht und ob es richtig sei, ihre Hand gegen den Mann zu erheben, dem so viele aus unserem Volke zujubelten.

Bei den Widerstandsgruppen außerhalb Deutschlands stärkte die Übereinstimmung der freiheitlichen und der nationalen Ziele den Willen und die Kraft zur Tat. Sie standen im Einklang mit einer sie tragenden und darum helfenden Umgebung. Was draußen in jedem Falle als nationale Verteidigung galt, war hier drinnen Hoch- und Landesverrat. Hier mußte aus einsamer persönlicher Verantwortung die Entscheidung gefunden werden, dem deutschen Volk mitten in einem, wenngleich freventlich ausgelösten, nationalen Existenzkampf den sogenannten Führer zu nehmen, auf den Partei, Staatsapparat und Wehrmacht eingeschworen waren. [...]

Wenn ich mich jetzt noch einigen Überlegungen zu der Frage zuwenden darf, welche Flamme wir im Gedenken an die Widerstandskämpfer am Brennen halten wollen, so sollte als erstes die eindringliche Warnung vor neuem Nationalismus ausgesprochen werden. Die Männer und Frauen des 20. Juli 1944 liebten wahrlich unser Vaterland. Aus dieser Liebe handelten sie. Der seit dem Deutsch-Französischen Krieg von 1870 in unserem Volk gezüchtete gewalttätige Nationalismus hat sich in den beiden nachfolgenden Weltkriegen genug ausgetobt. Er hat für uns selbst und unsere Umwelt genug Unheil angerichtet. Solches Unheil darf nicht wiederkehren. Hier gilt es, allen neuen Anfängen sehr entschlossen zu wehren. Gerade hier in Berlin muß immer wieder daran erinnert werden, daß unsere heutige Bedrängnis der Spaltung das Ergebnis nationalistischer Überhebung ist. Ein guter Deutscher kann kein Nationalist sein. Ein nationalbewußter Deutscher kann heute nur Europäer sein.

Krieg ist ohnehin keine Möglichkeit mehr, weil es hinter dem Frieden keine Existenz mehr gibt. Darum ist Verständigung unsere nationale Aufgabe, wie sie auch den Widerstandskämpfern vorgeschwebt hat. Sie alle handelten und starben für eine bessere Welt, für Recht und Gerechtigkeit. Der Hamburger Arbeiterführer Fiete

Schulze, auf dessen Namen die DDR übrigens eines ihrer Schiffe getauft hat, schrieb vor seiner Hinrichtung im Juni 1935 in einem Abschiedsbrief an seine Schwester: »Du haderst mit den Verhältnissen, die Dir den Bruder nehmen. Warum willst Du nicht verstehen, daß ich dafür sterbe, daß viele nicht mehr einen frühen und gewaltsamen Tod zu sterben brauchen? Noch ist es nicht so, doch hilft mein Leben und Sterben es bessern.« Solches Vermächtnis stellt uns vor die immerwährende Aufgabe des demokratischen Rechtsstaates. Die Widerstandskämpfer, die nur mit einem Anschein von Justiz einfach niedergemacht wurden, fragen uns, ob wir gegen antidemokratische Geistesrichtungen immun bleiben, ob wir den Geist der ruhigen Vernunft in der Politik bewahren, ob wir Recht und Gerechtigkeit gegen jedermann obwalten lassen.

I,92-98.

Kritische Betrachtung der Reichsgründung 1871

Hundert Jahre nach der Reichsgründung schlug Heinemann am 17.1.1971 in einer Ansprache, die über alle Rundfunk- und Fernsehanstalten verbreitet wurde, den Bogen zur Gegenwart so:

Was 1871 erreicht wurde, war eine äußere Einheit ohne volle innere Freiheit der Bürger. Die Staatsgewalt ging nicht vom Volke aus, sie lag bei den Fürsten und den Senaten der Hansestädte. Zwar wählte das Volk den Reichstag. Der Reichstag aber bestellte nicht die Regierung und hatte nur geringen Einfluß auf die Außen- und Militärpolitik.

Darum ist es kein Zufall, daß wir viele freiheitliche, liberale und demokratische Kräfte in Opposition zum Bismarckreich sehen. Die drei schweren Konflikte der Bismarckzeit in Preußen und später im Reich richteten sich gegen drei Gruppen der deutschen Bevölkerung, die andere Vorstellungen vom deutschen Einheitsstaat hatten. Ich meine den preußischen Verfassungskonflikt der Jahre 1862/63 mit den Liberalen, den Kulturkampf der Jahre 1872 bis 1880 mit dem katholischen Bevölkerungsteil und den Konflikt mit den als »Reichsfeinden« und »vaterlandslosen Gesellen« diffamierten Sozialdemokraten durch das Sozialistengesetz der Jahre 1878 bis 1890.

Manche haben frühzeitig erkannt und gewarnt, welche Gefahrenquelle in dieser inneren Zerklüftung lag. Einig und geschlossen schien unser Volk erst zu sein, als der Erste Weltkrieg ausbrach und Kaiser Wilhelm II. verkündete: »Ich kenne keine Parteien mehr, ich kenne nur Deutsche!« Bald jedoch schon stellte sich heraus, daß der Gleichheit im Soldatentod auf den Schlachtfeldern auch im Kriege immer noch keine Gleichheit der staatsbürgerlichen Rechte nachfolgen sollte.

Die drei Gruppen der Opposition gegen Bismarck finden wir später in unserer Geschichte wieder. Sie nämlich sind es gewesen, die im Kriegsjahr 1917 die Friedensresolution des Reichstages mit der Warnung vor gewaltsamen Gebietserweiterungen verfaßt haben. Sie sind es auch gewesen, die eineinhalb Jahre später das militärisch zusammengebrochene Kaiserreich in der Republik von Weimar auffingen. Hier bestehen eher historische Zusammenhänge mit der Frankfurter Nationalversammlung des Jahres 1848 als mit dem Spiegelsaal von Versailles.

Die Weimarer Republik hatte die Chance, im Rahmen der nach dem Versailler Vertrag von 1919 verbliebenen Einheit endlich auch die innere Zusammenführung unseres Volkes in einer demokratischen Ordnung hinzuzufügen. Genau dieses aber gelang nicht. Die schweren Belastungen, unter denen die Weimarer Republik ins Leben trat, ermöglichten den reaktionären und nationalistischen Kräften das billige Spiel, sich aus ihrer Verantwortung für den Ersten Weltkrieg und den militärischen Zusammenbruch des Kaiserreiches davonzustehlen. Anstatt unsere Geschichte unsentimental und kritisch zu sehen, bedienten sich diese Kräfte der Dolchstoßlegende, d.h. des Vorwurfes, daß Deutschland im Ersten Weltkrieg von innen auf landesverräterische Weise um den Sieg gebracht worden sei – eine Vergiftung von nachhaltig böser Wirkung. Große Teile unseres Volkes stellten sich nicht vorbehaltlos auf den Boden der Weimarer Verfassung. Schon 1920 erlangten die nicht zur Weimarer Koalition aus SPD, Zentrum und Deutsch-Demokratischer Partei gehörenden Parteien die Mehrheit im Reichstag und behielten sie, bis die Republik ruiniert war und Hitler in die Hände fiel.

Unser Geschichtsbild von Weimar bedarf auch in dieser Hinsicht einer kritischen Überprüfung. Wo vom Ersten Weltkrieg als einem bloßen Unglück ohne deutsche Mitschuld und wo vom Unrecht des Versailler Friedensvertrages von 1919 als Entschuldigung für die nationalsozialistische Machtergreifung gesprochen wird, ist man immer noch nicht mit den Ursachen des Zusammenbruchs von 1918 fertig geworden. Hundert Jahre Deutsches Reich – dies heißt eben nicht einmal Versailles, sondern zweimal Versailles, 1871 und 1919, und dies heißt auch Auschwitz, Stalingrad und bedingungslose Kapitulation von 1945. […]

So sehr Deutschland vor 1871 staatlich zerklüftet war, so sehr lebten seine Menschen damals immerhin in gleichartigen gesellschaftlichen Ordnungen. Deshalb ging es damals allein um eine Überwindung der Kleinstaaterei, um aus Deutschland zumindest einen einheitlichen Wirtschaftsraum zu machen und der ersten industriellen Revolution den Weg aufzuschließen. […]

Die Vorstellungen darüber, wie unsere Gesellschaft künftig aussehen sollte, gehen beträchtlich auseinander. Sie sind zwischen den Parteien, zwischen den Generationen, zwischen den Berufsgruppen und ihren Verbänden umstritten. Eines aber gilt es gerade im Rückblick auf den 18. Januar 1871 mit aller Entschiedenheit festzuhalten. Das sind die im Grundgesetz festgelegten Freiheitsrechte aller Bürger. Im Grundgesetz haben wir uns entschieden für Grundrechte wie Gewissensfreiheit, Redefreiheit, Versammlungsfreiheit, Freizügigkeit.

Um all dieses ist in unserer Geschichte gekämpft und gelitten worden. All dieses zu bewahren, immer besser zu verwirklichen und mit sozialer Gerechtigkeit zu verbinden, muß unsere gemeinsame Aufgabe bleiben.

I,47-51.

Frühe freiheitliche Bestrebungen in der deutschen Geschichte bewußt machen

Als Gast beim traditionellen Schaffermahl in Bremen äußerte sich Heinemann am 13.2.1970 im Bremer Rathaus grundsätzlich zum Thema Geschichtsbewußtsein und Tradition:

Ich weiß, daß ich schon längst durch einige kritische Äußerungen oder auch nur durch skeptisches Infragestellen von manchem, was bisher unbesehen fortgeführt worden ist, bei einigen konservativen Gemütern in den Verdacht geraten bin, ein »Bilderstürmer« zu sein. Ich kann es aber beispielsweise nicht ganz ernst nehmen, wenn meine Abneigung gegen rote Teppiche oder gegen die vollständige Beherrschung der Neujahrsempfänge beim Bundespräsidenten durch Politiker und hohe Beamte als Gegnerschaft zu Traditionen schlechthin gedeutet wird. Ich weiß sehr wohl, daß alle geistigen, gesellschaftlichen, kulturellen und politischen Gegebenheiten auch auf Traditionen gründen. Sogar das, was wir Umbrüche, Revolutionen und Reformen nennen, beruht nicht selten darauf, daß Erkenntnisse oder Forderungen früherer Tage neu aufgegriffen oder weitergeführt werden.

Traditionen sind mit anderen Worten keineswegs das Privileg konservativer Kräfte. Noch weniger gehören sie in die alleinige Erbpacht von Reaktionären, obgleich diese am lautstärksten von ihnen reden. Auch ist es sehr wohl möglich, bestimmte Vorgänge sehr verschieden zu deuten und – was vollends interessant ist – für sehr unterschiedliche Traditionsauffassungen in Anspruch zu nehmen. Es kann – so meine ich – nicht um die Frage gehen: Tradition ja oder nein? Die Alternative besteht vielmehr darin, an welche Traditionen angeknüpft werden soll und in welchem Sinne wir eines historischen Vorganges gedenken. [...]

Seit Jahren habe ich es mir zur Gewohnheit gemacht, bei Besuchen in den Landkreisen und Städten unseres Landes an Hand von Chroniken und Kirchenbüchern nachzuforschen, was es in den verschiedenen Landschaften unseres Vaterlandes an freiheitlichen Regungen oder gar an örtlichen Aufständen gegeben hat. Es ist erstaunlich kümmerlich, was man dabei in der umfangreichen Produktion an Städtebüchern und dergleichen findet. Mein Interesse gilt dabei nicht nur den Vorläufern und örtlichen Verästelungen der Revolution von 1848/49 wie etwa dem Hambacher Fest von 1832 oder den Kämpfen auf den Barrikaden in Elberfeld oder um Rastatt im badischen Aufstand 1849, an denen – was zur Erklärung meines Interesses gesagt sein mag – Männer aus der urgroßväterlichen Generation meiner mütterlichen Vorväter beteiligt waren. Glücklicherweise hat es auch in Deutschland lange vor 1848 nicht wenige freiheitlich und sozial gesinnte Männer und Frauen gegeben, auch ganze Gruppen und Stände, die sich mit der Bevormundung der Herrschenden nicht abfinden wollten. Ich denke z.B. an die Stedinger Bauern, die schließlich 1234 dem Erzbischof von Bremen unterlagen. Oder ich denke an die sogenannten Salpeterer, die in der ersten Hälfte des 18. Jahrhunderts im Hotzenwald bei Säckingen und Waldshut im Südschwarzwald in mehreren Aufständen insbesondere gegen den Fürstabt von St. Blasien für ihre bäuerliche Freiheit fochten, bis ihre Anführer durch den Kaiser von Österreich nach Ungarn verbannt wurden. Der Kaiser von Österreich wollte sie u.a. zur Ablieferung von Stalldung zwingen, um daraus Salpeter für Schießbaumwolle für seine Kriege zu gewinnen. Kennzeichnend für unser mangelhaftes Geschichtsbewußtsein scheint mir, daß auch Einwohner des Südschwarzwaldes so gut wie nichts von den Kämpfen der Salpeterer wissen, obwohl sie sich praktisch vor ihren Hoftüren abgespielt haben und in manchen Fällen die eigenen Urahnen daran beteiligt gewesen sind. Dabei müßten ihnen solche Ereignisse weit mehr bedeuten als jene Kriege, die Kaiser und Könige zur Ausweitung ihrer Macht geführt haben.

Einer demokratischen Gesellschaft, so meine ich, steht es schlecht zu Gesicht, wenn sie auch heute noch in aufständischen Bauern nichts anderes als meuternde Rotten sieht, die von der Obrigkeit schnell gezähmt und in Schranken verwiesen wurden. So haben die Sieger die Geschichte geschrieben. Es ist Zeit, daß ein freiheitlich-demokratisches Deutschland unsere Geschichte bis in die Schulbücher hinein anders schreibt.

I,31-34.

Die demokratische Revolution von 1848/49

Wenige Tage vor dem Ende seiner Amtszeit als Bundespräsident eröffnete Heinemann am 26.6.1974 in Rastatt die Erinnerungsstätte für die Freiheitsbewegungen in der deutschen Geschichte:

In unserer geschichtsmüden Zeit ein historisches Museum zu schaffen, ist ein Unterfangen, das der Begründung bedarf. Hier und heute diese Erinnerungsstätte für Freiheitsbewegungen in unserer Geschichte eröffnen zu können, war für mich ein Ziel, um das ich mich während meiner ganzen Amtszeit bemüht habe. [...]

Hier in Rastatt begann die badische Mairevolution von 1849, übrigens unter wesentlicher Beteiligung des Militärs, so daß sich die Nachbarschaft des Wehrgeschichtlichen Museums nützlich einfügt. Hier fand heute vor 125 Jahren zwischen dem Kehler und dem Ottersdorfer Tore die große Heerschau der Revolutionsarmee unter dem Oberbefehl des polnischen Generals Mieroslawski statt. Hier endete die Reichsverfassungskampagne mit der Übergabe der Festung Rastatt am 23. Juli 1849, und in diesem Saale, in dem wir jetzt versammelt sind, tagte danach das Standgericht und fällte seine harten Urteile. Neunzehn Revolutionäre wurden allein hier zum Tode verurteilt und hingerichtet, viele weitere an anderen Orten, Hunderte auf Jahre in die Gefängnisse geworfen. So hat Rastatt einen hohen Erinnerungswert in der Geschichte der deutschen Freiheitsbewegungen. [...]

Man sagt gelegentlich, und ich habe es auch getan, die Geschichte werde vom Sieger geschrieben. Wahr daran ist, daß die deutsche Erhebung von 1848/49 wie so manche andere Freiheitsbewegung niedergeschlagen wurde, und wahr ist auch, daß sich die Sieger mit den Fürstenkronen und ihre Diener nach Kräften darum bemüht haben, das Bild der Erinnerung daran bis in die Geschichtsschulbücher hinein zu schmähen, zu verdunkeln, ja nach Möglichkeit ganz zu tilgen. Genau dies hat meine Bemühungen um ein ausgeglichenes Geschichtsbild angetrieben.

Doch wer ist nun Sieger und wer Besiegter? Diese Frage stellt sich zumal in dieser Stadt und in diesem Schloß, im 125. Jahr der deutschen Revolution und im 25. der zweiten deutschen Republik:

Sind wirklich jene die Sieger, die damals die deutsche Einheit verhindert und die demokratischen Freiheitsrechte niedergeschossen haben? Haben nicht sie letztlich unser Land in die Schande und in schreckliche Zusammenbrüche geführt? Sind nicht am Ende doch sie die Verlierer und Sieger jene, die einst für das kämpften, was wir heute unsere freiheitlich-demokratische Grundordnung nennen? [...]

Mir liegt daran, bewußtzumachen, daß unsere heutige Verfassung durchaus eigenständige Wurzeln hat und nicht nur eine Auflage der Sieger von 1945 ist. Andere Nationen tun sich da leichter. Wir haben Umbrüche und Zusammenbrüche in solcher Häufigkeit erlebt, daß es manchem von uns am Ende ratsam erschien, aus der Geschichte überhaupt auszusteigen und nur noch dem Tage zu leben. Wir haben zumal seit dem letzten großen Zusammenbruch im Jahre 1945 so lange in einem Zustand bewußt gepflegter Vorläufigkeit verharrt und aus mancherlei guten Gründen verharren müssen, daß geschichtliche Besinnung nur schwer durchgreifen konnte. [...]

Die Verfassungsväter des Parlamentarischen Rates bewiesen geschichtlichen Sinn. Sie richteten sich in Zustimmung und Ablehnung an die Weimarer Verfassung von 1919 aus und übernahmen eine Reihe von Artikeln aus ihr. Sie griffen aber auch auf die Paulskirchen-Verfassung von 1849 zurück. Wer die Texte aufmerksam vergleicht, entdeckt manche Übereinstimmung bis in den Wortlaut hinein. Hier besteht Überlieferung im wörtlichen Sinne, Geschichte wird wirksam in der Gegenwart. In einem umfassenderen Sinne aber reicht Überlieferung hinter 1848/49 zurück. Freiheitlich-demokratische und rechtsstaatliche Sozialordnung war ein alter Traum auch in unserem Land. [...]

Es handelt sich nicht darum, die Freiheitsbewegungen zu idealisieren. Sie hatten ihre Unzulänglichkeiten, ihre Mißgriffe und Selbstsüchteleien. Ich wünsche mir, daß an dieser Erinnerungsstätte auch die Zwischentöne und Mängel sichtbar werden.

Die Geschichte der deutschen Freiheitsbewegungen bleibt dennoch großartig genug. Ihre Proklamationen und zumal die Grundrechte-Erklärung der Frankfurter Verfassung können sich mit den klassischen Freiheitsforderungen anderer Völker durchaus messen.

Vielleicht hat sie nicht deren mitreißende Sprache. Aber wie schön klingen doch in aller Biederkeit Sätze wie dieser aus den Beschlüssen der Offenburger Landesversammlung vom 13. Mai 1849: »Die deutschen Stämme haben die Verpflichtung, sich gegenseitig die Freiheit zu gewährleisten, um den Grundsatz der Volkssouveränität vollkommen durchzuführen.«

Hinter solcher Sprache stand die Volksmacht jener badischen Mairevolution, die für ganz Deutschland die demokratische Verfassung erhalten und notfalls erkämpfen wollte. Das war nicht die Sache weniger. Es war eine wahrhaftige Volksbewegung. Baden hatte damals rund 1,4 Millionen Einwohner. Von ihnen gingen nach dem Sieg der Gegenrevolution und nach dem Ende in Rastatt nicht weniger als 80.000 außer Landes. Das waren mehr als fünf von Hundert, die die Freiheit in der Fremde wählten. Fast jeder achtzehnte verließ die Heimat, weil Verfassung und Freiheit unterdrückt wurden.

Wir können heute nur noch ahnen, welche Verzweiflung in jedem einzelnen Fall diese Fluchtbewegung auslöste. Die deutsche Geschichte verzeichnet bis in unser Jahrhundert und bis zu der Massenflucht aus der DDR nichts Vergleichbares. Um so bezeichnender, daß es hier im Lande Menschen geben soll, die auf die Nachricht von der Eröffnung dieser Erinnerungsstätte hin verwundert gefragt haben, ob denn 1849 eine Revolution stattgefunden habe.

In der DDR pflegt man bewußt revolutionäre Überlieferungen. Manches Buch und manche Veranstaltung sind ihnen gewidmet. Sie werden aber in Entwicklungsstufen zum kommunistischen Zwangsstaat verfremdet. Unerträglich ist es, daß wir dem durch eigene Untätigkeit Vorschub leisten und uns so einen Teil unserer Geschichte entwenden lassen. [...]

Freilich, wer sich auf etwas berufen will, der muß es kennen. Dem dient diese Erinnerungsstätte. Sie dient allen Deutschen, weil deutsche Geschichte uns allen gleichermaßen gehört. Unser Land mag teilbar sein – unsere Geschichte ist es nicht. Wenn aber Geschichte allen gehört, dann muß sie auch allen zugänglich sein. Das soll hier ermöglicht werden.

I,36-43.

Geschichte des Protestantismus kritisch sehen

Immer wieder rief Heinemann dazu auf, die Folgen der Reformation kritisch zu bedenken, so z.B. auf dem 11. evangelisch-katholischen Publizistentreffen in der Evangelischen Akademie Tutzing am 1.5.1966:

Die Reformation Luthers in Deutschland im 16. Jahrhundert ist dadurch gekennzeichnet, daß Luther im Unterschied zu Vorläufern (Arnold von Brescia, Wiclif, Hus) den nachhaltigen Anschluß an weltliche Gewalt fand und in vielen der damaligen rund 500 deutschen Territorien ein Bündnis mit Fürsten und Magistraten reichsfreier Städte, insbesondere mit seinem eigenen Kurfürsten von Sachsen, eingehen konnte. Die kaiserliche Zentralgewalt, die an der alten Kirche festhalten wollte, war nicht stark genug, alle Reichsstände auf die Vollstreckung der Reichsacht gegen Luther festzulegen. Der Kaiser war in Bedrängnissen durch Frankreich, den Papst und die Türken und mußte es auf dem Reichstag zu Speyer 1526 hinnehmen, daß sich die Territorialgewalten der Religionsfrage bemächtigten, indem sie sich nicht einheitlich, sondern unterschiedlich gegenüber Luther einstellten. In einem entscheidungsträchtigen Augenblick deutscher Geschichte behielt damals die religiöse Sonderung nach Reichsständen die Oberhand gegenüber der alten Einheit von Reichs wegen. Wir können auch sagen: Die Kulturhoheit glitt 1526 aus der Hand der Zentralgewalt in die Hand der Länder, wo sie bis heute verblieben ist.

Die Territorialgewalten, die es mit Luther hielten, waren gleichzeitig sein Schutz wie auch die Organisatoren und damit die Träger der jungen protestantischen Landeskirchen. Weltliche und geistliche Gewalt flossen ineinander. Thron und Altar gingen jenes Bündnis ein, das an die 400 Jahre protestantischer Kirchengeschichte geprägt hat. Luther mochte wohl erwartet haben, daß aus dem Schutz und aus der Hilfe der weltlichen Gewalt für die Reformation der Kirche alsbald lebendige Gemeinden und eigenständige Kirchen erwachsen würden, – wir wissen im nachhinein, daß das Beharrungsvermögen der staatskirchlichen Anfänge bis zum Zusammenbruch der alten landesherrlichen Gewalten im Jahre 1918 die Oberhand behielt.

Dieser hier nur im groben Strich und unter Außerachtlassung besonderer Entwicklungen, wie etwa am Niederrhein, skizzierte Geschichtsverlauf hat dem deutschen Protestantismus ein Gepräge gegeben, über das noch einige zusätzliche Feststellungen zu treffen sind.

Zum Bild des deutschen Protestantismus vor 1918 gehört es, daß er sich nicht zu einem Gegenüber zum Staat und damit auch nicht zu einer eigenen Verantwortung in den öffentlichen Fragen der Politik oder der Gesellschaftsordnung oder gar in internationalen Fragen durchzuringen vermochte. Man war vaterländisch – das verstand sich. Man begleitete das, was der Staat im Frieden oder Kriege tat, treulich mit dem Worte Gottes. Man unterschied Kriege zwar lehrmäßig in gerechte und ungerechte Kriege, praktizierte den Unterschied aber in keinem Falle. Der Treueid auf den Träger der weltlichen Gewalt galt höher als alle Bedenken gegen seine Taten. Man konnte auch nationalistisch überschäumen, wenn man mit dem Volke eine Stunde der großen Geschichte zu erleben vermeinte. Man war halt, um es ganz einfach zu sagen, immer dabei und genoß dafür die Privilegien, die die Welt stets zu geben bereit ist, wenn eine Kirche folgsam mitgeht.

Hinsichtlich der Gesellschaftsordnung war der deutsche Protestantismus vor 1918 eindeutig konservativ. Es genüge hier, daran zu erinnern, daß die Kirche für die im 19. Jahrhundert aufgebrochenen sozialen Fragen aus der Industrialisierung, der Lohnarbeit, der Ausbeutung von Frauen und Kindern in den Fabriken, dem Wohnungselend usw. auf das Ganze gesehen kein Verständnis hatte. Freilich gab es achtbare karitative Bemühungen. Aber die Gesellschaftsordnung als solche stand für die Kirche außerhalb des Bereiches ihrer Mitverantwortung.

Dieses Bild wird aber dann erst rund, wenn man hinzunimmt, daß nicht nur von Staats wegen, sondern auch durch die Kirche im Verein mit den gesellschaftlichen Kräften den Bürgern wie den Gliedern der Kirche von Generation zu Generation eine Geisteshaltung der Untertänigkeit als gottgewollter Inhalt des Evangeliums anerzogen wurde. Koppelungen von Thron und Altar haben zu jeder Zeit und überall dazu geführt, daß das treue Dienen in dem von Gott verordneten, d.h. in der Regel in dem vom leiblichen

Vater überkommenen Berufsstand, sowie der Gehorsam gegenüber der Obrigkeit besondere Akzente in der Unterweisung durch Kirche und Schule annahmen. In einem Kirchenlied aus dem Jahre 1566 begegnet der Vers:

»Verleih auch, daß die Untertan
fromm sind, treu und gehorsam.
Leist jeder sein Pflicht in seinem Stand
Gott, seinem Herrn und seim Land.«

Diesen Vers greife ich deshalb heraus, weil es noch 1964 auf einem großen Männertreffen einer deutschen Landeskirche gesungen wurde. Er steht nämlich auch heute noch im Gesangbuch dieser Kirche. Auf dem Hintergrund solcher Erziehung wird die Anekdote von einem Schneidermeister verständlich, der vor 150 Jahren in einer kleinen deutschen Stadt lebte und sich an der Begrüßung des regierenden Fürsten mit einer Schrift an seinem Haus beteiligte: »Lieber Landesvater – unter Deinen Flügeln kann ich ruhig bügeln.« Diese Mentalität ist in unserer bisherigen Geschichte nie recht überwunden worden. [...]

Die Revolution von 1918 war Zusammenbruch, nicht Aufbruch. Aus den Trümmern der Monarchien und aus der Unhaltbarkeit der alten Standesvorrechte konnte nur Demokratie herausführen. Sie kam ohne christlichen Anstoß und hatte zu ihren Widersachern nicht nur die alten gesellschaftlichen Kräfte, sondern weithin auch die evangelische Kirche mit ihrem Anhang. Das hätte auch anders sein können, wie die englische Geschichte eindrucksvoll beweist. Hier aber, in Deutschland, blieben Kirche und Theologie aufs Ganze gesehen auch dann noch rückbezogen auf den Patriarchalismus und auf staatskirchliche Privilegien, als mit der Weimarer Republik eine neue Zeit angebrochen war.

II,218-221.

Teil 4: Frieden und Wiedervereinigung Deutschlands

Politische Gründe für den Rücktritt wegen der geplanten Aufrüstung

Als Bundeskanzler Adenauer im August 1950 den Westmächten anbot, ein Kontingent westdeutscher Soldaten für eine »Europa-Armee« aufzustellen, trat Innenminister Heinemann aus Protest dagegen zurück und legte in einem Memorandum vom 13.10. die politischen Gründe dafür dar, weshalb er Adenauers Initiative für verfehlt hielt. Die inhaltlichen Argumente waren:

Sicherheit gegen Umsturz im Inneren und gegen Angriff von außen ist ein Anliegen jedes Volkes. Für die Sicherheit gegen inneren Umsturz haben wir selber zu sorgen. Die Sicherheit gegen Angriffe von außen liegt nicht in unserer Hand. Sie ist Sache der Besatzungsmächte. [...]

Es ist *nicht* unsere Sache, eine deutsche Beteiligung an militärischen Maßnahmen nachzusuchen oder anzubieten. Wenn die Westmächte unserer Mitwirkung zu bedürfen glauben, so mögen sie an uns herantreten und dabei verbindlich sagen, welches die Grundlagen einer etwa von ihnen gewünschten deutschen Mitwirkung sein sollen. [...]

Erst dann, wenn eine Aufforderung der Westmächte an uns vorliegen wird, uns militärisch zu beteiligen, ist der Zeitpunkt der Entscheidung gekommen. Wir werden alsdann u.a. zu prüfen haben, welche Grundlagen die Westmächte anbieten.

Es wird vom Grundsatz der Gleichberechtigung gesprochen. Uns fehlt die Souveränität. Wir haben also einen schwachen Stand. Angesichts dessen, was uns in den Augen der Welt noch wesentlich stärker als im Bewußtsein unseres eigenen Volkes aus der Hitlerzeit belastet [...], haben wir auch nur schwache moralische Grundlagen für eine Forderung nach Gleichberechtigung. [...] Sie müßte echte Solidarität und Schicksalsgemeinschaft mit uns bedeuten. [...]

Die Aufstellung deutscher Truppen bedeutet eine schwere Belastung unserer sozialen Gestaltungsmöglichkeiten. Wenn es bisher nicht gelangt hat, den Ostvertriebenen und Kriegsbeschädigten, den Wohnungslosen und Sozialrentnern, der Jugend und manchen andern Gruppen unseres Volkes zu geben, was ihnen zusteht, so werden Rüstungsausgaben ihre Situation nicht erleichtern. Wo ist die soziale Generalstabsarbeit, die hier eine Antwort vorbereitet?

Die andere Belastung erwächst unserer jungen Demokratie. Die militärische Macht wird nahezu unvermeidlich wieder eine eigene politische Willensbildung entfalten. Wenn wir diese Gefahr dadurch für gebannt halten, daß die deutschen Kontingente in einer internationalen Armee stehen, so bleibt zu fragen, ob unsere Abhängigkeit von einem internationalen Generalstab erträglicher sein wird und wer diesen internationalen Generalstab politisch in der Hand hat.

Besonders bedeutungsvoll ist die Frage, ob eine westdeutsche militärische Beteiligung auf Rußland provozierend wirken würde. Der Marxist glaubt ohnehin an kapitalistische Einkreisung. Er glaubt andererseits an den Endsieg des Kommunismus, den er dadurch heraufziehen sieht, daß der Kapitalismus sich in seinen Krisen selbst zerstören wird. Der Marxist ist geneigt, diese Krisenentwicklung zu fördern, das heißt er ist Revolutionär und nicht primär ein Krieger. Deshalb ist ihm gegenüber die innere Immunisierung durch beispielhafte Ordnung der Gerechtigkeit und Freiheit mindestens ebenso wichtig wie äußere Panzerung. Wenn das Wiedererstehen des deutschen Soldaten in Frankreich ein tiefes Mißbehagen auslöst, was wird es in Rußland auslösen, das den furor teutonicus in besonderem Maße erlebt und ebenfalls nicht vergessen hat? […]

Ein europäischer Krieg unter unserer Beteiligung wird für uns nicht nur ein nationaler Krieg sein wie für die anderen betroffenen Völker, sondern obendrein ein Krieg von Deutschen gegen Deutsche. Er wird sich, so wie die Dinge liegen, auf deutschem Boden abspielen. Wer auch immer die erste Schlacht gewinnt – der Stoß geht in deutsches Land, im Westen oder im Osten. Wenn der erste Stoß sich nicht zu einem endgültigen entwickelt, kann dasselbe deutsche Land im Westen oder im Osten abermals der Schauplatz des Krieges sein.

Angesichts dieser Situation haben wir wahrlich bis zum Äußersten ein Lebensinteresse daran, daß eine friedliche Lösung gefunden wird. Was für Rußland und seine Satelliten auf der einen Seite und für die Westmächte auf der anderen Seite zwar ein todernstes Spiel um die Existenz ist, aber immerhin noch eine Chance des Gewinnens oder doch des Überlebens in sich schließt, ist für uns mit höchster Wahrscheinlichkeit der Tod, weil wir das Schlachtfeld eines beiderseitigen totalen Vernichtungswillens sind. Natürlich kann Deutschland jederzeit von den anderen zum Schlachtfeld gemacht werden. Aber wir legitimieren unser Deutschland selbst als Schlachtfeld, wenn wir uns in die Aufrüstung einbeziehen. Ich weiß, daß es zur Zeit irreal ist, an eine Verständigung unter den Weltmächten über Deutschland oder an eine UNO-Lösung für Deutschland zu denken. Wer aber vermöchte zu sagen, daß es auch morgen irreal sein wird? Es kommt darauf an, daß die Chance für eine friedliche Lösung nicht verlorengeht. Unsere Beteiligung an der Aufrüstung würde das Aufkommen einer solchen Chance kaum mehr offenlassen.

III,97-104.

Aufrüstungspläne 1950 in christlichem Horizont

In einem gesonderten Teil seiner Rücktrittserklärung machte Heinemann den Stellenwert der Rüstungsfrage für Christen deutlich.

Einige leichtfertige Leute haben mich einen Gandhi-Apostel genannt. Ich schmähe Gandhi durchaus nicht, wenn ich bündig sage, daß ich nicht sein Apostel bin. Es ist Gottes Wille, daß weltliche Obrigkeit regiert und daß sie das Schwert führt. Sie hat es auch gegen äußere Feinde zu führen – sofern sie überhaupt eins besitzt. Wir besitzen keins. Hier erhebt sich, zumal für Politiker, die aus christlicher Verantwortung zu handeln erklären, die Frage, ob es nicht etwa so ist, daß wir durch Gottes Gericht waffenlos gemacht worden sind um deswillen, was wir mit der Waffe angerichtet haben. Auch dann würden wir nicht für alle Zeit waffenlos bleiben müssen. Aber wir sollten uns gefragt wissen, ob es denn wirklich wieder soweit ist oder ob Gott uns heute nicht noch die Geduld und den Mut beibringen will, auch in gefahrvollster Situation seinem von uns nicht vorher zu berechnenden Weltregiment zu vertrauen. Er hat Möglichkeiten die Fülle. Diese Frage kann indessen nur derjenige recht hören, der Gott nicht als Idee versteht, sondern in ihm den Schöpfer und Erhalter der Welt und ihrer Völker weiß. Ich bitte, diese Frage stehen zu lassen und nicht mit billigen Reden abzutun. Gott läßt sich nicht spotten. Das hat unser deutsches Volk wahrlich gerade erlebt. Wer nur aus Angst handelt, fällt erst recht in die Grube. Neben allem Aufruf zur Tat ist uns je und dann auch gesagt: »Wenn ihr umkehrtet und stille bliebet, so würde euch geholfen. Durch Stillesein und Hoffen würdet ihr stark sein, aber ihr wollt nicht.« (Jes. 30, Vers 15).

III,104f.

Vorausgesagte Auswirkungen der Rüstungspolitik

Mit der katholischen Bundestagsabgeordneten Helene Wessel gründete Heinemann 1951 die überparteiliche »Notgemeinschaft für den Frieden Europas«, die zur Kritik an Adenauers Außenpolitik aufrief. Auf der ersten Kundgebung prophezeite Heinemann am 21.11. in Düsseldorf:

Wenn der Weg des Bundeskanzlers zu Ende gegangen sein wird, so sehe ich ein dreifaches Ergebnis voraus.

Das eine Ergebnis wird sein, daß die Bundesrepublik eine Scheinsouveränität erlangt. Einige Leute hatten sich vorgestellt, daß man uns zuerst Gleichberechtigung und Souveränität geben würde, aus der heraus wir sodann in freier Entscheidung unseren Weg selber bestimmen dürften. Das ist naiv. Wir werden nicht in den Stand von 1914 zurückversetzt werden, nachdem wir der Welt so viel Leid angetan und zwei Kriege verloren haben. Wir müssen es nüchtern sehen, daß man uns vom Westen aus ähnlich beurteilt, wie wir den Osten beurteilen. Was zur Diskussion steht, ist allein dieses: Man braucht uns in etwa und will uns darum einen verbesserten Status geben; aber man hat es nur mit dem halben Deutschland zu tun, und man hat dieses Deutschland aus der bedingungslosen Kapitulation vollständig in der Hand. Auf diese Weise kann man den Nutzen und die Sicherung kombinieren und unsere Rechte dosieren. Man wird Verträge mit uns schließen, bei denen wir *scheinbar* als Partner dastehen. Aber diese Verträge werden in veränderter Form viele der Bindungen weiterführen, die uns aus der bedingungslosen Kapitulation aufliegen. Wenn wir diese neue Form der Bindungen unterschrieben haben, wird man uns für gleichberechtigt erklären. Wir werden es aber nicht sein. Das ist die Illusion dieser Außenpolitik.

Ein anderes Ergebnis wird die vertiefte Spaltung Deutschlands und eine erhöhte Kriegsgefahr sein. Unbestreitbar wird westdeutsche Aufrüstung verschärfend und keinesfalls entspannend wirken. Rußland wird reagieren. Wir stehen vor der Frage, ob wir durch das, was hier in Westdeutschland geschehen soll, nicht gerade die Lawine in Gang setzen, vor der wir uns schützen wollen. Rußland hat wiederholt erklärt, daß es eine westdeutsche Aufrüstung keinesfalls dulden werde. Der belgische Außenminister van Zeeland hat unlängst in Ottawa gesagt, daß jetzt der kritischste Augenblick seit 1945 heranrücke, der Augenblick nämlich, da die sowjetischen Machthaber darüber entscheiden, ob sie die Wiederaufrüstung Westdeutschlands in Kauf nehmen oder durch einen Präventivkrieg hintertreiben wollen. Wenn Rußland die westdeutsche Aufrüstung hinnehmen sollte, so wird es doch zweifellos aus seinem Pfand von 20 Millionen Deutschen Gegenmaßnahmen entwickeln. Gegen westdeutsche Divisionen kann es ostdeutsche setzen oder ostdeutsche Zwangsarbeiter dazu verwenden, zuverlässige Russen für den Heeresdienst freizumachen. Wie kommen wir also wirklich weiter? Wird hier nicht lediglich eine endlose Schraube gedreht? Wenn eine westdeutsche Armee besteht, wird die Freigabe der russischen Zone für Rußland indiskutabel; für die Vereinigten Staaten aber kann sie die Versuchung werden, in der Auseinandersetzung mit Rußland auf Biegen und Brechen zu gehen. Noch bewahrt das Fehlen westdeutscher Divisionen die Sowjetunion vor nervösen Reaktionen und noch zwingt es die amerikanische Politik, defensiv zu bleiben. Wir sollten das dringendste Interesse daran haben, daß sich das nicht ändert.

Das dritte Ergebnis, das ich kommen sehe, wird das Verschwinden der Deutschlandfrage von der internationalen Gesprächsbühne sein. In der englischen Zeitung *Manchester Guardian* war (laut *Frankfurter Allgemeine Zeitung* vom 26. September 1951) zu lesen: »Die Aussicht auf eine Wiedervereinigung Deutschlands wird, wenn Adenauer seine Entscheidung verwirklicht hat, um mindestens 20 bis 30 Jahre hinausgeschoben. Wenn Westdeutschland erst einmal bewaffnet ist, gibt es keine Grundlage mehr für eine Verständigung mit seinem östlichen Bruder.« Wenn demgegenüber gesagt wird, daß der Weg zur Wiederherstellung der deutschen Einheit gerade über die Eingliederung der Bundesrepublik in das »Vereinigte Europa« führe, so frage ich: Wo ist das »Vereinigte Europa«? Ein militärischer Oberbefehlshaber ist noch lange kein Vereinigtes Europa; auch ein Zusammenführen von Eisen und Kohle ist es noch nicht. [...]

Wenn ich nach Dresden oder Rostock oder Berlin will, steige ich nicht in einen Zug nach Paris oder Rom ein. Wenn gegenwärtig kein Zug nach Berlin fährt, so muß ich halt warten. Es ist gar nichts gewonnen, wenn ich in entgegengesetzter Richtung abfahre, nur um zu fahren. [...]

Ich fasse zusammen, daß ich also in der Außenpolitik so, wie die Bundesregierung sie betreibt, eine Gefährdung des Friedens und keinen Weg zur Wiederherstellung der deutschen Einheit sehen kann. Die Aufrüstung wird uns keine Gleichberechtigung verschaffen, wohl aber die Spaltung Deutschlands vertiefen und neue Kriegsgefahren bringen. Die Deutschlandfrage aber wird sich in einem Sinne erledigen, den wir niemals gutheißen können.

III,116-119.

Heinemanns Alternative zur Aufrüstung

Auf der Kundgebung in Düsseldorf skizzierte Heinemann 1951 Grundlinien einer alternativen Ostpolitik:

Wir wollen die Wiedervereinigung Deutschlands zu einem einheitlichen Staatswesen der Freiheit und der Menschenrechte. Wir wollen diese Wiedervereinigung ohne Krieg. Infolgedessen wollen wir sie auf dem Wege der Verhandlung. Ob dieser

Weg heute oder morgen zum Ziele kommt, wollen wir redlich ausprobiert sehen. [...]

Sie singen vor der falschen Tür' ...

Dieses Flugblatt wurde im Januar 1952 vom »Kampfbund gegen Unmenschlichkeit«, Fürth, in politischen Versammlungen verteilt und von Zeitungen nachgedruckt.

Wir wollen in redlicher Weise geklärt sehen, ob heute oder morgen eine Verständigung möglich ist. Wir brauchen einen Vertrag, unter dem nicht nur die Unterschrift der Westmächte, sondern auch die Unterschrift Rußlands steht. Wir werden die russische Unterschrift nicht erhalten, wenn Dinge gefordert werden, von denen wir wissen, daß die Russen sie nicht annehmen können.

Es ist sinnlos, im Zusammenhang mit gesamtdeutschen Wahlen heute von den Russen außer der Opferung der Sozialistischen Einheitspartei in der Ostzone auch die Opferung Polens zu verlangen, indem mit der Bildung einer gesamtdeutschen Regierung der Streit um die Oder-Neiße-Linie verquickt wird. Sorgen von übermorgen sind nicht die Sorgen von heute. Es ist sinnlos, von den Russen zu verlangen, daß sie sich vor aller Welt durch UNO-Kommissionen die unleidlichen Zustände totalitärer Regierungsmethoden in der russischen Zone Deutschlands bescheinigen lassen sollen. Es ist sinnlos, die Wiedervereinigung Deutschlands im voraus mit verfassungsrechtlichen Fragen zu belasten, um eine bestimmte Ordnung im Vorhinein erzwingen zu wollen. Die Einrichtung des gesamtdeutschen Hauses wird erst akut, wenn wir es beziehen können.

Vielleicht kann man sich aus der Entfernung von Washington mit Moskau tödlich verfeinden. Aus der Nähe von Düsseldorf oder Bonn zur Roten Armee im Herzen von Deutschland können wir es nicht. Sind wir deshalb Feiglinge oder Überläufer? Nein, hier geht es um den Realismus unserer Lage! Sie ist anders als die der Vereinigten Staaten von Nordamerika. Wir müssen verstehen, daß Rußland ein wiedervereinigtes Deutschland nicht eines Tages unter seinen Angreifern sehen will. Und Rußland muß verstehen, daß wir nicht eines Tages ein Opfer des Bolschewismus sein wollen. Das sind die beiden Dinge, welche überein gebracht werden müssen. Es kann dadurch geschehen, daß ein wiedervereinigtes Deutschland garantiert nicht aufrüstet, und daß Rußland bei jeder bolschewistischen Antastung Deutschlands den dritten Weltkrieg durch die riskiert, die an der Fernhaltung des Bolschewismus aus dem deutschen Raum ein eigenes Lebensinteresse haben. Wir sollten, so meine ich, den Preis der Nichtaufrüstung zahlen, wenn wir dafür in ganz Deutschland die freie Verfügung über unser sonstiges politisches Schicksal gewinnen und mit jeder Veränderung dieser Situation der dritte Weltkrieg riskiert wird, weil jede Veränderung dieser Situation unmittelbare Lebensinteressen anderer Völker berührt. So verstanden ist die Wiedervereinigung Deutschlands für niemand eine Gefahr. So verstanden ist ein unbewaffnetes Deutschland kein Vakuum, in das jeder Mutwille hineingreifen kann, sondern ein Gebiet von globalen Reaktionen bei jeder Antastung seiner Ordnung.

Wir müssen mit Leidenschaft, aber auch mit aller Redlichkeit versuchen, zwischen dem Westen und dem Osten ein Abkommen herbeizuführen, das uns diesen Weg zu gehen erlaubt.

II,119-121.

Der Notenwechsel der Großmächte als Chance

Als die Sowjetunion 1952 in einem Notenwechsel mit den Westmächten die Wiedervereinigung Deutschlands außerhalb der Machtblöcke anbot, die Westmächte dieses Angebot aber nicht in Verhandlungen prüften, analysierte Heinemann im Juni 1952 in der »Stimme der Gemeinde« die Situation:

Der bisherige Notenwechsel zwischen Moskau und den drei Westmächten hat nicht erwiesen, daß der Abmarsch der Bundesrepublik in den Westen unausweichlich ist. Er hat nicht dazu geführt, daß die Sowjetunion Farbe bekennen mußte, was hinter ihren Vorschlägen steckt. Dieser einwandfreien Präzisierung blieb die Sowjetunion deshalb enthoben, weil die Westmächte ihrerseits gezwungen wurden, erkennen zu lassen, daß sie es sind, welche jedenfalls heute keine Wiedervereinigung Deutschlands erstreben, sondern westdeutsche Rekruten haben wollen. Zwar wird vom Westen in gewohnter Weise viel von der Wiederherstellung eines einheitlichen deutschen Staatswesens geredet. Aber indem man der Sowjetunion zumutet, über dieser Wiedervereinigung nicht nur das derzeitige politische System in der russischen Zone preiszugeben, sondern darüber hinaus die russische Zone zu einem Bestandteil der gegen die Sowjetunion gerichteten westeuropäisch-atlantischen Rüstungsgemeinschaft werden zu lassen, macht man natürlich jede gesamtdeutsche Lösung heute bewußt unmöglich. Wenn schon auch der russisch besetzte Teil Deutschlands aufgerüstet werden soll, aber nicht, wie die Sowjetunion vorschlägt, nur im Rahmen eines wiedervereinigten Deutschlands außerhalb der westeuropäisch-atlantischen Rüstungsgemeinschaft, sondern, wie die Westmächte wollen, innerhalb derselben, so wird die Sowjetunion ihren Teil Deutschlands begreiflicherweise eben nicht herausgeben! Dann wird sie ihn lieber dazu benutzen, gegen die westdeutschen Divisionen in der westeuropäisch-atlantischen Rüstungsgemeinschaft jene ostdeutschen Divisionen unter eigenen Oberbefehl zu setzen. Das ist der Stand der Dinge nach dem bisherigen Verlauf des Notenwechsels. [...]

»Unse Nohber Jüppche«: Im Bonner Karneval 1953 zeigt ein Wagen ein Trojanisches Pferd, das von Stalin gezogen wird und aus dem Martin Niemöller, Gustav Heinemann und Helene Wessel herausschauen.

Der Bundeskanzler will die Bundesrepublik zu einem Glied in dieser Einschnürung Rußlands und damit zum Partner dieser osteuropäischen Neuordnung unter amerikanischer Führung machen. Das ist der letzte Sinn seiner Unterschriften vom 26. Mai, wie er sich aus den Reden des Bundeskanzlers vom 1. März in Heidelberg *(Bulletin* 1952, 254) und vom 16. März in Siegen *(CDU-Informationsdienst,* 20. 3. 1952) mit den ausdrücklichen Bekenntnissen zur »Neuordnung Osteuropas« ergibt. Daraus erklärt sich, warum auch der Bundeskanzler entgegen allen so oft gehörten Forderungen der Bundesregierung nach »baldmöglichsten« gesamtdeutschen Wahlen die Eingliederung der Bundesrepublik ohne Rücksicht auf russische Vorschläge betreibt.

Die Regierungsparteien des Bundestages – und das heißt genau: jedes einzelne Mitglied dieser drei Fraktionen – werden zu entscheiden haben, ob der westdeutsche Teil unseres Volkes endgültig diesen Weg gehen soll. Sie werden sich klar zu machen haben, daß dieser Weg zumal für uns von höchsten Wagnissen umkleidet ist. Er leitet ein Unternehmen auf Biegen und Brechen ein und führt die Sowjetunion schon jetzt zwangsläufig vor die Frage, wie lange sie diesem Aufmarsch zusehen will und was sie ihrerseits zu seiner Durchkreuzung tun kann. Eine Entspannung der internationalen Konflikte kann in absehbarer Zeit jedenfalls von dieser Entwicklung nicht erwartet werden; es wird im Gegenteil eine Verschärfung eintreten. Vor allem die Bevölkerung in der russischen Zone und in Berlin wird der leidtragende Teil sein. Das wird täglich deutlicher werden. Zudem wird die innere Auseinandersetzung um diesen Weg ebenfalls zu erhöhten Spannungen führen.

III,132-134.

Kein prinzipieller Pazifismus!

Der französische Pfarrer Georges Casalis fragte am 2.5.1952 an, ob sich Heinemann tatsächlich für eine Aufrüstung Deutschlands nach einer Wiedervereinigung ausgesprochen habe, und zweifelte an, daß sich eine solche Position mit dem Geist der Stuttgarter Schulderklärung vereinbaren ließe. Heinemann antwortete ihm am 16. Juni:

Die Sowjetunion wird die russische Zone Deutschlands keineswegs friedlich herausrücken (d.h. durch freie Wahl das derzeitige System verlieren lassen), wenn dieser Teil Deutschlands damit in eine westeuropäische atlantische Rüstgemeinschaft gegen die Sowjetunion einbezogen wird. Das wiedervereinigte Deutschland muß mit anderen Worten aus dem amerikanischen Fahrwasser herausbleiben. Dann steht es zwischen den beiden großen Mächten. Wie aber kann es das? Zu den Möglichkeiten einer Sicherung dieses wiedervereinigten, aber außerhalb der amerikanischen Gemeinschaft stehenden Deutschland gehört u.a. auch eine Defensiv-Wehrmacht. Sie ist sicherlich nicht das Ideale, aber besser als das, was jetzt mit dem Generalvertrag gewollt wird und dazu führt, daß auch eine deutsche Aufrüstung stattfindet, aber in zwei getrennten Wehrmachten, die gegeneinandergestellt werden.

Mit dieser meiner Sicht verlasse ich in keiner Weise die Stuttgarter Erklärung. Die Aufgabe, zur Besinnung über das Vergangene zu rufen, bleibt in erhöhtem Maße. Eine Angelegenheit der sogenannten Gleichberechtigung ist eine neue Wehrmacht überhaupt nicht. Dagegen habe ich immer gesagt, daß ich nicht aus der Weltanschauung prinzipieller Einstellung gegen Aufrüstung sei, sondern aus realistischen Gründen, bis hinein in den realistischen Pazifismus, wie ihn Emil Brunner (Das Gebot und die Ordnungen, 1932) vertrat, aber heute leider nicht mehr ganz aufrecht erhält.

Gegen die Ideologisierung des Christentums

Weil die Christlich-Demokratische Union Heinemann keinen Raum mehr ließ, seine Bedenken in ihren Reihen zu verbreiten, trat er 1952 aus der Partei aus und begründete diesen Schritt in einem Aufsatz »Abschied von der CDU«, der am 15.11. in »Offene Worte zum Zeitgeschehen« erschien:

Als die Christlich-Demokratische Union 1945 nach dem Zusammenbruch des Hitler-Wahnes entstand, war ihr Anliegen, auch und gerade im politischen Felde eine Umkehr zu Gott und eine Hinkehr zum Nächsten zu bereiten. Evangelische und katholische Staatsbürger wollten es aus der gemeinsam erlebten Bedrükkung in gemeinsamer Aufbauarbeit tun, einander dabei die Freiheit einräumend, daß jeder Teil nach seiner persönlichen Gewissensentscheidung zu handeln vermöchte. Man lese nach, was damals auf Gründungsversammlungen und in programmatischen Erklärungen gesagt wurde! Nichts lag dieser CDU zu Beginn ihrer Arbeit ferner, als wieder eine »christliche Front« entstehen zu lassen oder nur eine Einheitsmeinung als die allein christliche gelten zu lassen. Nun aber ist solches wieder in vollem Gange.

An die Stelle der Freiheit zum politischen Handeln aus christlicher Gewissensentscheidung des einzelnen tritt in steigendem Maße der Zwang unter eine Einheitsmeinung, in der die Unterstützung der Politik des Bundeskanzlers zum entscheidenden Maßstab der Christlichkeit erhoben wird. [...]

Haben die christlichen Verfechter westdeutscher Regierungspolitik und Aufrüstung einmal einen Augenblick an die Rückwirkung auf unsere christlichen Brüder hinter dem Eisernen Vorhang gedacht? Sollte es ihnen wirklich nicht einsichtig sein, daß die Beschlagnahme des Christentums für die Westpolitik unsere christlichen Brüder und Gemeinden drüben zur politischen Ausrottung anmeldet? Je lauter man hier ruft: Christentum vernichtet Bolschewismus!, um so zwangsläufiger wird das Echo: Bolschewismus vernichtet Christentum. Vergessen wir doch nicht, daß der bolschewistische Marxismus in entscheidendem Maße die Reaktion auf eine russische christliche Kirche darstellt, welche sich zum Instrument der Zarenherrschaft und des Klassenkampfes hatte machen lassen! Christentum kann zu einer sehr bösen Förderung antichristlicher Kräfte bis hin zum Bolschewismus entarten und steht überall dort in solcher Gefahr, wo es sich zum Klasseninstrument oder Vorspann für politische Ziele mißbrauchen läßt.

Nicht die Parole: Christentum und abendländische Kultur, sondern Umkehr zu Gott und Hinkehr zum Nächsten in der Kraft des Todes und der Auferstehung Jesu Christi ist das, was unserem Volk und inmitten unseres Volkes vor allem uns Christen selbst nottut. Die christliche Politik aber, soweit sie sich in der CDU darstellt, ist auf dem Wege, nicht nur zusätzliche Lasten für die Christenheit hinter dem Eisernen Vorhang zu verursachen, sondern auch in der Bundesrepublik wieder in eine Bürger-Blockbildung zurückzufallen, die nur zum Unheil werden kann. Aus solchen Gründen habe ich die CDU verlassen.

III,191-193.

Atombewaffnung der Bundeswehr?

Nach dem Scheitern der Gesamtdeutschen Volkspartei traten H. Wessel und G. Heinemann 1957 der Sozialdemokratischen Partei bei und wurden 1957 zu Bundestagsabgeordneten gewählt. Als Kanzler Adenauer und Verteidigungsminister Strauß die Bundeswehr mit Atomwaffen ausrüsten wollten, machte Heinemann in zwei vielbeachteten Bundestagsreden am 23.1. und 25.3.1958 dagegen theologische und politische Gründe geltend.

Es gibt ein Blatt *Evangelische Verantwortung*, herausgegeben vom Evangelischen Arbeitskreis der CDU. In der Nummer vor der Wahl, der Nummer vom August 1957, war eine Zuschrift zu lesen, wonach der Westen ja noch eine Waffe gegen das »Untier im Osten« habe und diese Waffe die aufhaltende Macht gegen den Antichristen im Sinne des 2. Thessalonicherbriefes sei. Ich bitte Sie herzlich, verehrte Freunde von der CDU und dem evangelischen Teil darin: Sorgen Sie doch dafür, daß solche Klänge endlich verschwinden. Es geht nicht um Christentum gegen Marxismus.

(Zurufe von der CDU/CSU: Sondern?)

Sondern? Es geht um die Erkenntnis, daß Christus nicht gegen Karl Marx gestorben ist, sondern für uns alle.

(Stürmischer Beifall bei der SPD und der FDP. Unruhe in der Mitte.)

Meine Damen und Herren! Unsere politische Aufgabe nach dem Krieg war von Anfang an und ist bis zur Stunde eine doppelte, und das heißt mit anderen Worten, um ein wesentliches Stück schwerer, als die CDU sie uns vorstellt. Sie ist eine doppelte, nämlich das harte, das unerschütterliche Nein zum totalitären System zu verbinden mit dem Ja zur Nachbarschaft der totalitär regierten Ostvölker.

(Zurufe von der CDU/CSU.)

Das müssen wir miteinander fertigbringen, dieses Nein und gleichzeitig dieses Ja. Ich habe dem Herrn Bundeskanzler nie und keinen Augenblick vorgeworfen, daß er mit den westlichen Nachbarn einen Ausgleich betrieb. Das war unerläßlich. Aber ich habe ihm immer vorgeworfen und tue es auch in dieser Stunde, daß er mit diesem westlichen Ausgleich neue Ostfeindschaft verbunden hat in der Art, wie geredet wurde, von ihm und seinen Mitarbeitern bis tief in die Reihen der CDU hinein, und in der Art, wie gefordert wurde: Neuordnung usw. Bis wohin denn? [...]

Nun erstaunt es mich, nein, ich muß es so sagen: es macht mich bis ins tiefste betroffen, mit welch einer Selbstverständlichkeit Sie im Begriff sind, auf eine atomare Bewaffnung hier in Deutschland zuzugehen. Steht Ihnen überhaupt nicht zur Überlegung – und zwar so zur Überlegung, daß Sie sich getrauen möchten, das hier auch einmal auszusprechen –, daß die Massenvernichtungsmittel von heute einfach keine Waffen mehr sind? Herr von Brentano hat das am vergangenen Sonntag in seiner Berliner Rede laut *Bulletin* sogar wörtlich so gesagt. Wenn das eben keine Waffen mehr sind, sondern wenn das etwas ganz anderes ist, dann können Sie doch unmöglich in dieser Selbstverständlichkeit auf solch eine »Bewaffnung« zugehen.

Die Warnungen davor werden immer dringender. Ich muß es beklagen, daß der Herr Bundesverteidigungsminister hier von einer »Panikmache« redet. Verehrter Herr Dr. Strauß, Albert Schweitzer ist kein Panikmacher, die 18 Göttinger sind keine Panikmacher*,

(Lebhafter Beifall bei SPD und der FDP.)

die 9000 Wissenschaftler aus 40 Ländern, die gerade eine Eingabe an die Vereinten Nationen eingereicht haben, sind keine Panikmacher! [...]

Verehrte frühere Freunde von der Christlich-Demokratischen Union! Ich appelliere hier unter besonderem Hinweis auf Erklärun-

---

* Im April 1957 hatten 18 deutsche Atomwissenschaftler – darunter Max Born, Walther Gerlach, Otto Hahn, Werner Heisenberg, Max von Laue und Carl-Friedrich v. Weizsäcker – in der nachmals so genannten »Göttinger Erklärung« vor einer atomaren Bewaffnung der Bundeswehr gewarnt. Sie hatten ferner erklärt: »Für ein kleines Land wie die Bundesrepublik glauben wir, daß es sich heute noch am besten schützt, wenn es ausdrücklich und freiwillig auf den Besitz von Atomwaffen jeder Art verzichtet.« Die Erklärung erregte weltweites Aufsehen und hatte beträchtliche politische Wirkung.

gen aus kirchlichen Kreisen an Sie mit der Frage, ob oder wie Sie glauben verantworten zu können, auf Massenvernichtungsmittel zuzuschreiten, von denen auch Herr von Brentano sagt, daß sie keine Waffen mehr seien. Sie werden nicht etwa mit dem Satz durchkommen, daß eine solche atomare Bewaffnung zwangsläufig sei, weil andere Mächte, weil die Sowjetunion solche Massenvernichtungsmittel besitze. »Zwangsläufig« – das ist eine atheistische Denkkategorie!

(Beifall bei der SPD.)

Von Zwangsläufigkeit kann nur derjenige sprechen, für den Gott nicht mehr im Weltregimente sitzt.

(Zurufe von der Mitte: Notwehr!) [...]

Uns aber treibt die Sorge, daß hier Versäumnisse geschehen. Sie werden uns unablässig am Werke finden, hier die Initiative, wenn Sie so wollen, auch die Phantasie anzuregen und zu beflügeln, damit wir über den toten Punkt hinwegkommen, ehe denn die Katastrophe vollends da ist und Sie uns noch einmal wieder sagen, es sei noch böser um uns bestellt, und es sei noch viel risikoreicher geworden usw., wie wir das von Ihnen bis dato zu hören bekamen.

(Beifall bei der SPD und bei der FDP.)

Halten Sie uns bitte auch nicht entgegen, daß auch das, was wir wollen, daß auch das, was wir anregen, mit Risiken verbunden sei. Das wissen wir selbst. Aber das Kriegsrisiko, das hier so drohend vor uns steht, das wird uns munter machen und, wie ich meine, auch willig machen müssen, ein anderes Risiko, ein Risiko friedlicherer Begegnungen und Auseinandersetzungen einzugehen. Denn jedes Risiko ist geringer als das Risiko des Krieges.

(Lebhafter Beifall bei der SPD und der FDP.) [...]

Meine Damen und Herren, Notwehr ist ihrem Sinn und ihrem Charakter nach eine begrenzte Abwehr, aber Notwehr mit Massenvernichtung ist unmöglich.

Sie sagen: Aber wir wollen ja diese Massenvernichtungsmittel nur zur Abschreckung, zur Drohung! Meine Damen und Herren, was heißt das praktisch? Als Ihnen hier in der Diskussion vorgehalten wurde, Sie wollten den Atomkrieg, haben Sie sich leidenschaftlich dagegen gewehrt. Ich verstehe diese Abwehr, wenn Sie sagen: Natürlich beabsichtigen wir nicht den Atomkrieg. Nein, das tun Sie nicht, aber Sie müssen dennoch letzten Endes sagen, daß Sie den Atomkrieg wollen, weil Sie ihn ja wollen müssen, wenn Ihre Drohung ernst sein soll, wenn Ihre Drohung wirksam sein soll.

(Sehr wahr! bei der SPD. – Zurufe von der Mitte.)

Mit den alten, sogenannten konventionellen Waffen konnte man drohen, weil ihre Anwendung eine ausführbare Handlung war. Aber mit Atombomben und Wasserstoffbomben zu drohen, ist das eine ausführbare Handlung, wenn die Drohung gegen einen Gegner exerziert wird, der mit diesen Waffen zurückschlagen kann? Diese Drohung ist entweder nicht ausführbar –

(Zuruf von der Mitte: Wer droht denn? – Weitere Zurufe von der Mitte.)

dann ist sie politisch wirkungslos –, oder hinter dieser Drohung steht die Entschlossenheit, Atombomben und Wasserstoffbomben anzuwenden. Dann aber sind Sie in der Bedrängnis der Frage, ob Sie solches tun dürfen und tun können.

Meine Damen und Herren, die Alternative gegenüber all dem ist keineswegs, schlechthin waffenlos zu bleiben. Die Achtzehn Göttinger haben Ihnen eindringlich genug gesagt, daß hier das Kalkül an die Grenze kommt und nur noch die Logik des Wahnsinns übrigbleibt. Sie alle sagen: Wahnsinn ist es, mit diesen Waffen zu operieren. Und dennoch wollen Sie es probieren. Das, meine ich, sollte unterbleiben. Wir können den Sowjets und den Amerikanern die Massenvernichtungsmittel nicht aus der Hand nehmen. Aber wir können sie selber aus der Hand lassen. Es hat keinen Zweck, daß Sie dann rufen: Dann sollen es wohl andere für uns tun! Nein, ich mute es niemandem zu. Und wenn Sie sagen, dann gingen die anderen fort, so sage ich: ihre Massenvernichtungsmittel schützen uns ohnehin nicht. Wir sind besser geschützt, wenn der Atomwettlauf zum Stehen kommt.

III,283-290.308f.

Für eine konstruktive Ostpolitik

Auf eine Denkschrift des Sudetendeutschen Dr. Rudolf Hilf reagierte Heinemann am 25.3.1959 mit dem brieflichen Kommentar:

Als Kernpunkt Ihrer Denkschrift empfinde ich die Aussage, daß endlich auch gegenüber den slawischen Nachbarn ein positives Verhältnis geschaffen werden müsse und daß an Stelle einer Sicherheit aus Atomwaffen das Wagnis einer Politik ohne Atomwaffen nicht länger zu scheuen sei. Ein konföderiertes Mitteleuropa anstatt deutscher und europäischer Spaltung und die Vertriebenen als Pioniere anstatt als Hindernisse einer konstruktiven Ostpolitik. Wenn ich das so richtig sehe, was Sie bewegt, so kann ich nur meine lebhafte Sympathie dazu bekunden. Mir ist in all den Jahren seit 1950 nichts bedrängender gewesen als die schreckliche Einseitigkeit der Bonner Bemühungen.

Die militärpolitische Position der SPD

Nachdem die SPD im Juni 1960 ihre Haltung gegenüber Adenauers Militärpolitik revidiert hatte, erhielt Heinemann Anfragen, ob er seine Position noch innerhalb der SPD vertreten könne oder man nicht besser die (gerade gegründete) Deutsche Friedens-Union wählen solle, die u.a. von der Pädagogin Renate Riemeck vertreten wurde. Heinemann antwortete auf eine solche Zuschrift am 13.3.1961 mit der Zusendung eines Artikels und dem brieflichen Kommentar:

Diesem Artikel liegt die parteiinterne Klärung zugrunde, daß auch wir, die wir die Massenvernichtungsmittel nach wie vor als unverantwortbar ablehnen, das nicht nur in der Mansarde flüstern, sondern laut auf der Straße sagen können. Für meinen Teil tue ich es in jeder Versammlung oder öffentlichen Diskussion, die dazu Anlaß bietet. […] Nur können wir, soweit wir die Unverantwortbarkeit christlich begründen, daraus kein Gesetz, auch kein Parteigesetz, für diejenigen machen, welche dem nicht von sich aus zugänglich sind. Darum der Satz, daß die SPD keine Weltanschauungspartei sei. Auch Brandt oder Erler wünschen die Atombomben in den Orkus. Sie würden darüber nicht persönlich Kriegsdienstverweigerer werden wie Sie oder ich, wohl aber mit uns alles daran wenden, daß die Menschheit aus der Atomgefahr herauskommt. […] Es ist in der Tat wichtig, in Bonn endlich eine andere Mannschaft zum Zuge zu bringen! Das geht nicht über die Riemeck-

Gruppe. Als wir GVP waren, lagen manche Dinge noch wesentlich anders, als Frau Riemeck sie jetzt antrifft, und auch die GVP konnte es schon damals nicht schaffen.

Nein zu Atomwaffen als verantwortungsethische Entscheidung

Als Helmut Schmidt am 25.3.1961 im Fernsehen seine außenpolitische Position vertrat, bescheinigte ihm Heinemann in einem Brief vom gleichen Tage, er habe sich »ausgezeichnet und hart geschlagen«. Heinemann benutzte diese Gelegenheit, eine Grundsatzfrage anzuschneiden:

Ich danke Ihnen für Ihr Buch »Verteidigung oder Vergeltung«, das ich mit großem Interesse las. Darin kehrt etwas wieder – auf Seite 200 –, was Sie mir schon in einer Parteivorstandssitzung entgegenhielten, nämlich Max Webers Unterscheidung von Gesinnungsethik und Erfolgsethik. Sie sprechen von einem »abgrundtiefen Gegensatz«, ob man unter der gesinnungsethischen Maxime handelt: »Der Christ tut recht und stellt den Erfolg Gott anheim« – oder unter der verantwortungsethischen Maxime, daß man für die Folgen seines Handelns aufkommen muß. Würden Sie anerkennen, daß in dieser Unterscheidung ein Denkfehler steckt, wenn Gott nicht eine bloße Idee, sondern eine Realität ist, und zwar eine Realität in dem Sinne, daß er als Person uns fordert und die Mißachtung seiner Forderung auch und gerade Folgen auslöst, die wir zu verantworten haben? Gott läßt sich nicht spotten. Das zu wissen, war der Grund meines *verantwortungs*ethischen (nicht gesinnungsethischen) Handelns im Dritten Reich. Es *konnte* nicht gutgehen, wie Hitler und Konsorten sich benahmen, weil sie Gott verspotteten.

Wenn es also nun so wäre, daß Gott existiert, und wenn es des weiteren so wäre, daß er den Menschen nicht erlaubt, mit Massenvernichtungsmitteln gegen Menschen vorzugehen – könnte es dann gut ausgehen, wenn wir es dennoch täten? Was könnte der »Erfolg« anders sein, als daß er einen Strich durch die Rechnung derer macht, die es doch mit Massenvernichtungsmitteln probieren wollen oder sie jedenfalls für eine Möglichkeit halten?

Ich gebe zu: Sie müßten zwei Voraussetzungen akzeptieren, um mich zu verstehen, nämlich erstens, daß Gott existiert (als Person, als Schöpfer, Erhalter und Regierer dieser Welt), und zweitens als der, der uns verbietet, uns umzubringen, weil er sich vorbehält, uns leben und sterben zu lassen zu seiner Zeit. Wenn Sie aber diese Voraussetzungen sehen, werden Sie, so meine ich, anerkennen, daß Max Weber keine Widerlegung ist.

Ich schreibe das darum, um zu sagen, daß Max Weber und Ihre Fußnote auf Seite 200 von einer nicht minder bündigen Voraussetzung ausgehen, als ich es gegenteilig tue: Max Weber, den ich sehr hoch schätze (dessen letztes Kolleg wenige Tage vor seinem Tode ich 1920 in München hörte und dessen Werke ich sämtlich eifrig gelesen habe und in manchen Partien auch heute noch lese), ging von der Voraussetzung der *Nicht*existenz Gottes als eines real wirksamen Faktors aus. Ich meine, daß das Gegenteil richtig sei, und kann Gott deshalb gerade unter dem Maßstab des *Erfolges* bei der Frage der Verantwortbarkeit oder Nichtverantwortbarkeit von Massenvernichtungsmitteln nicht aus dem Spiele lassen.

Bemühung um eine Friedensregelung in Europa

Nach Heinemanns Wahl zum Bundespräsidenten führte der Korrespondent der Stuttgarter Zeitung, Reinhard Appel, mit ihm im März 1969 ein Interview, in dem er nach seiner »heutigen Einstellung zu unserer außenpolitischen Position sowie zur Existenz und Aufgabenstellung der Bundeswehr« fragte.

Ich halte nach wie vor meinen Widerspruch gegen das Handeln des Bundeskanzlers Dr. Adenauer im Sommer 1950 für wohlbegründet. [...]

Die alte Opposition gegen die damalige Politik Dr. Adenauers ist aber bekanntlich nicht zum Ziel gekommen. Daraus sind Fakten entstanden. Das Faktum der Aufrüstung, der Militärverträge und der Westeingliederung. Nur von diesen Tatsachen aus kann man heute politisch handeln. Die Frage ist, in welche Richtung. Ich meine, daß die große Koalition das deutlich gemacht hat. Sie will nicht nur die Verständigung mit dem Westen – die hat ja Dr. Adenauer dankenswerterweise weithin erreicht –, sondern auch die Verständigung mit den östlichen Nachbarn. Das ist das große Stück Aufgabe, das wir nach dem Krieg immer noch zu lösen haben.

Appel: Und ein Wort zur Aufgabenstellung der Bundeswehr?

Heinemann: Ja, auch die Bundeswehr ist heute ein Element der geschaffenen Tatsachen. Die Bundeswehr als solche in Frage zu stellen, ohne daß eine übergreifende gesamteuropäische Sicherheits- und Friedensordnung erreicht wird, ist unmöglich.

Appel: Auch aus diesen Worten, Herr Minister, werden manche Bürger ein distanziertes Verhältnis von Ihnen zur Bundeswehr nach wie vor heraushören.

Heinemann: Ich kann doch nur sagen, daß alles Rüsten einen politischen Sinn haben muß. Rüstung kann doch nicht an sich etwas Gutes sein. Wenn es aber so ist, daß alle Rüstung, daß alles Soldatentum einen politischen Dienst zu erfüllen hat, dann müssen sich auch alle Soldaten jederzeit mit vor die Frage gestellt sehen: Ist diese politische Aufgabe heute noch so, wie sie etwa anzusehen war, als man mit der Rüstung begann? Das heißt, jede Bundeswehr muß grundsätzlich bereit sein, sich um einer besseren politischen Lösung willen in Frage stellen zu lassen. Auch die Zugehörigkeit zur NATO, das habe ich in den vergangenen Jahren doch oft genug gesagt, kann nicht Endstation der Deutschland-Politik sein, weil es unmöglich ist, in der NATO eine Wiederherstellung der Gemeinschaft unseres Volkes zu erreichen. Genauso wie es unmöglich ist, das im Warschauer Pakt zu erreichen. Wir müssen grundsätzlich bereit sein, aus diesen Blockbildungen wieder herauszukommen.

Appel: Daraus werden wiederum einige Leute schließen, daß Sie nach wie vor neutralistischen Gedanken anhängen.

Heinemann: Das ist ein verkehrter Ausdruck, der war von Anfang an verkehrt. Mir hat doch nicht vorgeschwebt, daß Deutschland eine Solorolle hier in Europa spielen könnte. Ich darf daran erinnern, daß auf dem Europa-Kongreß im Haag 1948 davon die Rede war, es müßte nun gelingen, eine übergreifende Europäische Union zustande zu bringen, in der das deutsche Volk seinen Platz haben würde. Wenn Sie so wollen, eingerahmt. Um genau dasselbe geht es heute. Das ist nicht neutralistisch, sondern das ist das Hingehenwollen auf eine europäische Ordnung im ganzen, mit Deutschland mittendrin.

III,351-353.

Die Welt vom 9.3.1969 zu Reinhard Appels Interview mit Heinemann.

Nicht der Krieg, sondern der Frieden ist der Ernstfall

Bei der Übernahme des Amts als Bundespräsident führte Heinemann am 1.7.1969 vor Bundestag und Bundesrat aus:

Meine Damen und Herren, ich trete das Amt in einer Zeit an, in der die Welt in höchsten Widersprüchlichkeiten lebt. Der Mensch ist im Begriff, den Mond zu betreten, und hat doch immer noch diese Erde aus Krieg und Hunger und Unrecht nicht herausgeführt. Der Mensch will mündiger sein als je zuvor und weiß doch auf eine Fülle von Fragen keine Antwort. Unsicherheit und Resignation mischen sich mit der Hoffnung auf bessere Ordnungen. Wird solche Hoffnung endlich erfüllt werden? Das ist eine Frage an uns alle, zumal an uns hier, die wir kraft der uns erteilten Mandate Verantwortung für unsere Mitbürger tragen. Ich sehe als erstes die Verpflichtung, dem Frieden zu dienen. Nicht der Krieg ist der Ernstfall, in dem der Mann sich zu bewähren habe, wie meine Generation in der kaiserlichen Zeit auf den Schulbänken lernte, sondern der Frieden ist der Ernstfall, in dem wir alle uns zu bewähren haben. Hinter dem Frieden gibt es keine Existenz mehr.

HEINEMANN IM MANÖVER — Zeichnung: E. M. Lang

Süddeutsche Zeitung vom 13.9.1969

24 Jahre nach dem Zweiten Weltkrieg stehen wir immer noch vor der Aufgabe, uns auch mit den östlichen Nachbarn zu verständigen. Das allseitige Gespräch über einen gesicherten Frieden in Europa ist fällig und muß kommen. Mit dem deutschen Volk, dem Deutschen Bundestag und der Bundesregierung weiß ich mich einig

in dem Willen zum Frieden. Ich appelliere an die Verantwortlichen in den Blöcken und an die Mächte, ihre Zuversicht auf Sicherheit nicht im Wettlauf der Rüstungen, sondern in der Begegnung zu gemeinsamer Abrüstung und Rüstungsbegrenzung zu suchen. Abrüstung erfordert Vertrauen. Vertrauen kann nicht befohlen werden; und doch ist auch richtig, daß Vertrauen nur der erwirbt, der Vertrauen zu schenken bereit ist. Es gehört zu den vornehmsten Aufgaben unserer Politik, Vertrauen aufzuschließen. Dieser Aufgabe sind alle Machtmittel unterzuordnen – die zivilen und die militärischen.

Auch die Bundeswehr ist nicht Selbstzweck. Wir wissen, daß sie keine politischen Lösungen zu erzwingen vermöchte. Ihr Auftrag ist, zu verhindern, daß uns Gewaltlösungen von fremder Seite aufgezwungen werden. Darum setzen wir unsere Verteidigungsanstrengungen fort. Darum gilt unsere Achtung allen denen, die sich dieser Aufgabe unterziehen.

Ich möchte alles, was ich tun kann, in den Dienst der Bemühungen um eine Friedensregelung stellen, die unser ganzes Volk einschließt. Auf dem weiten Weg bis zu diesem Ziel gilt es, die Lebensverbundenheit der Menschen unseres Volkes zu stärken und zu verbessern. Hilfreich wäre es, wenn auch wir der Friedensforschung, das heißt einer wissenschaftlichen Ermittlung nicht nur der militärischen Zusammenhänge zwischen Rüstung, Abrüstung und Friedenssicherung, sondern zwischen allen Faktoren, also z.B. auch den sozialen, den wirtschaftlichen und den psychologischen, die gebührende Aufmerksamkeit zuwenden würden.

Bei all dem geht es nicht nur um den Ost-West-Konflikt, sondern in steigendem Maße auch um den Nord-Süd-Konflikt. Hunger und Elend in der Welt rufen nach Hilfe. Die Industrienationen in allen Lagern dürfen sich dieser Hilfe nicht entziehen. Ich bin meinem Amtsvorgänger, Herrn Dr. Lübke, dem wir alle und auch ich für vieles Dank schulden, besonders dankbar dafür, daß er uns diese Verpflichtung immer wieder – auch heute – ins Bewußtsein gerückt hat.

I,13-15.

Hiroshima: Die atomare Bedrohung ernstnehmen

Als eine Reise des Bundespräsidenten nach Japan geplant wurde, wo Heinemann eine Ansprache zur Eröffnung des Deutschen Tages auf der Weltausstellung in Osaka halten sollte, setzte er es gegenüber dem Protokoll durch, daß er auch Hiroshima besuchte. Dort gab er am 10. Mai 1970 folgende Presseerklärung ab:

Es war mein besonderer Wunsch, in Japan auch Hiroshima zu besuchen, eine Stadt, deren Namen die ganze Welt kennt und die durch das, was sie erlitten hat, ein Mahnmal für alle Menschen und für alle Völker sein sollte. Nach allem, was ich über die Katastrophe vom 6. August 1945 gehört und gelesen habe, bewegt es mich zutiefst, diese Stätte des Leidens und Sterbens vieler Tausender selbst zu sehen. Gleichermaßen aber bin ich auch beeindruckt von dem neuen blühenden Leben, das aus der Vernichtung wieder erstanden ist.

Damit scheint bewiesen, daß das Leben stärker ist als das Zerstörende. Aber angesichts der Weiterentwicklung der in Hiroshima zum ersten Mal eingesetzten Vernichtungswaffen können wir uns mit solcher Feststellung nicht beruhigen. Niemals dürfen wir vergessen, daß die ganze Menschheit von Vernichtung bedroht ist.

An der Verantwortung dafür, daß unser aller Weg nicht in eine Katastrophe führt, nehmen alle teil. Nur wenn wir die Bedrohung ernst nehmen, können wir ihr energisch entgegenwirken. Nur dann sind wir willens, alle Anstrengungen zu unternehmen, die, wie wir hoffen, zu einer besseren und gerechteren Ordnung und zur Erhaltung des Friedens unter den Menschen und Nationen führen.

G.W. Heinemann, Reden und Interviews 1.7.1969-30.6.1970, S. 111.

Aufgabe und Bedeutung der Friedensforschung

Heinemanns Anregung führte dazu, daß die »Deutsche Gesellschaft für Friedens- und Konfliktforschung« gegründet wurde. Heinemann nannte bei der Gründungsversammlung am 28.10.1970 in Bonn ihre Aufgabe:

Bundespräsident Heinemann mit Bundeskanzler Brandt beim Empfang der Jahrestagung der Presse 1973.

Bei der Übernahme meines Amtes am 1. Juli 1969 habe ich in der Ansprache vor dem Deutschen Bundestag angeregt, auch in unserem Land der Friedensforschung gebührende Aufmerksamkeit zuzuwenden. Der Vorschlag hat in der Öffentlichkeit viel Zustimmung gefunden, mir aber hier und da auch den Vorwurf eingetragen, mich für etwas einzusetzen, was als Wissenschaft umstritten sei und für die praktische Politik nie Bedeutung erlangen werde.

Wenn ich diese Kritiker nach dem Grund ihrer ablehnenden Haltung fragte, dann stellte sich meist heraus, daß sie Friedensforschung nicht mit streng wissenschaftlicher Arbeit in Verbindung bringen, sondern mit Propaganda für den Frieden. Andere halten sie gar für ein von Kommunisten erdachtes Tarnmanöver, mit dem die westliche Welt in Sicherheit gewiegt werden soll.

Diese und andere Mißverständnisse um die Friedens- und Konfliktforschung gilt es auszuräumen. Wir dürfen es nicht zulassen, daß eine wissenschaftliche Disziplin, von der viel für die Zukunft abhängen kann, von solchen in Acht und Bann getan wird, denen sie einfach nicht in ihr Weltbild paßt.

Darum habe ich es sehr begrüßt, daß die gegenwärtige Bundesregierung in ihrer ersten Erklärung vor dem Bundestag am 28. Oktober 1969 ihre Bereitschaft bekundete, durch organisatorische Zusammenfassung und Förderung aller in unserem Land auf diesem Gebiet wissenschaftlich Tätigen einen Beitrag zur Friedens- und Konfliktforschung zu leisten. Diese Absicht wird mit der heutigen Gründungsveranstaltung verwirklicht. [...]

Die Gründung wird auch die Einbeziehung der Forschungsergebnisse erleichtern, die im Ausland, vor allem in den Niederlanden, den USA, Norwegen und Schweden, erarbeitet wurden. Anzustreben wäre darüber hinaus eine Art internationale Arbeitsteilung, die den beteiligten Ländern Schwerpunkte der Forschung nennt.

Außerordentlich imponiert hat mir die nüchterne und pragmatische Art, mit der Gunnar Myrdal, der diesjährige Friedenspreisträger des Deutschen Buchhandels, in seinem Institut in Stockholm die Arbeit als Friedensforscher betreibt. Er hält nichts davon, daß viel Energie, viel Eifer und Fleiß darangesetzt werden, durch theoretische Begriffsbestimmungen die Friedensforschung von anderen Wissenschaften abzugrenzen. Zweckbestimmt wie ein Krebsforscher, so sagte er mir, wolle er arbeiten. Ihm komme es darauf an, Fragestellungen zu finden, die für Krieg und Frieden wichtig seien. Dazu gehöre zum Beispiel das Aufspüren von nationalen Legenden in Geschichts- und Schulbüchern, die ein Feind-Freund-Denken erzeugen. Zu meiner Freude konnte ich ihm in diesem Zusammenhang von der Arbeit des Internationalen Schulbuchinstituts in Braunschweig berichten, das seit Jahren auf diesem Gebiet tätig ist und sich internationalen Ansehens erfreut.

Unendlicher Fleiß ist seit erdenklichen Zeiten von Geschichtsschreibern darauf verwandt worden, den Verlauf von Schlachten und Kriegen darzustellen. Auch den vordergründigen Ursachen von Kriegen wurde nachgespürt. Aber nur wenig Kraft, Energie und

Mühe wurden in aller Regel darauf verwandt, sich darüber Gedanken zu machen, wie man sie hätte vermeiden können.

In seinem Institut in Schweden beschäftigt sich Gunnar Myrdal daher vor allem mit Fragen der Abrüstung, der Rüstungskontrolle und mit Formen gewaltloser Verteidigung. Gegenwärtig ist er bemüht, die wirklichen Ausgaben der Länder für Zwecke der Rüstung zu ermitteln. Wo sich zwischen den offiziellen Angaben in den Rüstungsetats und den Berechnungen seines Instituts, das alle offenen Quellen mit einschließt, Widersprüche ergeben, bittet er die betreffenden Regierungen um eine erklärende Auskunft.

In diesen Tagen hat der Amerikaner Norman Borlaug den Friedensnobelpreis für die Züchtung ertragreicher Reis- und Getreidearten erhalten. Sie sehen, wie breit gefächert die Arbeit für den Frieden ist.

Friedensforschung und Friedenspraxis haben viele Gesichter. Die Deutsche Friedens- und Konfliktforschung wird ihren Weg, ihre eigenen Methoden erarbeiten müssen. Daß man der heute gegründeten Gesellschaft einmal das Prädikat erteilt, daß in ihr nüchterne, auf die Praxis bezogene Arbeit geleistet wird, das ist mein herzlicher Wunsch in dieser Stunde.

I,209-211.

Frieden und Gerechtigkeit als Zukunftsaufgaben der Gesellschaft

Als der Friedenspreis des Deutschen Buchhandels 1972 posthum an Janusc Korczak verliehen wurde, umriß Heinemann in einer Rede am 1.10. in Frankfurt die Aufgaben der Gegenwart und faßte sie zuletzt so zusammen:

Die Sinngebung einer gesellschaftlichen Ordnung bleibt die große Aufgabe jeder Generation aufs neue. Nur dort, wo große Hoffnung ist, entstehen auch die für die nächste Zukunft notwendigen kleinen Hoffnungen.

Können wir uns Hoffnung machen? Bloße Ideenproduktion genügt nicht. Ich kann hier für mich nur sagen, daß Gott im Weltregiment bleibt – wohl wissend, daß solche Aussage weniger Gehör findet als zuvor, wohl wissend auch, daß Gott alles geduldet hat, was von Menschen geschehen ist, und immer noch unser Tun und Lassen duldet, die wir ja nicht seine Marionetten sind. Er hat niemanden gezwungen, unrecht zu tun. Er hat uns aufgerufen, uns die Erde und alles, was darinnen ist, untertan zu machen. Er hat uns damit die Erde anvertraut, auf daß wir sie pfleglich als Lebensgrundlage aller Geschöpfe behandeln. Er hat uns aufgerufen, für Frieden und Gerechtigkeit zu sorgen.

Andere mögen von anderen Voraussetzungen herkommen. Die Aufgabe muß und kann uns gleichwohl vereinigen. Die Bedrohung der Welt birgt zwei Gefahren. Wir könnten in einer Zeit, in der wir ausnahmslos alle gefordert sind, versäumen, was ehestens zu tun nötig ist. Wir können aber auch durch Unternehmungen, die sich auf die Sicherung von Interessen versteifen, in verschärfte Konflikte zwischen den Generationen oder zwischen den Armen und den Reichen oder zwischen den Rassen geraten.

Wenn wir in Europa die Kriegsgefahr gegenwärtig als gebannt ansehen, so darf uns das nicht hinwegtäuschen darüber,

1. daß die Konfliktmöglichkeiten in der übrigen Welt zunehmen,
2. daß unser Reichtum selbst eine Ursache von Konflikten zwischen uns und den Völkern der Dritten Welt ist,
3. daß unsere eigene Gesellschaft in sich, wie sich an der Generationenfrage in nahezu allen Bereichen und an der Verschärfung der politischen Gegensätze zeigt, vor schweren Aufgaben steht.

Wenn aber die Erkenntnis zutrifft, daß die großen Bedrängnisse der Menschheit nur durch gemeinsame Anstrengung bewältigt werden können, dann ist die Bemühung um den Frieden die Voraussetzung für alle anderen Bemühungen – sowohl um den internationalen Frieden wie auch um eine vernünftige Weiterentwicklung unserer eigenen Gesellschaft.

Dies kann nicht heißen, das Bestehende um des lieben Friedens willen zu bestätigen. Die Forderung geistiger und gesellschaftlicher Veränderungen, die auch Opfer von Einzelinteressen kosten, bleibt bestehen.

Es sind zumal die Intellektuellen, die Schriftsteller und Wissenschaftler, die uns unbequem werden, wenn sie mit wachem Gespür für Schäden und für Gefahren ihre Stimme erheben. Gelänge es den Selbstzufriedenen, sie zum Schweigen zu bringen, so wäre das verhängnisvoll. Im Gegenteil: Ihr Aufdecken der Wirklichkeiten, ihr Drängen nach besseren Wegen muß von uns aufgenommen und Gemeingut eines breiten Bewußtseins werden! Nur wenn eine breite Mehrheit in unserem Land verantwortungsbewußt auf die Zukunft hin lebt, leisten wir unseren Beitrag für die Gewinnung der Zukunft der Menschheit, statt an der Zukunft zu scheitern.

I, 254-256.

Gustav Heinemann, am Kaffeetisch zeitunglesend.

Teil 5: Recht und Gerechtigkeit

Warnung vor politisiertem Strafrecht

Seit Mitte der fünfziger Jahre hatten Heinemann und sein Sozius Diether Posser immer wieder mit Rechtsfällen zu tun, in denen amtliche Stellen der Bundesrepublik sich aus politischen Gründen am Rande der Legalität bewegten. Heinemann verfaßte eine Zeitungsartikel darüber, den er vergeblich zum Druck zu bringen suchte. Auf den ablehnenden Bescheid der Zeitschrift »Die Gegenwart« entgegnete er am 23. Mai 1956:

Es tut mir leid, daß Ihnen der Artikel zu weit zu gehen scheint. Seine Belege sind in der Tat zum größten Teil aus eigener anwaltlicher und politischer Erfahrung erwachsen. Sie ließen sich sogar noch um manche Kapitel, z.B. aus der Praxis der Versagung von Reisepässen, der Entziehung von Führerscheinen aus politischen Gründen und dergleichen erweitern. In der Abwehr freiheitsfeindlicher Bestrebungen kommt unser Staat leider selbst sehr stark unter das Gesetz seiner Gegner. Hier die Grenze zu wahren, oder ich möchte sagen: ruhiges Blut zu bewahren und nicht aus Angst vor dem Tode einen Selbstmord zu begehen, ist das Problem, um das es geht. [...]

Die von Ihnen als gravierend empfundenen geheimen Anklagen sind schon Gegenstand öffentlicher Erörterungen und besonderer Aktionen gewesen. Ich verweise z.B. auf den »Spiegel« vom 12. Oktober 1955 (Nr. 42, S. 21). Dieser Artikel geht auf den ersten Fall einer Geheimanklage in der Nachkriegszeit zurück; er kam in unserer Praxis auf.

Kampf gegen politische Verleumdung

In der »Passauer Neuen Presse« kommentierte der Herausgeber Hans Kapfinger 1958 Heinemanns Abrechnung mit Adenauer im Bundestag am 23.1. mit dem Satz, Heinemann, »der jetzt bei der SPD sitzt (anstatt bei der nicht vorhandenen KPD), hat aus seinem Zettelkasten gute Arbeit geleistet, letztlich einer auswärtigen Macht zu Gefallen.« Heinemann erstattete Anzeige, doch der Oberstaatsanwalt Passau beabsichtigte, die Anzeige »mangels öffentlichen Interesses an der Strafverfolgung« einzustellen. Dagegen machte Heinemann vergeblich am 1. März geltend:

Entgegen Ihrer Auffassung gehen die Ausführungen des Beschuldigten weit über den im politischen Kampf üblichen und erlaubten Rahmen hinaus.

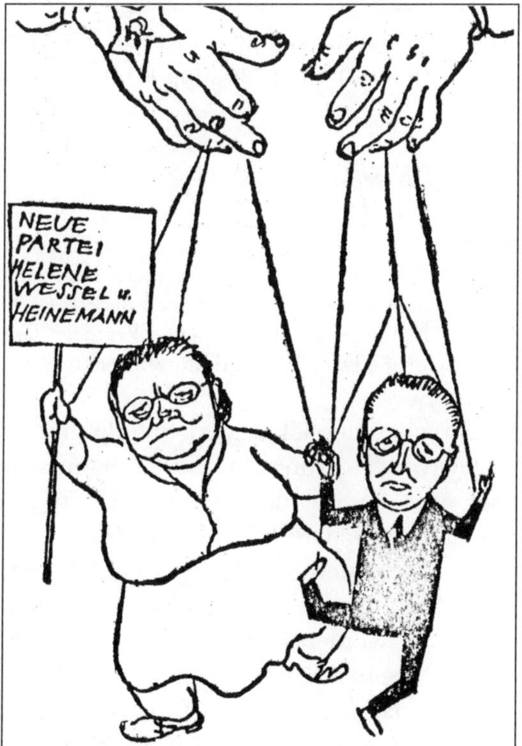

Wir sind für Neutralität …

Das Offenbacher Tageblatt vom 12.11.1952 verdächtigte wie viele andere Zeitungen die Gesamtdeutsche Partei, vom Osten gesteuert zu sein.

Die kommunistische Partei ist durch Urteil des Bundesverfassungsgerichts vom 17.8.1956 als eine verfassungsfeindliche Partei bezeichnet und deshalb für aufgelöst und verboten erklärt worden. Der Angriff des Beschuldigten gegen mich ist lange Zeit nach diesem der Öffentlichkeit bekannten Urteil erfolgt. Er wirft mir praktisch eine strafbare Handlung vor und stempelt mich zum Verfassungsfeind. [...] Es bedarf eigentlich keiner näheren Begründung, daß der gerügte Angriff des Beschuldigten gegen mich in grober Weise ehrverletzend ist [...].

Das öffentliche Interesse für die Strafverfolgung von Amts wegen ergibt sich einmal daraus, daß ich öffentlich angegriffen worden bin, und zum anderen aus meiner Stellung im öffentlichen Leben.

Das Grundrecht der Kriegsdienstverweigerung

Als 1956 in der Bundesrepublik die Wehrpflicht eingeführt wurde, trat Heinemann vergeblich für eine Regelung ein, die nicht nur prinzipielle Gewissensbedenken, sondern auch solche in konkreter Lage als Gründe für Kriegsdienstverweigerung gelten ließ. In einem Leitartikel der »Gesamtdeutschen Rundschau« über »Die große Debatte« im Bundestag schrieb er am 13.7.1956:

Während Sprecher der CDU den Standpunkt vertraten, daß Kriegsdienstverweigerung nur ein ausnahmsweise erlaubter Ungehorsam sei, wies die SPD darauf hin, daß Artikel 4 der Verfassung zu den uneingeschränkten Grundrechten aus dem persönlichen Gewissen der einzelnen Staatsbürger gehört und darum auch nicht mit »Ersatz«-dienst, sondern allenfalls mit einem zivilen Friedensdienst verbunden werden kann. Sie trat, auch um der Glaubwürdigkeit unserer freiheitlichen Ordnung willen, für die volle Anerkennung des verfassungsmäßigen Grundrechts ein. Die evangelische Kirche hatte sich dafür eingesetzt, daß nicht nur die Kriegsdienstverweigerung grundsätzlicher Pazifisten, sondern auch Gewissensentscheidungen auf Grund der gegebenen Umstände zu respektieren seien. Sie erklärte in ihrer Stellungnahme zum Gesetzesvorschlag der Bundesregierung: »Die Evangelische Kirche muß daran erinnern, daß für die evangelischen Christen die Stimme des

Gewissens in einer konkreten Lage vernehmbar wird und nicht an allgemeinen Maßstäben zu messen ist.« Der katholische CDU-Abgeordnete Nellen trat dieser vom christlichen Standort aus allein möglichen Auffassung vom Gewissen mit besten Belegen zur Seite. Aber die »christliche« Regierungspartei schlug alles in den Wind. Für sie behielt ein aus der sogenannten Staatsraison begrenzter Gewissensbegriff die Oberhand.

Respekt vor Gewissensentscheidungen

Bei der juristischen Verteidigung von Jehovas Zeugen, die nicht nur den Wehrdienst, sondern auch den zivilen Ersatzdienst ablehnten, kam Heinemann zu einer Beurteilung, die er am 12.5.1965 bei der Beratung eines Änderungsgesetzes über den »Zivilen Ersatzdienst« im Bundestag zu bedenken gab.

Es geht um eine Grundfrage unserer freiheitlichen Demokratie; es geht um eine Grundfrage unseres Selbstverständnisses. Wir gehen im Grundgesetz von der *Würde des Menschen* aus und sagen, daß in dieser Bundesrepublik nichts rechtens sein könne, was die Würde des Menschen verletzt, was den Menschen in seinem Gewissen zerbricht.

Von daher ergeben sich in bezug auf das Thema, das wir jetzt behandeln, im Grunde genommen drei Fragen, nämlich zuerst die Frage, ob denn die Verweigerung eines Dienstes welcher Art auch immer aus Gewissensgründen überhaupt strafbar sein könnte. Wenn ja, dann wird es um die nächste Frage gehen, ob die Strafe derart sein müßte, wie man sie über Kriminelle ausspricht. Letztlich geht es dann hier noch um die Frage, wenn es sich um *Überzeugungstäter* handelt, ob man sie fortgesetzt für das Durchhalten ihrer Überzeugung wiederholt, also erneut, bestrafen darf.

Nun hat es im jetzigen Stadium des Gesprächs und des Verhandlungsstandes hier im Bundestag sich darauf konzentriert, daß es nur noch um die beiden letzten Fragen geht. Ich bedaure das. Ich bedaure, daß die erste, grundsätzliche Frage hier nicht noch einmal erörtert werden kann: ob wir es nicht von den Grundlagen der Verfassung her tragen müßten, daß derjenige, der einen Dienst, welcher Art auch immer, aus Gewissensgründen verweigert, überhaupt bestraft werden kann. Aber ich füge mich diesem Stand der Verhandlungen und wende mich nur noch den beiden Fragen zu, die Sie jetzt durch Ihren Änderungsantrag hier aufgeworfen haben. [...]

Lassen Sie mich doch einfach einmal etwas sagen aus dem, was ich mit *Zeugen Jehovas* erlebe und sonderlich mein Anwaltskollege Dr. Posser bei der vielfältigen Verteidigung dieser Leute vor Gericht erlebt. Da gibt es die Fülle der Fälle, wo diese Zeugen Jehovas sagen: Wir sind bereit zu Krankenhausdienst und dergleichen Diensten, die Ihnen jetzt vorschweben mögen. Wir wollen aber in diesen Dienst durch Vermittlung eines Arbeitsamts hineinkommen. Wir verpflichten uns solche Dienste zu tun, nicht nur anderthalb Jahre, es gibt sogar Fälle, wo die Leute sagen: Wir wollen es auch zwei Jahre tun.

Aber der Gewissenskonflikt bei diesen Zeugen Jehovas – (Zurufe von der CDU/CSU) – Entschuldigen Sie, ich kann auch nicht begreifen, wie deren Gewissen funktioniert. (Abg. Dr. von Haniel-Niethammer: Dann sind Sie derselben Ansicht wie wir!) – Jetzt sind wir aber bei dem kardinalen Punkt: Gewissensfragen werden dann erst ernst, wenn man sich über das Gewissen eines anderen nicht mehr zum Richter machen soll. (Beifall bei der SPD und bei der FDP.) Wenn wir alle einig sind, gibt es keine Gewissensfragen. Nun wollten wir doch in dieser Bundesrepublik zu einem wesentlichen Orientierungspunkt unseres ganzen Verhaltens dieses machen, daß wir auch vor dem irrenden Gewissen – sehen wir es ruhig allgemein so an –, auch vor dem abwegigen Gewissen, vor dem unverständlichen Gewissen Respekt haben wollten. Das ist der Ausgang, von dem wir gemeinsam angetreten sind. Ich sage noch einmal: Es ist eine schiefe Fragestellung, zurückzufragen, ob sich denn ein Mann irgendwessen vergebe, wenn er Kranke pflege. Der kardinale Punkt ist, daß diese Zeugen Jehovas mit dem Staat als einer Zwangsordnung nichts zu tun haben wollen, daß sie aber freiwillig durch Vermittlung des Arbeitsamts in solche Dienste hineinzugehen bereit sind. (Unruhe bei der CDU/CSU.) – Ja, ringen Sie ruhig die Hände. Das kann ich auch; denn ich verstehe es genausowenig wie Sie. Trotzdem geht es wiederum um die Frage, ob wir vor

Menschen Respekt haben wollen, die eine Überzeugung hundertfältig bis in den Tod durchgestanden haben. (Beifall bei der SPD und der FDP. – Abg. Dr. von Haniel-Niethammer: Da ging es doch um Kriegsdienstverweigerer!) Darum geht es; wollen wir bitte diese Fragestellung nicht verschieben. (Zuruf von links: Das haben sie im Dritten Reich bewiesen!) Ich will jetzt nicht mehr auf das eingehen, was Frau Diemer-Nicolaus zur Behandlung von Überzeugungstätern gesagt hat. (Abg. Scheppmann: Das ist keine Gewissensfrage mehr in dieser Richtung!) – Herr Scheppmann, entschuldigen Sie bitte: Wir alle erwarten Respekt. Ich bin selbstverständlich bereit, das auch meinerseits vor Ihrer Gewissenshaltung zu tun. Es geht darum, ob wir uns zu Richtern über das Gewissen anderer Menschen machen wollen. Dazu kann ich nur noch einmal sagen: Sie haben im Dritten Reich Gewissenhaftigkeit besser erwiesen als – ja, soll ich sagen: wir alle? Ich schließe mich jedenfalls mit ein. (Beifall bei der SPD. – Zurufe und Widerspruch in der Mitte.)

II,199-202.

Für eine Revision des politischen Strafrechts

Als Strafverteidiger kannte und erkannte Heinemann die Schäden, die das geltende politische Strafrecht anrichtete. Als Bundestagsabgeordneter begründete er am 13.1.1966 für die SPD einen Entwurf zur Revision des politischen Strafrechts, den er einige Monate später als Justizminister in der großen Koalition in die Wirklichkeit umzusetzen suchte.

Herr Präsident! Meine Damen und Herren! Unser Gesetzentwurf Drucksache V/102 zielt auf eine Reform des politischen Strafrechts ab. Dieses *politische Strafrecht* ist sehr jungen Datums, nämlich von 1951. Selten hat aber eine Materie so schnell ein so intensives und allgemeines Unbehagen ausgelöst wie dieses politische Strafrecht von 1951. Dieses Unbehagen rührt nicht daher, daß es überhaupt einen strafrechtlichen Staats- und Freiheitsschutz gibt. Der ist in gutem Rahmen notwendig und wird jederzeit auch unsere positive Mitarbeit finden. Das Unbehagen an dem Strafrecht, so wie es 1951 formuliert worden ist, liegt begründet in den Übertreibungen, in den ungenauen Formulierungen und auch in der Handhabung. Man hat darüber gestritten, ob der Gesetzgeber oder die Justiz mehr schuldig sei an dem Unbehagen, das wir alle bei dieser Materie empfinden. Nun, ich bin der Meinung, daß überwiegend wohl der Gesetzgeber derjenige ist, der hier, wenn es um Verantwortung gehen soll, anzusprechen wäre. Unbestreitbar ist doch z.B. die Übertreibung des § 94, die als zu Lasten des Gesetzgebers gehend angesehen werden muß. Durch diesen § 94 werden die Strafrahmen einer Vielzahl von allgemeinen Delikten einfach erhöht, wenn diese Delikte aus verfassungsfeindlicher Absicht begangen worden sind. Infolgedessen rechnen zu den mit Zuchthaus bedrohten Verbrechen nun auch leichte Körperverletzungen oder eine Sachbeschädigung wie etwa unerlaubtes Plakatieren, wenn eine verfassungsfeindliche Absicht darin zum Ausdruck kommt. Das hat zur Folge, daß auch wegen Geringfügigkeit nicht eingestellt werden kann und daß die Voraussetzungen für den Haftbefehl erleichtert sind.

Unbestreitbar kommt die Übertreibung des § 100 d Abs. 2 zu Lasten des Gesetzgebers. Nach dem Wortlaut dieser Bestimmung, verehrte Damen und Herren, kann jeder Angehörige der SED oder einer anderen politischen Organisation in der DDR schon wegen seiner Mitgliedschaft strafbar werden, wenn er hier in der Bundesrepublik auftaucht; er braucht sich hier überhaupt nicht zu betätigen. Mit anderen Worten, jeder Rentner, der hier auf Besuch kommt, aber drüben Mitglied der SED ist, wäre nach dem Wortlaut des § 100 d Abs. 2 strafbar, wenn hier nicht die Justiz, nämlich der Bundesgerichtshof, schon korrigierend eingegriffen hätte, indem er gegen den Wortlaut des Gesetzes gesagt hat, daß das doch eigentlich wohl nicht gewollt sein konnte.

Zu Lasten des Gesetzgebers geht auch der § 93, in dem von den *staatsgefährdenden Schriften* die Rede ist. Er kollidiert weithin mit der Informationsfreiheit, also mit einem Grundrecht. Wir erinnern uns daran, daß der einmal diskutierte Zeitungsaustausch sich in den Maschen dieses § 93 verfing und daß Dokumentationen auf strafrechtliche Schwierigkeiten stoßen. Als der amtierende verehrte Bundestagspräsident Dr. Gerstenmaier den 4. Bundestag 1961 eröffnete, erinnerte er daran, daß zur gleichen Zeit ein Parteitag der russischen Kommunistischen Partei im Kreml tagte, und er meinte, wir sollten doch beobachten und zur Kenntnis nehmen, was auf jenem Parteitag in Moskau herauskommen würde; er empfahl das Studium dessen, was dort produziert würde. Nun, verehrte Damen und Herren, als ein Düsseldorfer Verlag alsbald darauf das neue sowjetisch-kommunistische Parteiprogramm und die offiziellen Reden Chruschtschows, die auf diesem Parteitag gehalten worden waren, in Drucksache zur Verfügung stellte, verfing sich dieser Verlag in den Maschen des § 93, er kriegte ein Strafverfahren an den Hals, Haussuchungen fanden statt. Hier muß also doch offenbar sauberer abgegrenzt werden.

Zu Lasten des Gesetzgebers geht auch der § 92, in dem von dem *verfassungsfeindlichen Nachrichtendienst* die Rede ist. Die hier in Bonn von Korrespondenten offen ausgeübte journalistische Tätigkeit für Zeitungen im Osten, sei es Ost-Berlin, sei es Warschau, sei es Moskau, kann mit dem § 92 als verfassungsfeindlicher Nachrichtendienst attackiert werden. Nun, es ist klar, welchen Gegenmaßnahmen wir uns damit aussetzen würden.

Zu Lasten des Gesetzgebers gingen auch die Übertreibungen in § 90 a und in § 129, die das Bundesverfassungsgericht mittlerweile korrigieren mußte. Nach § 90 a Abs. 3 war es so, daß ein früheres Mitglied der Kommunistischen Partei für eine normale Betätigung in dieser Partei, die bis zum Verbot stattgefunden hatte, nach dem Verbot, also rückwirkend bestraft werden konnte. Das hat das Bundesverfassungsgericht im März 1961 für unzulässig erklärt.

Oder: Der § 129, der in neuer Fassung 1951 ins Gesetz kam, will die *kriminellen Untergrundorganisationen* treffen, die altberühmten oder -berüchtigten Berliner Ringvereine »Immertreu« und wie sie alle so schön hießen. Aber nach dem Wortlaut des § 129 ist auch die gesamte Mitgliedschaft der ehemaligen KPD strafbar, auch ohne kriminelle Betätigung des einzelnen, nur weil man der Organisation, also der Partei, irgendwelche strafbaren Handlungen wie z.B. politische Beleidigungen anlasten konnte. Das Bundesverfassungsgericht hat im Oktober 1963 daraufhin entschieden, daß politische Parteien nicht unter den § 129 gerechnet werden dürfen.

Das sind einige Beispiele dafür, daß der Gesetzgeber 1951 eine schlechte Grundlage schuf. Aber nun hat natürlich auch die Justiz noch manches Unvernünftige hinzugefügt, immerhin allerdings auf der Grundlage des Gesetzes. Was ist nicht alles als *Ersatzorganisation der KPD* angesprochen worden! In einer Anklageschrift einer Staatsanwaltschaft steht schmucklos und einfach zu lesen, daß der Deutschland-Sender in Ostberlin Ersatzorganisation der KPD sei.

Oder was ist nicht alles als *verfassungsfeindlicher Nachrichtendienst* betrachtet worden! Wenn ein Funktionär aus Ostberlin in den Westen herüberkommt, um jemand zu besuchen – einen Gewerkschaftler, ein Betriebsratsmitglied, einen Politiker –, und nach Hause zurückmelden soll, ob er empfangen worden ist, dann ist das verfassungsfeindlicher Nachrichtendienst. Oder wenn ein Brief hier abgegeben und nach drüben zurückberichtet werden soll, ob der Brief angenommen worden ist, dann ist das verfassungsfeindlicher Nachrichtendienst. Denken Sie an den Vorgang beim Kongreß des DGB, wo man diesen Briefträger im übrigen freundlich zur Tür hinauskomplimentierte, ehe er den Brief abgab; aber er wurde deswegen belangt. Oder verfassungsfeindlicher Nachrichtendienst sollte auch die Bekanntgabe der Personalien von Kindern sein, die in einem Transport im Sonderzug der Bundesbahn in die DDR in ein Ferienlager hinüberfuhren. – Auch die Justiz hat also manches an Übertreibungen hinzugefügt.

Verehrte Damen und Herren, ich denke, daß diese wenigen Hinweise genügen, um die Reformbedürftigkeit des politischen Strafrechts zu begründen.

IV,201-203.

Die Grundrechte aus theologischer Sicht

Als Heinemann 1967 von der Universität Bonn die theologische Ehrendoktorwürde erhielt, hob er in seinem Vortrag »Der demokratische Rechtsstaat als theologisches Problem« die Bedeutung der Grundrechte in evangelischer Sicht hervor.

Gemeinsam ist allen Bürgern auch in einer pluralistischen Gesellschaft die Einsicht in die Notwendigkeit einer Rechtsordnung. Es darf angenommen werden, daß auch die Einsicht in die

Unzulänglichkeit eines bloßen Gesetzespositivismus nahezu allgemein ist. Dafür waren die Erlebnisse mit dem hitlerischen Unrechtsstaat und mit der Hilflosigkeit seiner »Rechtswahrer« gegenüber verbrecherischen Gesetzen zu eindrucksvoll, als daß neuer Gesetzespositivismus neuen Widerhall finden könnte. Der Inhalt des übergeordneten Rechtes wird sich in praktischer Zusammenarbeit aller Kräfte unserer pluralistischen Gesellschaft auf der Grundlage der im Grundgesetz dargestellten Grundrechte und Grundwerte herausbilden müssen. Der Klärungsprozeß öffentlicher Diskussionen einschließlich der Kritik an Urteilen der Gerichte wird Einseitigkeiten abzuschleifen haben, bis sich eine gemeinsame Auffassung herausbildet (vgl. z.B. die Kritik von E. Stein an der Umformung individualethischer Wertungen in Rechtsnormen).

Die Grundrechte sind dabei Elemente des überpositiven Rechtes, aber zugleich auch als Begrenzungen der Staatsmacht solche von theologischem Interesse. Ihr weithin geläufiges Verständnis als Magna Charta menschlicher Autonomie, wie es dem Liberalismus entsprechen mag, hat sie verdächtig gemacht, zumal da Begriff und Sache der Menschenrechte der Bibel völlig unbekannt sind. Der Bibel werden aber auch die Konstruktionen einer angeblich zeitlos gültigen göttlichen Schöpfungsordnung oder Erhaltungsordnung nicht gerecht. Nach der Fixierung des Bonner Grundgesetzes sind Grundrechte und überpositive Grundlagen des Rechtes mehrfach theologisch untersucht worden. Dabei haben Heinrich Vogel, Erik Wolf, Ernst Wolf, Wolf-Dieter Marsch, Jürgen Moltmann und Wolfhardt Pannenberg nicht mehr auf solche naturrechtlichen oder ordnungstheologischen Konstruktionen zurückgegriffen. Die Biblische Geschichte selbst ist ja als eine Rechtsgeschichte bezeugt worden. In dieser Rechtsgeschichte richtet Gott sein Recht auf. Seine Gerechtigkeit kommt zum Zuge, indem er die Menschen erwählt, sie aus ihren Bindungen befreit und zum Frieden führt. In der Königsherrschaft Jesu Christi ist Gottes Gerechtigkeit aufgerichtet. Jesus Christus hat alle Gewalt im Himmel und auf Erden. Alles Daseins- und Lebensrecht ist dem Menschen also von Gott zugesprochen. Nur dadurch, daß dem Menschen dieses so geartete Recht zugesprochen ist, besitzt er es wirklich. Von dieser Würdigung des Menschen von Gott her eignet dem Menschen wirkliche

Würde, die jede Erniedrigung durch den Menschen oder für menschliche Zwecke ausschließt. So verstanden sind die Grundrechte nicht eine Magna Charta menschlicher Autonomie, sondern Dämme gegen die Sturzfluten, mit denen der Mensch Seinesgleichen zu entwürdigen oder auszubeuten immer wieder versucht ist. An der Verteidigung und Festigung dieser Dämme gegen Unrecht und Chaos haben sich gerade die Christen zu beteiligen. Es wird gerade ihnen darauf ankommen, alle Ansätze dazu abzufangen, daß der Mensch zum Objekt staatlicher Macht gemacht wird.

Freilich vermissen wir noch oft eine prompte christliche oder kirchliche Reaktion auf Freiheitsverletzungen, weil die Überzeugung von dem Wertcharakter der Grundrechte und ihrer Unantastbarkeit um des Menschseins des Menschen willen noch längst nicht allgemein durchgedrungen ist. Jedenfalls ist es an der Zeit, daß das christliche Mißverständnis der Grundrechte, als seien sie lediglich im Lichte der Französischen Revolution zu sehen, überwunden wird.

Ist aber erst einmal für den Begriff und die Sache der Grundrechte im ganzen ein christliches Verständnis gewonnen, so können auch einzelne Grundrechte in neue theologische Aspekte rücken. Ich erwähne jetzt nur das Grundrecht der Gleichheit. Wenn der Wesensgehalt dieses Grundrechtes von der Würde des Menschen her, d.h. von der Würdigung des Menschen durch Gott her, angegangen wird, so wird das in der Theologie anzutreffende Ungleichheitsdenken nicht bestehen können. Die Darstellung schöpfungsmäßiger Ungleichheiten unter den Menschen nach Rasse, Geschlecht, Gesundheit, Begabung hat manchen Widerstand gegen ungleiche Behandlung abgestumpft und die Gleichheit zu einer Gleichheit nur unter an sich Gleichen werden lassen. Die Würdigung aller Menschen durch Gott in Christus statuiert aber eine Gleichheit quer durch alle irdischen Ungleichheiten hindurch. Das hat z.B. für das Recht der Frau oder des unehelichen Kindes oder des sogenannten lebensunwerten Lebens praktische Bedeutung.

II,276-279.

Bundesjustizminister Heinenmann (1966-69) vor seinem Amtssitz in Bonn, der Rosenburg.

Für eine ständige Weiterentwicklung des Rechts

Als Justizminister der Großen Koalition formulierte Heinemann am 4.1.1968 die Grundsätze einer Rechtsreform, die dann seit 1969 eine Leitlinie der Regierung Brandt/Scheel wurde.

Recht ist eine Funktion des sozialen Lebens. Eingebettet in die soziale Struktur menschlichen Daseins, unterliegt das mit der Garantie zwangsweiser Durchsetzung ausgestattete Normensystem, das wir Recht nennen, den Einflüssen sozialen Wandels. Wenn sich in der sozialen Wirklichkeit Veränderungen vollziehen, sei es, daß sich Technik und Wirtschaft weiterentwickeln, sei es, daß sich neue politische Ideen und Institutionen durchsetzen, dann muß das Recht darauf bedacht sein, sich diesen Wandlungen anzupassen. Selten verläuft dieser Prozeß frei von Spannungen. Deren Intensität und Ausmaß hängen davon ab, ob die Zeitgenossen sich gegen den Wandel sträuben oder sich für ihn einsetzen.

In der hochentwickelten Industrie- und Verkehrsgesellschaft der Gegenwart tritt die Notwendigkeit, das Recht kontinuierlich den sozialen Veränderungen anzupassen, deutlich zutage. Auf weiten Strecken hat das Recht mit dem gesellschaftlichen Wandel nicht Schritt gehalten. Die zum Teil noch aus dem Zeitalter des frühindustriellen Obrigkeitsstaates stammenden Gesetze müssen deshalb zum großen Teil erneuert und der sozialen Entwicklung angeglichen werden. Nicht zuletzt handelt es sich darum, die rechts- und sozialstaatlichen Grundsätze unserer freiheitlichen Demokratie zur vollen Geltung zu bringen. [...]

Die Gesetzgebung, in der sich das Recht verkörpert, ist indessen nicht nur verpflichtet, den sozialen Wandlungen aufmerksam zu folgen und den Abstand, mit dem das Recht hinter der Dynamik der Gesellschaftsentwicklung zurückbleibt, möglichst gering zu halten. Das Recht verhält sich gegenüber der Gesellschaft nicht nur rezeptiv, sondern ist auch ein Mittel, das soziale Leben zu steuern. Für die Rechtspolitik ergibt sich daraus die Verpflichtung zur Planung und Vorausschau. Sie darf sich nicht, wie konservative Theoretiker meinen, darauf beschränken, den bereits erreichten Stand des Rechtsbewußtseins in Gesetze zu fassen. Vielmehr hat sie auch die Aufgabe, das Sozialleben nach den Leitbildern einer besseren Ordnung zu gestalten. [...]

Als Hindernis für eine konsequente Reformpolitik erweist sich mitunter die konservative Haltung, die den Juristen der Gegenwart im ganzen nicht zu Unrecht nachgesagt wird. Nicht wenige Richter, Rechtsanwälte, Staatsanwälte und auch Verwaltungsbeamte huldigen der *Auffassung, ihre Rolle* im sozialen Ordnungsgefüge *schriebe ihnen vor, stets für Beharren und Bleiben einzutreten.* Eine solche Einstellung ist indessen ideologisch und muß auch so gekennzeichnet werden. Wer die deutsche Geschichte kennt, weiß, wie sehr immer *wieder auch von Juristen reformatorische Impulse ausgegangen sind, die sich in Politik und Gesellschaft fruchtbar ausgewirkt haben.* Auch in der Gegenwart treten zahlreiche Juristen für fortschrittliche Entwicklungen auf den verschiedensten Gebieten ein. Dringend zu wünschen wäre, daß *ihre Zahl weiter zunähme;* denn Reformen kommen nicht allein durch legislatorische Akte zustande, sondern bedürfen der tätigen Mithilfe der Rechtspraktiker, um Bestandteil der Rechtswirklichkeit zu werden. [...]

Nach wie vor sind die Juristen wichtige Führungskräfte unserer Gesellschaft. Je unbefangener sie sich den politischen und sozialen Problemen der Gegenwart und Zukunft öffnen, um so größer sind die Chancen, dem Gehäuse zu entfliehen, in dem *vordemokratische Rechts- und Staatsauffassungen* sie vielfach noch einschließen. Der rechtspolitische Auftrag unserer Zeit heißt Reform, nicht Restauration. An den notwendigen Reformen mitzuarbeiten, ist eine schöne, bedeutsame und verantwortungsvolle Aufgabe für alle Juristen, die guten Willens sind.

IV,215f.

Reform des Rechts für uneheliche Kinder

Dringlich erschien Heinemann eine Verbesserung der Rechtsstellung der nichtehelich geborenen Kinder. Als Bundesjustizminister bereitete er einen Entwurf vor, der 1969 Gesetz wurde. Sein Vorhaben begründete er im Heft 11/1966 der Zeitschrift »Eltern«:

Uneheliche Kinder haben es in unserer Gesellschaft nicht leicht. Viel Schuld daran haben unsere Gesetze. Unser bürgerliches Recht setzt bewußt das uneheliche Kind und seine Mutter zurück. Für die Väter des Bürgerlichen Gesetzesbuches von 1896 war das außerhalb der Ehe geborene Kind kaum etwas anderes als eine Frucht der Sünde. Obwohl sich kein Mensch die Umstände seiner Geburt aussuchen kann, ließ man das uneheliche Kind fühlen, daß es »unordentlich« geboren war. Damals wurde festgelegt, was im wesentlichen noch heute gültiges Recht ist: Das uneheliche Kind gilt als mit seinem Vater nicht verwandt. Der Unterhalt, den der Vater zahlen muß, richtet sich allein nach der Lebensstellung der Mutter. Selbst wenn der außereheliche Vater vermögend ist, braucht er nur den Mindestunterhalt nach den Lebensverhältnissen der Mutter zu zahlen. Und auch das nur bis zum 18. Lebensjahr des Kindes. Wenn das Kind überdurchschnittlich begabt ist, wenn es beispielsweise studieren möchte und könnte, kann es nach heute geltendem Recht keine Ansprüche an den Vater stellen. Und weiter: Nach dem Tode des Vaters hat das uneheliche Kind kein Erbrecht; es erhält nicht einmal einen Pflichtteil. […]

Dieser Rechtszustand ist heute überholt. Seit der Schaffung des Bürgerlichen Gesetzbuches hat sich die Welt entscheidend gewandelt, und mit ihr die Anschauungen der Menschen. […]

Mit dieser Gesetzesvorlage wird endlich der Versuch unternommen, die Diskriminierung des unehelichen Kindes und seiner Mutter soweit zu beseitigen, wie dies mit rechtlichen Mitteln überhaupt möglich ist. […]

Welche Verbesserungen sind nun vorgesehen? Zunächst einmal soll die rechtliche Vorstellung beseitigt werden, nach der ein uneheliches Kind nicht mit seinem Vater verwandt ist. Wenn diese Bestimmung ersatzlos gestrichen wird, dann gelten alle Rechtsvorschriften, die an die Verwandtschaft anknüpfen, auch für die unehelichen Kinder, soweit nicht neue Sonderbestimmungen den entsprechenden Familienrechtsvorschriften zugefügt werden. Diese Vorschriften sollen vor allem dem Schutz des ehelichen Kindes dienen. Ich greife die wichtigsten Neuerungen aus dem umfangreichen Entwurf heraus.

„Wird genauso weiß wie der rechtmäßige Storch“ Zeichnung: Hartung

Die Welt vom 10.1.1968 zu Heinemanns Ankündigung, die Rechte der unehelichen Kinder zu stärken.

1. Jede altersmäßige Begrenzung der Unterhaltsansprüche unehelicher Kinder an den Vater wird beseitigt. Zugleich ist vorgesehen, daß für die Höhe des Unterhalts nicht mehr ausschließlich die Lebensstellung der Mutter, sondern die beider Eltern maßgebend ist. Das oft zitierte Beispiel des reichen Mannes, der eine kleine Angestellte verführt und dem Sproß aus dieser Verbindung nur einen den sozialen Verhältnissen der Mutter entsprechenden Unterhalt zahlt, wird der Vergangenheit angehören. […]

2. Das Schicksal des unehelichen Kindes ist meist von dem seiner Mutter abhängig. Wer das Los des unehelichen Kindes verbessern will, muß deshalb auch der Mutter mehr Rechte geben. Daher steht der Mutter nach dem Regierungsentwurf von vornherein die elterliche Gewalt über das Kind zu; das Jugendamt, das so lange gesetzlicher Amtsvormund war, soll in Zukunft nur noch eine Beistandschaft ausüben. Sie zielt vor allem darauf, die Vaterschaft feststellen zu lassen und die Unterhaltsansprüche durchzusetzen. Die Erfahrung lehrt, daß die uneheliche Mutter überfordert würde, wenn man von ihr verlangte, auch diese Aufgabe zu übernehmen. Um auch nur den Anschein einer Diskriminierung zu vermeiden, ist zudem vorgesehen, daß die Beistandschaft des Jugendamtes unter

erleichterten Voraussetzungen aufgehoben werden kann. Das Vormundschaftsgericht ist verpflichtet, einem Antrag der Mutter auf Aufhebung oder Einschränkung der Beistandschaft schon dann stattzugeben, wenn dies dem Wohle des Kindes nicht widerspricht.

3. Der Auftrag der Verfassung wäre nicht voll erfüllt, wenn man es unterließe, dem unehelichen Kind ein volles, dem des ehelichen Abkömmlings gleichwertiges Erbrecht zu geben. Der Regierungsentwurf löst das Problem in der Weise, daß das uneheliche Kind nach dem Tode des Vaters oder eines väterlichen Verwandten wertmäßig das gleiche erbt wie ein eheliches Kind, aber nicht Mitglied der Erbgemeinschaft wird. Kann es sich mit den ehelichen Abkömmlingen des Erblassers oder dessen Ehefrau nicht einigen, so soll sich sein Erbteil in einen Geldanspruch gegen den Nachlaß, einen sogenannten Erbersatzanspruch, umwandeln. Lebt das uneheliche Kind beim Erbfall nicht mehr, so treten seine Abkömmlinge an seine Stelle. Umgekehrt können auch der Vater und seine Verwandten gesetzliche Erben des unehelichen Kindes werden oder Erbersatzansprüche haben.

Alle diese Regelungen stehen allerdings unter dem Vorbehalt, daß der Erblasser nichts anderes testiert. Nach wie vor hat der Vater eines unehelichen Kindes die Möglichkeit, einen anderen als Erben einzusetzen oder den Erbersatzanspruch zu entziehen und dadurch das Kind auf den Pflichtteil zu setzen.

Der Entwurf der Bundesregierung ist ein fortschrittlicher Gesetzesvorschlag. Es mag sein, daß der Versuch, das Recht des unehelichen Kindes auf eine moderne Grundlage zu stellen, dem einen oder anderen Mitbürger als umwälzend erscheint. Dazu ist zu sagen: Der Gesetzgeber kann nicht darauf warten, bis die gesellschaftlichen Vorurteile, die den unehelichen Kindern bisher das Leben erschwerten, bei ausnahmslos allen Zeitgenossen abgebaut sind. In Ländern mit fortschrittlicher Familienrechtsentwicklung sind die Reformen längst Wirklichkeit, in anderen werden sie diskutiert. Es ist deshalb höchste Zeit, das Recht der unehelichen Kinder in der Bundesrepublik so zu gestalten, daß es mit unserem gesellschaftlichen Wandel Schritt hält.

IV,225-228.

Abschaffung bestimmter Straftatbestände

Schon auf die Ankündigung, daß die SPD eine Anzahl von Straftatbeständen abschaffen wollte, gab es Proteste. Aus Süddeutschland erreichte Heinemann eine Zuschrift, in der es hieß: »Sollten wir – als Christen – der Gotteslästerung Vorschub leisten? Ist Abtreibung nicht in jedem Fall Mord? Ist Sterilisation nicht freches Eingreifen in Gottes großes und herrliches Schöpferwalten? Wurde Ehebruch im Alten Testament nicht mit dem Tode bestraft? Wohl sagt der Herr Jesus, wer von euch ohne Sünde ist, der werfe den ersten Stein – aber sagt er damit, daß Ehebruch in keinem Falle bestraft werden darf?« [...]

Heinemann stellte in seinem Antwortbrief vom 22.2.1966 einige Gegenfragen, »die bewußt provozierend gehalten sind, um auf Kernpunkte hinzuführen«:

Wie reagiert eine Kirchengemeinde, wenn in ihrem Umkreis etwas von dem vorfällt, was Sie in Ihrem Brief anschneiden? Wird Kirchenzucht praktiziert, wenn der Täter Glied der Gemeinde ist? Wird ihm mit geistlicher Ansprache nachgegangen, wenn er nicht Glied der Kirchengemeinde ist? Oder wird lediglich nach dem Staatsanwalt und dem Strafgericht gerufen?

In welcher Bibel steht eigentlich, daß alles, was etwa in den zehn Geboten verboten ist, von Staats wegen strafrechtlich verfolgt werden soll? Wieso muß sich die Grenze zwischen Erlaubtem und Unerlaubtem mit den Grenzen des Strafrechts decken?

Wieso können christliche Bürger fordern, daß ein Staat, in dem Menschen verschiedenster Überzeugung leben, sein Strafrecht an christlichen Normen ausrichtet? Müssen wir uns nicht alle damit abfinden oder gar befreunden, daß der heutige Staat kein christlicher Staat mehr sein kann, sondern glaubensneutral sein muß? Was ist denn eigentlich das Wesen einer freiheitlichen Demokratie, die wir doch, wie ich meine, insgesamt bejahen?

Das Grundgesetz als Maßstab der Strafrechtsreform

Als Justizminister nahm Heinemann die Reform des Strafrechts in Angriff. Er begründete sie im Bulletin des Presseamts der Bundesregierung am 11.1.1968 so:

Die Reform des Strafrechts ist eine der bedeutsamsten Aufgaben, an denen der Bundestag zur Zeit arbeitet. Es geht bei ihr nicht nur darum, in das alte, aus dem Jahre 1871 stammende Strafgesetzbuch einzuarbeiten, was Rechtsprechung und Rechtslehre bei seiner Anwendung an Erkenntnissen in langen Jahren gesammelt haben. Um solche Einzelfragen zu regeln, bedürfte es keiner umfassenden Gesetzesreform. Entscheidend ist vielmehr folgendes:

Zwischen den gesellschaftlichen Verhältnissen von 1871 und dem Leben der Gegenwart besteht ein tiefgreifender Unterschied. An die Stelle des klassenbewußten Obrigkeitsstaates von damals ist der freiheitliche, soziale und demokratische Rechtsstaat der Bundesrepublik mit ganz anderen Leitbildern und Wertvorstellungen getreten. Dieses Neue bricht sich in unserem gesamten staatlichen und gesellschaftlichen Leben Bahn. Es auch in jenem Rechtsgebiet, das am tiefsten in das Leben eines jeden Bürgers eingreifen kann, zur vollen Geltung zu bringen, ist der eigentliche Sinn der gegenwärtigen Bemühungen um die Strafrechtsreform. […]

Wenn man das Grundgesetz ernst nimmt, wird man ganz allgemein bei jeder Vorschrift prüfen müssen, ob der von ihr erfaßte Sachverhalt nach heutiger Anschauung noch strafwürdig ist. Nicht alles, was sittlich unerlaubt ist, muß auch bestraft werden. Verhaltensweisen, die nicht oder nur wenig in die Öffentlichkeit ausstrahlen, sondern vorwiegend dem privaten Bereich angehören, brauchen den Strafrichter nicht zu interessieren.

Vor allem im Bereich der Sittlichkeitsdelikte führt diese Einsicht zu wichtigen Beschränkungen. Zum Beispiel besteht für den Straftatbestand des Ehebruchs kein Bedürfnis mehr. Einen Schutz der Ehe bietet er nicht, weil er erst einsetzt, wenn die Ehe bereits geschieden ist. Die Zahl der Verfahren – im Jahre 1964 123 Verurteilungen, davon 101 mit Geldstrafen und der Rest mit Freiheitsstrafen bis zu drei Monaten unter Strafaussetzung zur Bewährung – ist aber so gering, daß kein Zweifel mehr darüber bestehen kann, wie sehr das Leben über diese Strafnorm längst hinweggegangen ist. Auch die sonstigen Vorschriften, die die Intimsphäre berühren, müssen überprüft werden. Wenngleich nicht der Bundesjustizminister, sondern das Parlament die Gesetze beschließt, bin ich doch fest davon überzeugt, daß der gleichgeschlechtliche Umgang unter

Erwachsenen im künftigen Recht straffrei bleiben soll. Menschen, deren Anderssein keinen verderblichen Einfluß auf die Gesellschaft hat, sollte man das Stigma des Verfemten nehmen. Nur dort, wo Jugendliche zu homosexuellen Beziehungen verleitet werden, besteht das Schutzbedürfnis fort.

IV,238f.

Der öffentliche Frieden als schutzwürdiges Gut

Als evangelischer Christ befürwortete Heinemann die Streichung des § 166 StGB, der Gotteslästerung unter Strafe stellte. An seine Stelle trat am 1.9.1969 der Schutz aller religiösen und weltanschaulichen Gemeinschaften gegen Verächtlichmachung. In den »Düsseldorfer Nachrichten« vom 23.3.1967 hatte Heinemann geschrieben:

Die Lästerung Gottes kann meines Erachtens nicht Gegenstand des weltlichen Strafrechts sein. »Gott läßt sich nicht spotten«, das heißt, er richtet auf seine Weise selber die, die ihn antasten. Wohl aber bedarf die Auseinandersetzung unter den Menschen in religiösen oder weltanschaulichen Fragen einer Grenzziehung. Sie darf bei aller Klarheit und Härte der Aussagen nicht in Beschimpfung oder Verächtlichmachung ausarten, so daß darüber das Zusammenleben von Menschen verschiedener Überzeugungen gestört wird.

In solche Abgrenzung für die Auseinandersetzung sind meines Erachtens alle religiösen und weltanschaulichen Gemeinschaften einzubeziehen, also auch Sekten und nichtchristliche Religionen oder Gemeinschaften von Atheisten, Dissidenten und philosophische Schulen, um die angemessene Art des Umgangs miteinander in der vollen Breite zu sichern, die einer pluralistischen Gesellschaft entspricht. Das bedeutet mit anderen Worten, daß den christlichen Kirchen kein Privileg mehr zustehen würde, sie wohl aber und selbstverständlich im Rahmen einer allgemeinen Regelung ebenfalls des strafrechtlichen Schutzes teilhaftig bleiben.

IV,236.

Stuttgarter Nachrichten vom 24.8.1967 zu Heinemanns Ankündigung, den Gotteslästerungsparagraphen abzuschaffen.

Gegen eine Wiedereinführung der Todesstrafe

Vehement wandte sich Heinemann dagegen, die laut Grundgesetz abgeschafftc Todesstrafe wieder einzuführen. »Zur Barbarei zurück?« war sein Artikel vom 12.10.1967 im »Vorwärts« überschrieben:

Kehren wir zur Barbarei zurück? Wenn man sich vor Augen führt, was alles in der Bundesrepublik über Kriminalpolitik und Strafverfolgung gesprochen und geschrieben worden ist, kann man geneigt sein, diese Frage zu bejahen. Offensichtlich ist ein nicht geringer Teil unserer Bevölkerung noch immer der Meinung, daß drakonische Strafen das wirksamste Mittel sind, Bürger und Gesellschaft vor Rechtsbrechern zu schützen. Scheußliche Untaten – Morde an Taxifahrern, Sittlichkeitsverbrechen an Kindern, Gewaltverbrechen Jugendlicher gegenüber älteren Personen – haben in besonderem Maße Emotionen freigesetzt, die härtere strafrechtliche Sanktionen fordern und in dem Ruf nach Wiedereinführung der vom Grundgesetz abgeschafften Todesstrafe gipfeln. Bedauerlicherweise haben auch einige Politiker der Versuchung nicht widerstehen können, auf der populären Woge der Empörung mitzuschwimmen. Noch ernster stimmt indessen der Umstand, daß in diesem Zusammenhang gegen unsere Rechtsordnung der Vorwurf erhoben wird, sie sei human gegen den Täter, aber grausam gegen die Opfer. Die Sympathie, so heißt es, gelte dem Verbrecher, nicht aber dem, der unter seinen Händen umgekommen ist.

Nichts ist falscher als diese Unterstellung. Aufgabe der Kriminalpolitik ist und bleibt der Schutz der Gesellschaft vor denjenigen, die ihre Gesetze brechen. Es liegt mir völlig fern, die schrecklichen Gewaltverbrechen, die sich in der Bundesrepublik ereignet haben, zu bagatellisieren. Ich weiß, welch entsetzliches, namenloses Leid aus solchen Untaten erwächst. Deshalb ist es für mich als Bundesjustizminister eine Selbstverständlichkeit, daß gerade diese Verbrechen mit größtem Nachdruck und mit allen dem Rechtsstaat zur Verfügung stehenden Mitteln bekämpft werden. Es geht nicht um das Ob, sondern um das Wie, nämlich um die Frage, in welcher Weise Verbrechen am wirksamsten verhindert werden können.

Hier muß freilich vor Vereinfachungen gewarnt werden. So begreiflich Entsetzen und Empörung auch sind, sie dürfen nicht daran hindern, den Sachverhalt vorurteilsfrei und im Lichte wissenschaftlicher Erkenntnisse zu prüfen. Die Erfahrungswissenschaften aber lehren, daß Strafen keineswegs jenes Heilmittel sind, als das sie von vielen noch angesehen werden. Vor allem darf man die abschreckende Wirkung von Strafdrohungen nicht überschätzen. Das gilt insbesondere für die Todesstrafe. Die ethischen Gründe, die gegen die Tötung eines Menschen durch den Staat sprechen, lasse ich hier einmal beiseite. Es ist jedoch eine gesicherte Erkenntnis, daß gerade bei Gewaltverbrechen, wenn überhaupt, so nicht die Strenge der Strafe, sondern die Wahrscheinlichkeit der Entdeckung und Verurteilung den potentiellen Täter hemmt, seinen Aggressionstendenzen freien Lauf zu lassen. Oft sind die Antriebsmotive sogar so mächtig, daß sie sich auch über die Furcht vor dem Gefaßtwerden hinwegsetzen. Bei bestimmten Tätertypen zumal, z.B. Triebverbrechern oder Mördern, die in einer Konfliktsituation oder zur Verdeckung einer Strafe töten, ist der Entschluß zur Mordtat in einem solchen Umfange gefühlsmäßig bestimmt oder durch äußere Umstände beeinflußt, daß für eine Abschreckung einfach kein Raum ist, ebensowenig wie etwa bei Geisteskranken. Psychologen weisen sogar umgekehrt darauf hin, daß von der Todesstrafe nicht selten eine gefährliche Faszination ausgeht, die labile, ethisch widerstandslose Personen erst zu Morden anreizt und so die Kriminalität unter Umständen eher erhöht als vermindert. Wie dem auch sei, die unvoreingenommene Betrachtung läßt keinen Zweifel daran, daß die Todesstrafe keinen rationalen Sinn hat. Für die Bekämpfung der Kriminalität leistet sie, um Professor Paul Bockelmann zu zitieren, nichts, was nicht andere Strafen oder Maßregeln ebenfalls leisten könnten. Ihre Nachteile aber sind, wie hinzuzufügen ist, nicht anders als durch Abschaffung zu vermeiden. Man tut gut daran, sich diesen Sachverhalt in aller Nüchternheit klarzumachen, wenn jetzt wieder der Ruf nach Henker und Fallbeil ertönt. Auf einem anderen Blatt steht die unbestreitbare Notwendigkeit, immer wieder von neuem zu überprüfen, ob die Maßnahmen, die zur Bekämpfung der Kriminalität ergriffen werden, noch den Anforderungen der Zeit genügen oder angesichts veränderter Verhältnisse der Verbesserung bedürfen. Durch das Verbrechen fordert der Täter die Gesellschaft heraus; diese bestätigt sich, indem sie ihm eine Antwort erteilt, die nicht nur menschlich, sondern auch kriminalpolitisch wirksam ist. Außer Frage steht, daß der beste Schutz der Gesellschaft in der Besserung, in der Wiedereingliederung des Straffälligen liegt. Wo die Resozialisierung indessen nicht möglich ist, muß die Gesellschaft vor dem nicht besserungsfähigen Täter gesichert werden. Gegenwärtig beschäftigt nicht nur mich, sondern auch die Landesjustizminister die Frage besonders, wie die Sicherungsmaßregeln, die unsere Kinder vor Sittlichkeitsverbrechen durch einschlägig vorbestrafte Täter schützen sollen, wirksamer ausgestaltet werden können. Im Entwurf des neuen Strafgesetzbuches, der zur Zeit im Strafrechtsausschuß des Bundestages beraten wird, sind als neue Maßregeln die Einführung der Sicherungsaufsicht und die Einrichtung der Erziehungsbewahrung vorgesehen. In sogenannten Bewahrungsanstalten sollen ferner zurechnungsunfähige und vermindert zurechnungsfähige Täter erfolgreicher als bisher behandelt werden. Darüber hinaus hat die 34. Justizministerkonferenz im Oktober 1966 einen Ausschuß beauftragt, die Bestimmungen zur Bekämpfung von Triebverbrechern zu überprüfen und neue Vorschläge zu erarbeiten. Dieser Ausschuß, der seine Arbeit noch nicht abgeschlossen hat, befaßt sich auch mit der Frage, ob ein Bundesgesetz über eine freiwillige Kastration zu erlassen ist, das die bestehenden Möglichkeiten einer Entmannung von Sittlichkeitsverbrechern erweitert. Maßnahmen solcher Art entsprechen den Erkenntnissen moderner Strafrechtspflege. Von ihnen kann erwartet werden, daß sie die Gesellschaft wirksamer vor Gewaltverbrechern schützen, als es die Androhung der Todesstrafe vermöchte. Wer immer glaubt, um vermeintlicher Popularität willen atavistischen Strömungen im Volksbewußtsein nachgeben zu müssen, dem sei eine Mahnung Gustav Radbruchs aus dem Jahre 1949 in die Erinnerung gerufen, die heute genau so zutreffend ist wie damals:

»Die Gegner der Todesstrafe müssen auch gegen zeitweilige gegnerische Volksstimmungen auf ihrem Standpunkt beharren, nicht schwach werden gegenüber dem Blutverlangen unbelehrter Massen, mehr noch: durch eine wirksame Volkspädagogik von vornherein dem Auftreten solcher Instinktforderungen entgegenwirken.«

Vielleicht haben wir, was Radbruchs Hinweis auf Volkspädagogik anbelangt, in den vergangenen Jahren nicht alles getan, was wir hätten tun können. Indessen ist es noch nicht zu spät. Vor Vorurteilen darf man nicht kapitulieren. Ein Aufklärungsfeldzug sollte beginnen, der allen Bürgern unseres Staates klar macht, daß eine humanitäre Strafrechtspflege keine Frage der Ideologie, sondern ein Gebot der Vernunft ist.

IV,256-258.

Gegen die Verjährung von Mord

In der Debatte um die Verjährung für Mord plädierte Heinemann als Justizminister für die Aufhebung dieser Verjährung. Nachdem die Verjährungsfrist 1969 auf 30 Jahre verlängert wurde, wurde sie dann 1979 aufgehoben. In der »Welt« schrieb Heinemann am 16.10.1968:

Mord ist das einzige Verbrechen, für das unser Strafgesetzbuch nur die eine Strafe kennt: Lebenslanges Zuchthaus – Verlust der Freiheit für immer als Strafe und zum dauernden Schutz der Gesellschaft. Eben deshalb ist es mir immer widersinnig erschienen, daß ein Mörder nach Ablauf von zwanzig Jahren nicht mehr bestraft werden kann, falls nicht die Verjährung der Strafverfolgung vorher durch eine gegen ihn gerichtete richterliche Handlung unterbrochen worden ist. Ich verkenne dabei nicht, daß der Sinn jeder Verjährung in der uralten Weisheit zu sehen ist, daß die Zeit viele Wunden heilt, ihr Ablauf aber zugleich die Erforschung der Wahrheit erschwert. Ich bin mir auch bewußt, daß die Verjährung nicht nur den zunächst unentdeckten Schuldigen, sondern auch einen spät und zu Unrecht Verdächtigten vor Verfolgung und Beweisnot sowie den Richter vor einem Fehlurteil schützen soll.

Das geltende Strafgesetz hat aber selbst eine Beziehung zwischen der für Mord angedrohten Höchststrafe und der für die Straftat geltenden Verjährung hergestellt. Eben deshalb ist die zwanzigjährige Verjährungsfrist für ein allein mit lebenslangem Freiheitsentzug bedrohtes Verbrechen schon lange als unbefriedigend empfunden worden.

Schon der Strafrechtsreformentwurf des Deutschen Reichstags von 1930 und ein Antrag der bayrischen Staatsregierung zum 3. Strafrechtsänderungsgesetz von 1953 sahen daher die Verlängerung der Verjährungsfrist für Mord auf 30 Jahre vor. Für den seit dem Jahre 1955 geltenden Straftatbestand des Völkermords, der ebenfalls lebenslanges Zuchthaus als Regelstrafe vorsieht, wird heute ganz allgemein der Ausschluß jeder Verjährung gefordert. Ich meine, daß dieser Ausschluß der Verjährung für jeden Mord gelten sollte, ganz gleich, ob das Opfer ein Kind, eine Frau, ein Taxifahrer, ein Gefangener oder ein Angehöriger rassischer, religiöser oder nationaler

Minderheiten ist. Wie stark in unserem Volk das Sühnebedürfnis für solche Taten verwurzelt ist, zeigt sich nicht zuletzt bei dem von Fall zu Fall laut werdenden Ruf nach Wiedereinführung der Todesstrafe. Da wir gerade wegen der Unantastbarkeit des Lebens unbedingt an dem in unserem Grundgesetz verankerten Verbot der Todesstrafe festhalten wollen, sollten Mord und Völkermord nicht nur mit lebenslangem Freiheitsentzug bestraft, sondern auch ohne zeitliche Begrenzung verfolgt werden können.

Dieser Forderung wird gelegentlich entgegengehalten, daß ein nach zwanzig oder mehr Jahren entdeckter Mörder, der sich seit seiner Tat straffrei geführt und damit in die Gesellschaft wieder eingegliedert habe, der Strafe nicht mehr bedürfe, weil der heute im Vordergrund der Strafzwecke stehende Resozialisierungsgedanke bei einer so späten Strafverfolgung seinen Sinn verfehle. Diese Argumentation übersieht, daß bei der lebenslangen Freiheitsstrafe der Resozialisierungsgedanke keine Rolle spielen kann. So sehr in einer modernen kriminalpolitischen Auffassung Sühne und Vergeltung hinter Vorbeugung und Resozialisierung zurücktreten müssen, so wenig kann dies für den lebenslänglichen Freiheitsentzug gelten. Darum liegt auch kein Widersinn darin, daß heute noch Mörder aus der Zeit des NS-Regimes zur Rechenschaft gezogen werden, die sich seither gesetzmäßig verhalten haben. Bei Mord geht es tatsächlich nur um den Ausschluß aus der Gemeinschaft.

Die Aufhebung der Verjährung für jeden Mord erscheint mir nicht nur geboten, sondern auch dringlich, weil die Aufklärung der unter dem NS-Regime begangenen Mordtaten unzureichend geblieben ist. Die Erwartungen des Bundestages, bis zum Ende des Jahres 1969 würden die Ermittlungen so weit durchgeführt sein, daß die Verjährung bei allen in Betracht kommenden Tätern unterbrochen werden könne, haben sich trotz redlicher Bemühungen aller Behörden nicht erfüllt.

IV,260f.

Die Bedeutung der Resozialisierung im Strafrecht

Als Justizminister trat Heinemann dafür ein, den Resozialisierungsgedanken im Strafrecht zu verankern. Im »Bulletin« vom 11.1.1968 argumentierte er:

Neben dem Grundsatz der Menschenwürde und freien Entfaltung der Persönlichkeit steht im Bonner Grundgesetz gleichrangig das Prinzip der Sozialstaatlichkeit. Unsere Verfassung sieht den Bürger nicht isoliert, sondern als ein gemeinschaftsbezogenes, vergesellschaftetes Wesen, das in vielen und vielerlei Beziehungen steht. Man kann sogar sagen, daß die Verbindung der Rechtsstaatsidee mit den Erfordernissen und Bedürfnissen des modernen Sozialstaates das besondere Charakteristikum der Bundesrepublik darstellt. Die zweite große Aufgabe der Strafrechtsreform besteht daher darin, den Sozialstaatsgedanken im Strafrecht durchzusetzen.

Es handelt sich hier um eine alte Forderung, die im Anschluß an die bahnbrechenden Arbeiten Franz von Liszts, des Begründers der »soziologischen Strafrechtsschule«, in den zwanziger Jahren vor allem Gustav Radbruch vertreten hat. Damals traten die gesellschaftlichen Faktoren der Kriminalität ins Blickfeld. Es wurde erkannt, daß das Verbrechen im »doppelten Sinne eine soziale Erscheinung ist, nämlich einerseits als antisoziale Handlung und andererseits als doch wiederum sozialbedingtes Verhalten« (Radbruch). Der »Täter« wurde nicht mehr abstrakt, sondern konkret in seinem jeweiligen Lebens- und Berufskreis gesehen als Mann oder Frau, als Arbeitgeber oder Arbeitnehmer, als Gelegenheitsdelinquent oder Gewohnheitsverbrecher, als Besserungsfähiger oder Unverbesserlicher. Hinter dem monotonen juristischen Begriff trat der wirkliche, vergesellschaftete Mensch hervor. Der Sinn des Strafrechts aber sollte nicht mehr darin erblickt werden, dem Rechtsbrecher ein Übel anzutun zur Vergeltung für ein von ihm getanes Übel, worin die klassische Strafrechtsphilosophie den metaphysischen Grund der Strafe sah. Der Zielgedanke sollte vielmehr sein, den besserungsfähigen Täter wieder für die Gesellschaft zurückzugewinnen und diese vor unverbesserlichen Tätern durch Sicherungsmaßnahmen zu schützen.

An diese Gedankengänge knüpfen wir heute bei unseren Bestrebungen an, das Strafrecht in sozialem Geiste zu gestalten. Allzu lange hat die Gesellschaft sich um diejenigen, die gegen ihre Gesetze gefehlt haben, nicht gekümmert. Eine Freund-Feind-Haltung, die auf pharisäerhafter Selbstgerechtigkeit beruhte, behandelte die straffällig gewordenen als Ausgestoßene und trieb sie dadurch noch tiefer in die Welt des Verbrechens hinein. Die rationale Begründung für diese Verstoßung bot der Abschreckungsgedanke. In Wirklichkeit wirken harte Strafen jedoch weit weniger präventiv, als oft geglaubt wird. Der kriminell Anfällige denkt kaum an die Strafe, eher noch fürchtet er das Risiko der Entdeckung.

In der Strafanstalt überkommenen Zuschnitts erlebt der straffällig gewordene Bürger die Strafe nicht als Aufruf zum Guten, sondern leider häufig nur als Aggression einer Gesellschaft, gegen deren Gesetze er verstoßen hat. Wie vor allem die erschreckend hohe Rückfallquote unter den Gefangenen zeigt, ist der Straffällige oft nicht besser, sondern eher schlechter geworden, wenn er die Strafanstalt verläßt.

Es liegt daher im Interesse der Gesellschaft selbst, die strafrechtliche Sanktion so zu gestalten, daß sie dem Delinquenten Chancen zur Wiedereingliederung in normale Verhältnisse bietet. Das soziale Strafrecht, das wir anstreben, ist nicht nur ein Gebot der Solidarität, die auch im Straffälligen den Mitmenschen erkennt, der brüderlicher Hilfe bedarf, sondern nicht zuletzt das beste Mittel, die Gesellschaft wirksam vor Verbrechen zu schützen.

Mit dieser kriminalpolitischen Konzeption wird nicht etwa, wie zur Vermeidung von Mißverständnissen bemerkt sei, das Schuldprinzip verlassen, auf dem unser bisheriges Strafrecht beruht. An der Zweispurigkeit des Sanktionensystems – dem Nebeneinander von Strafen und sichernden oder bessernden Maßregeln, das für das gegenwärtige Strafrecht kennzeichnend ist – soll ebenfalls festgehalten werden. Es wird jedoch größerer Wert als bisher auf den Gedanken der Resozialisierung gelegt. Wie im jetzigen Recht, so wird auch in Zukunft das, was man die »Bewährung der Rechtsordnung« nennt, ein legitimer Strafzweck sein. Der Schwerverbrecher wird nicht etwa deswegen straffrei ausgehen, weil Sühne nicht sein darf und Besserungs- und Sicherungsmaßnahmen bei einem für die Zukunft ungefährlichen Verbrecher nicht in Betracht kommen. Aber wesentlich stärker als bisher soll darauf Bedacht genommen werden, daß dem Straffälligen die Wiedereingliederung in die Gemeinschaft nicht unnötig erschwert wird.

IV,240-242.

Keine Benachteiligung von Behinderten

Als Bundespräsident nahm sich Heinemann der Benachteiligten in der Gesellschaft an. Vor Behinderten erklärte er am 11.10.1970 auf der Hauptversammlung des Behindertenkongresses im München:

Es gibt zwei Gruppen von Menschen, die in der Leistungsgesellschaft nicht zurechtkommen.

Die eine der Gruppen will ich nur nennen. Es sind dies die Glieder unserer Gesellschaft, die sich am Leistungswettbewerb nicht beteiligen wollen und entweder in der Gesellschaft einen Weg bescheidener Genügsamkeit gehen oder aber einen Fluchtweg aus der Gesellschaft heraus suchen, bis hin zu der Illusion, daß Rauschgift eine Lösung biete. Dieser letztere Teil stellt uns vor ernste Probleme, die in anderweitige Erörterungen gehören. Ich will hier nur sagen, daß wir uns auch hinsichtlich dieser Glieder vor Reaktionen hüten müssen, wie sie in Konstanz vorgekommen sind, wo unlängst ein junger Mann erschossen wurde.*

Die andere Gruppe derer, die in der Leistungsgesellschaft nicht zurechtkommen können, und das heißt hier: nicht zu ihrem Recht kommen können, wenn allein die Leistung gelten soll, sind die Behinderten. Ihnen schuldet die Gesellschaft mehr als nur ein Geltenlassen dessen, was sie sind und wie sie sind. Ihnen schuldet die Gesellschaft ein Hereinnehmen in ihre Mitte auf mehrfache Weise.

Wir stehen hier in ganz besonderem Maße vor der Aufgabe, den Artikel 20 des Grundgesetzes zu verwirklichen, wonach wir nicht nur ein demokratischer, sondern auch ein sozialer Rechtsstaat sein

---

* In Konstanz wurde der 27jährige Martin Katschker auf dem Marktplatz von einem Anwohner erschossen, der sich über das Äußere des jungen Mannes geärgert hatte.

wollen. Sozialer Rechtsstaat heißt in diesem Zusammenhang, daß unsere ganze Gesetzgebung und alle unsere öffentlichen Einrichtungen der Behinderten zu gedenken haben, wo immer etwas für den Bürger im allgemeinen getan wird.

Dieser Kongreß wird sich, wie ich annehme, mit den Erwartungen der Behinderten an Staat und Gesellschaft, insbesondere an die Gesetzgebung, genauer befassen. Sie haben dafür Ihre Erfahrungen und Ihre fachmännischen Kenntnisse anzubieten. Meine Frau und ich haben uns durch mehrfache Besuche von Heimen und Arbeitsstätten für Behinderte in etwa darüber unterrichten können, um welche Nöte es sich handelt. Sie darzustellen ist vornehmlich Aufgabe dieses Kongresses.

Im letzten Grunde geht es um unser aller Bewußtseinshaltung gegenüber behinderten Menschen. Hierzu muß ich in aller Offenheit aussprechen, daß ich manche Verhaltensweisen in unserer Gesellschaft erschreckend finde.

Ich denke z.B. an den Widerstand in einer Gemeinde gegen die Einrichtung eines Heimes für Behinderte in ihrem Bereich.* Anstatt dankbar für eine gute Gesundheit und volle Geisteskraft zu sein, anstatt diese Dankbarkeit in Hilfsbereitschaft auszudrücken, gibt es unter uns nicht wenige gesunde Menschen, die nicht nur das Denken an behinderte Menschen, sondern obendrein auch ihren Anblick verdrängen.

Eine Gesellschaft, die alte Menschen, kranke Menschen, behinderte Menschen aller Art nicht als natürlichen Teil ihrer selbst zu achten und zu behandeln weiß, spricht sich selbst das Urteil. Wer Menschen nur nach ihrem Nutzen beurteilt, tut einen ersten Schritt in die Abgründe der Vernichtung sogenannten lebensunwerten Lebens.

Nein – unsere grundsätzlich auf Leistung und Wettbewerb ausgerichtete Gesellschaft ist nur dann in Ordnung, wenn sie behinderten Minderheiten volle Achtung, volle Gemeinschaft und ein Höchstmaß an Eingliederung gewährt. Zu einer Behinderung in der

---

* Bewohner der bayerischen Gemeinde Aumühle setzten am 17. Oktober 1969 aus Protest gegen die Errichtung eines Heimes für geistig behinderte Kinder ein Nebengebäude der Anstalt in Brand.

Teilnahme am Wettbewerb darf dem Behinderten nicht auch noch der Schmerz hinzugefügt werden, daß er nicht recht brauchbar sei, daß er eine Last und eine Störung des Wohlbehagens seiner Mitmenschen sei.

I,299-301.

Unrechtmäßige Zahlungen an Dutschke?

Anfang Januar 1975 erklärte der CDU-Abgeordnete Pfeffermann, ihm seien Informationen zugegangen, wonach Heinemann während seiner Amtszeit als Bundespräsident dem ehemaligen Studentenführer Rudi Dutschke einen namhaften Betrag für Umzugskosten aus Mitteln des Bundespräsidialamts zur Verfügung gestellt habe. Pfeffermann richtete eine entsprechende Anfrage an die Bundesregierung. Heinemann ließ durch sein Büro sogleich mitteilen, es sei »kein Pfennig aus öffentlichen Mitteln« an Dutschke gezahlt worden, aber nur die Frankfurter Rundschau brachte diese Richtigstellung. Andere Zeitungen nahmen vielmehr Pfeffermanns Mitteilung auf (Bonner Rundschau: »CDU nimmt Heinemann ins Visier«.) Daraufhin schrieb Heinemann am 10.1.1975 an den Vorsitzenden der CDU/CSU-Bundestagsfraktion, Prof. Dr. Karl Carstens:

Ist es nicht auch in Ihrer Fraktion so, daß Anfragen eines Abgeordneten an die Regierung zuvor über einen Schreibtisch der Fraktionsführung gehen, – nicht gerade über Ihren persönlichen Schreibtisch, aber doch immerhin über den eines Ihrer Mitarbeiter? Ich meine jetzt die Anfrage Ihres Fraktionskollegen Pfeffermann an die Regierung. […]

Mir steht aus meiner über 20jährigen Tätigkeit bei den Rheinischen Stahlwerken in Essen eine monatliche Pension von 3.740,– DM zu. Auf diese Pension habe ich während meiner Amtszeit als Bundespräsident, also 5 Jahre lang, mit der Maßgabe verzichtet, daß sie an das Bundespräsidialamt zur Verfügung für soziale Zwecke gezahlt würde. Das ist so geschehen, insgesamt also in einer Höhe von rd. 224.600,– DM. Aus diesem Fonds wurden von Beamten des Präsidialamtes im Einvernehmen mit mir oder auch auf Einzelanweisung von mir Zahlungen in solchen Fällen geleistet, die in dem amtlichen, d.h. im Bundeshaushalt ausgewiesenen Sozialfonds nicht unterzubringen waren, aber doch einer Hilfe bedürftig erschienen. Aus den aus meiner Pension herrührenden Mitteln, also nicht aus öffentlichen Mitteln, wurden Umzugskosten an Rudi Dutschke mit Familie in Höhe von 3.000,- DM (nicht 5.000,- DM, wie Herr Pfeffermann zu wissen glaubt) gezahlt.

Ich halte es offen gestanden für eine miese Sache, mich heute für eine etliche Jahre zurückliegende einwandfreie Sache ohne jede vorherige Fühlungnahme mit mir öffentlich anprangern zu wollen!

Ich füge hinzu, daß ich auch weiterhin auf die Rheinstahlbezüge verzichtet habe. Sie werden im Einvernehmen mit Herrn Staatssekretär Frank so wie während meiner 5 Amtsjahre an das Bundespräsidialamt zu gleichen Zwecken überwiesen.

Teil 6: Freie und soziale Wirtschaft

Für eine gerechte Wirtschaftsordnung

Zur Landtagswahl hielt Heinemann, damals Oberbürgermeister von Essen, im April 1947 für die CDU eine Wahlrede, in der er grundlegende Ausführungen über die anzustrebende Wirtschaftsordnung machte.

In welcher Richtung kann ein Ausweg aus der Zerrüttung unserer Wirtschaftsordnung gefunden werden? Wollen wir zurückkehren zum privaten Kapitalismus? Auf diese Frage gibt es nur ein rundes Nein als Antwort! Eine Rückkehr zur privaten Gestaltung der wirtschaftlichen Spielregeln ist völlig indiskutabel. Auch eine politische Macht privater Wirtschaftskräfte darf es nicht mehr geben. Wollen wir andererseits fortschreiten auf dem Wege der Kollektivierung und Kommandierung unserer Wirtschaft? Auch auf diese Frage kann es nur ein rundes Nein als Antwort geben. Alle derartigen Versuche würden den endgültigen Tod der persönlichen Freiheit und jeglicher Initiative bedeuten. Sie würden die Vermassung besiegeln und durch den Triumph der Kollektivierung die Verarmung verewigen. Was ernstlich in Frage kommen kann, ist nur ein dritter Weg dergestalt, daß grundsätzlich, d.h. soweit wie möglich, die Marktwirtschaft wiederhergestellt wird und im übrigen für die Bezirke unserer Wirtschaft, die sich nicht nach marktwirtschaftlichen Regeln ordnen lassen, besondere Formen der Gemeinschaft entwickelt werden. [...]

Der wiederherzustellende Leistungswettbewerb wird [...] im Unterschied zur Vergangenheit an unabänderliche Regeln zu binden sein. Diese Regeln hat der Staat als öffentliche Ordnung festzusetzen und zu gewährleisten. Das Wesentliche hierbei ist die Garantie der Konkurrenz als Ansporn für die Erzeuger und Händler. Diese Konkurrenz darf nur auf der besseren Leistung beruhen. Ihre Beseitigung durch private Abmachungen, durch Kartelle und dergleichen muß unterbunden werden.

Ein weiteres wichtiges Stück der grundsätzlichen Wirtschaftsordnung ist die Wiederherstellung der Berufsfreiheit. Wir müssen endlich wieder dahin kommen, daß der junge Mensch seinen Lebensberuf selber bestimmen kann und daß jeder seinen Arbeitsplatz nach eigener Entscheidung wechseln darf, wenn er den alten leid geworden ist oder einmal andere Teile unseres Vaterlandes mit anderen Verhältnissen kennenlernen will. [...]

Die Marktwirtschaftsform kann aber nicht ausnahmslos gelten. Es gibt bestimmte Bezirke der Wirtschaft, in denen sie sich nicht anwenden läßt, weil die Voraussetzungen fehlen. Das ist überall dort der Fall, wo aus irgendwelchen Gründen ein Monopol oder ein Übergewicht bestimmter Betriebe besteht. Es sind das die Bezirke des Bergbaus mit dem natürlichen Monopol der Bodenschätze oder die Groß-Eisenindustrie oder die Betriebe der öffentlichen Versorgung. Es wäre ein Unsinn, etwa mehrere Straßenbahnen auf gleicher Strecke nebeneinander fahren zu lassen, um Konkurrenz herbeizuführen. In allen diesen Teilen der Wirtschaft kann nur eine gemeinsame Ordnung gelten.

Die kommunistische Partei will solche Betriebe in das Staatseigentum überführen. Diese Lösung lehnen wir ab. Die sozialdemokratische Partei spricht von Gemeineigentum, ohne ganz deutlich zu machen, wie es aussehen soll. [...]

Die Überführung der Macht monopolistischer Betriebe von einer Hand in eine andere Hand kann überhaupt nicht als die grundsätzliche Lösung angesehen werden. Die Union schlägt in ihrem Ahlener Wirtschaftsprogramm eine völlig andere Zielsetzung vor. Sie will nicht Machtverlagerung, sondern Machtauflösung. Nur auf diesem Wege wird die Kumulation von politischer und wirtschaftlicher Macht, die wir in der Vergangenheit so unheilvoll erfahren haben, wirklich vermieden werden.

Machtauflösung bedeutet im einzelnen vielerlei. Zunächst ist zu denken an eine Festlegung oberer Betriebsgrößen, sei es nach dem Kapital oder sei es nach der Zahl der Belegschaftsmitglieder. Nach dem heutigen Stand der Technik sind Großbetriebe schlechthin unvermeidbar; aber sie brauchen nicht ins Gigantische zu wachsen, und deshalb sollen obere Grenzen festgelegt werden. Das bedeutet mit anderen Worten die Förderung und Begünstigung der mittleren und kleineren Betriebe. Des weiteren ist in diesem Zusammenhang an die Auflösung der Konzerne und die Entflechtung zu denken. Es ist nicht notwendig, daß in demselben Unternehmen Bergbau, Eisenindustrie, Transport, Finanz, Handel usw. zusammengefaßt sind. Es ist vielmehr durchaus möglich und sinnvoll, die verschiedenen Unternehmenszweige in selbständige Unternehmungen umzuwandeln und damit die Großmacht der Konzerne durch Entflechtung zu brechen. In dieser Hinsicht bringt das Ahlener Programm ebenfalls bestimmte Vorschläge. Endlich soll nach diesem Programm an den verbleibenden Großbetrieben ein geteiltes Eigentum gelten. Ein geteiltes Eigentum derart, daß die private Hand daran immer nur in der Minderheit beteiligt sein darf, wobei ein einzelner Anteilseigner nicht über 10 Prozent des Kapitals hinauskommen soll. Die Mehrheit der Anteile an den verbleibenden Großbetrieben soll in öffentlichen Händen liegen. In öffentlichen Händen heißt, daß auch hier keine Zusammenballung, sondern eine Verteilung auf mehrere Partner stattfinden soll, z.B. nebeneinander auf den Staat, die Gemeinden, Genossenschaften, Gewerkschaften usw. Diese Dinge im einzelnen zu entwickeln, muß noch Aufgabe weiterer Erörterungen sein.

III,64-67.

Die Sozialdemokratie: eine soziale Volkspartei

Über den »programmatischen Wandel der SPD« faßte Heinemann am 13.12.1957 in der »Gesamtdeutschen Rundschau« seine Reflexionen in folgendem Absatz zusammen:

Die Sozialdemokratie war ein Aufbruch in unserem Volk gegen Elend und Ungerechtigkeit. Gegen den Widerstand von Staat, Kirche und Gesellschaft brach sie mit dem Opfermut und Einsatz der Namenlosen den Weg zum sozialen Volksstaat. Das hat ihr Gesicht und ihr Gehabe geprägt. Sie steht heute vor der Aufgabe, sich im Rahmen einer freiheitlichen Demokratie zu einer mehrheitsfähigen breiten Volkspartei zu entwickeln, in der sich traditionelle und neue Gruppen miteinander verbinden. Ein Stück solcher neuen Verbindung ist insbesondere die bei der letzten Wahl in einer für frühere Vorstellungen erstaunlichen Breite vollzogene Überwindung des alten Gegensatzes von Sozialdemokratie und evangelischer Kirche. Sie zu vertiefen und fruchtbar zu machen, ist beiden Seiten aufgetragen.

III,261.

Das Ahlener Programm – eine Jugendsünde?

Als Bundestagsmitglied der SPD beklagte Heinemann im SPD-Pressedienst am 7.1.1959 die Abkehr der CDU von ursprünglichen Zielsetzungen in einem Artikel »Der soziale Verrat der CDU«.

Es gab eine Zeit, da der im vergangenen Jahr so früh verstorbene Karl Arnold und seine engeren Freunde vom gewerkschaftlichen Flügel der CDU das Ahlener Programm ihrer Partei als das Programm der sozialen Befriedung unseres Volkes und seiner inneren Sicherheit in der Auseinandersetzung mit dem Kommunismus priesen. Dieses Programm ist nie verwirklicht worden, und die *CDU-Führung* will heute nicht einmal mehr etwas von ihm wissen.

Auf dem Hamburger Parteitag der CDU 1957 erklärte der Nachfolger im Amt des Düsseldorfer Ministerpräsidenten, Dr. Meyers, das Ahlener Programm habe die Sozialisierung verhindern sollen und in diesem Sinne seinen Zweck erfüllt. Schamloser ist wohl niemals offenbart worden, daß man eigene Parteifreunde und Wähler nicht nur *ent*täuscht, sondern sogar *ge*täuscht hat. Den Spott aber fügt der Düsseldorfer *Industrie-Kurier* hinzu, der das Ahlener Programm schlicht und einfach eine »Jugendsünde« der CDU nennt. Diese Jugendsünde war immerhin einmal das große Panier, mit dem die CDU ihren Weg begann. [...]

Der große Wiederaufbau der letzen zehn Jahre ist von Millionen von Arbeitskräften geleistet worden, aber eigentumsmäßig vornehmlich den Sachwertbesitzern zugute gekommen, die den Stand der Entwicklung täglich an den Börsenkursen ablesen können und den vielgerühmten Lastenausgleich zugunsten der Kriegsgeschädigten aller Art bis 1979 – nebenbei nach den niedrigen Werten von 1948 – sozusagen über Betriebsunkosten abwickeln. An die Stelle einer Kontrolle der Macht ist, wie Johannes Albers als langjähriger Weggenosse von Karl Arnold in den Christlich-Demokratischen *Blättern der Arbeit* (1958, 190) feststellt, wieder die Tendenz der Machtkonzentration getreten.

»Jugendsünde« der CDU? Nein, ein schmählicher Verrat an den sozialen Proklamationen der CDU hat sich hier abgespielt. Es nutzt nichts, daß Johannes Albers und seine Freunde in den Sozialausschüssen der CDU heute rufen: »Wir stehen im Wort!« Sie werden ihr Wort nicht mehr einlösen können. Das Ahlener Programm ist sachlich längst überspielt und obendrein auf dem Parteitag in Hamburg 1957 vom Tische gewischt worden. Will man sich angesichts dessen heute immer noch darüber wundern, daß die SPD es von Anfang an sehr skeptisch beurteilte?

III,228-230.

Der Bolschewismus als Zuchtrute zur Besserung unserer sozialen Ordnung

Nach einem Vortrag des religiös-sozialen Pfarrers Aurel von Jüchen reagierte Heinemann in einem Brief vom 4.4.1961 auf dessen Aufruf, den leninistischen Weltrevolutionsabsichten mit der Atombombe als Druckmittel mit Mißtrauen zu begegnen:

Für meine Sicht wären die Basisvorstellungen der Bolschewiki von ihren Basiserfahrungen her zu beleuchten, von der Erfahrung nämlich, daß Systeme der sozialen Ungerechtigkeit in aller Geschichte weder durch Predigt noch durch Agitation, sondern nur durch Umsturz aufgelöst worden sind. Spartakus wurde eh und je ans Kreuz genagelt. Nirgendwo traten Ausbeuter freiwillig ab. Insbesondere die Geschichte der russischen Bauernaufstände ist eine Geschichte brutalster Niederknüppelung der Ausgebeuteten. Am Schlimmsten war es jedesmal, wenn Thron und Altar gemeinsame Nutznießer der Ungerechtigkeit waren. […]

Wundern wir uns, daß Lenin daraus die Lehre zieht und das abgrundtiefe Mißtrauen der Unteren gegen die Oberen predigt? Wundern wir uns wirklich, die wir ja auch heute in der Bundesrepublik wieder erleben, wie alle Vorsätze von 1945 verraten worden sind und wie die Kirche wieder im restaurativen Fahrwasser schwimmt, weil es so ertragreich an Positionen, an Geld, an Orden und an »Ansehen« ist?

Durch bürgerliches Mißtrauen wird Lenin nicht widerlegt, sondern nur bestätigt. Das bürgerliche Mißtrauen ist nur das gute Gewissen für die Fortsetzung unguter Wege und die Verteidigung eigennütziger Positionen, wenn es nicht endlich von dem Bewußtsein begleitet wird, daß etwas *getan* werden muß! [...]

Was wäre die Therapie? Ich meine, daß der Bolschewismus die Zuchtrute zur Besserung der sozialen Ordnungen, zur Beendigung allen Kolonialismus, zur Hinausweisung aller Geldwechsler aus den Tempeln ist. *Das* in der Bundesrepublik und anderwärts zu sagen erscheint mir notwendiger als das Gebot des Mißtrauens gegenüber denen, die ja ohnehin abgeschrieben und verworfen sind und sich nur mit ihrem Mißtrauen gegen uns die Rechtfertigung für den Zirkel der schrecklichen Taten verschaffen können.

Eben weil ich nicht geneigt bin, die westlichen Krankheiten durch eine bolschewistische Arznei zu heilen, die ich für schlimmer als die Krankheit halte, bestehe ich darauf, daß die westlichen Krankheiten gründlich angefaßt werden müssen.

III,184f.

Sorge für die Umwelt

Schon 1956 hatte Heinemann »die in vielen Industriestädten nachgerade unerträgliche Verunreinigung von Luft und Wasser durch Flugasche, Abgase, Gifte und andere Fremdstoffe« und auch »den Lärm allerorten« beklagt. Als Bundespräsident warnte er bei der Vierten Internationalen Arbeitstagung der Industriegewerkschaft Metall am 11.4.1972 in Oberhausen vor katastrophalen Folgen der Umweltzerstörung.

Wir stehen inmitten stürmischer industrieller Revolution und steigenden zivilisatorischen Wohlstands in freilich nur begrenzten Bezirken unserer Welt. Der Kongreß ruft zu einer Besinnung darüber, ob wir auf richtigen Wegen sind. Was wird das für ein Leben sein, wenn wir so weitermachen wie bisher? Haben wir insbesondere nicht viel zu lange manche Kosten unseres Wohlstandes in den Industrieländern auf die Umwelt abgewälzt, in der wir nun zu ersticken drohen? Haben wir nicht viel zu optimistisch, ja geradezu leichtsinnig manches nur als Fortschritt angesehen, was seine schweren Schattenseiten hat?

Die Qualität unseres Lebens in allen ihren Bezügen steht hier zur überprüfenden Erörterung.

Heute stehen wir vor gewaltigen technischen und finanziellen Anforderungen, wenn wir die Folgen vieler Versäumnisse in der Vergangenheit in den Griff bekommen wollen. Darüber hinaus müssen wir uns heute der Frage stellen, ob die Erde nicht in einen katastrophalen Zustand geraten wird, wenn die Bevölkerungsexplosion anhält und die Menschheit die nicht vermehrbaren Naturschätze in steigender Beschleunigung so in Anspruch nimmt, wie sie es zu tun im Begriffe ist?

Das Tempo, das die unsere Luft, das Wasser und die Erde verseuchenden Einflüsse sowie der Abbau lebenswichtiger Rohstoffe angenommen hat, ist erschreckend.

Dieser Kongreß ist nicht der erste Aufruf zur Besinnung. Ich erinnere nur daran, wie gerade hier im volk- und industriereichsten Land der Bundesrepublik Deutschland der heutige Bundeskanzler vor mehr als zehn Jahren forderte, der Himmel über der Ruhr müsse wieder blau werden. Er wurde damals verlacht. Oder denken Sie daran, wie lange man sich bei uns den Anforderungen unserer Zeit entziehen zu können glaubte, indem man ständig das Wort wiederholte: keine Experimente!

Die junge Generation kritisiert mit Recht das Ausmaß unserer Gedankenlosigkeiten. Es ist an der Zeit, deutlich zu machen und auszusprechen, daß sich niemand – ich wiederhole: niemand – der durchgreifenden Überprüfung unserer Lebensgrundlagen und unserer Wertvorstellungen mehr entziehen kann. Alle Politiker, in welchem Land und auf welcher Ebene auch immer sie tätig sein mögen, die Wissenschaftler, die Pädagogen, die Unternehmer, die Landwirte, die Hausfrauen und mit ihnen allen zusammen die unsere materiellen Werte in vielfältiger Weise erzeugenden Arbeiter – sie alle sind gefordert!

Gefordert sein heißt nicht nur, sich den gebotenen Einsichten öffnen, sondern auch mitzutragen, was an eingreifenden Maßnahmen unumgänglich werden wird. Um der Zukunft derer willen, die unsere Kinder und Enkel sind, müssen wir alle bereit sein anzuhalten und, wo nötig, zurückzustecken. Lebensführung und Lebensstandard der Industrievölker im ganzen können fragwürdig werden. Um so mehr wird davon abhängen, daß gegebenenfalls auch die großen Organisationen der Berufe und Stände in unseren offenen Gesellschaften bei aller Wahrung natürlicher Interessen sich dem Notwendigen nicht entziehen.

Nur wenn die Verantwortlichen von breiter Zustimmung getragen werden, kann es gelingen, die Widerstände gegen Änderungen zu überwinden.

Ich stelle mir vor, daß der Kongreß dazu in doppelter Weise beitragen kann.

Es wird einmal darum gehen, die Tatsachen überzeugend auszusprechen, also deutlich zu machen, was ist und was werden wird, wenn wir unsere bisherigen Wege weitergehen. Das ist eine Frage an die gewissenhafte Aufarbeitung aller verfügbaren Erkenntnisse.

Zum anderen wird es darum gehen auszusprechen, welche Änderungen unseres Handelns geboten erscheinen. Das wird in aller Offenheit und Bereitschaft zur Selbstkritik geschehen müssen. Hier darf es keine »heiligen Kühe« geben.

Je einfacher, je klarer alles gesagt wird, um so hilfreicher wird es für uns alle sein.

Ich schließe mit der Erinnerung an die uralte biblische Schöpfungsgeschichte. Dort heißt es: »Und Gott segnete die Menschen und sprach zu ihnen: seid fruchtbar und mehret euch, und füllet die Erde, und macht sie euch untertan, und herrschet über die Fische im Meer und die Vögel unter dem Himmel, über das Vieh und alle Tiere, die auf der Erde sich regen.« (1. Buch Mose 1,28)

Gott hat also *nicht* gesagt, der Mensch solle die Erde ausbeuten. Er hat uns die Erde anvertraut, und wir haben die Pflicht, sie pfleglich zu behandeln, auf daß sie die Lebensgrundlage auch derer bleibe, die nach uns kommen.

Menschengeist und Tatkraft haben die Elemente freigemacht. Menschengeist und Tatkraft können sie bändigen.

I,246-248.

Revolution im wirtschaftlichen und technischen Denken nötig

In einer Ansprache vor den Mitgliedern der Friedensklasse des Ordens pour le mérite für Wissenschaft und Künste sagte Heinemann am 31.5.1972 in Bonn:

Wir sind im Begriff, im kommenden Jahrhundert, also nicht irgendwann, sondern in 40 oder 50 Jahren, in eine Weltkatastrophe hineinzutaumeln, wenn wir nicht bereit sind, jetzt und heute eine völlige Revolution im wirtschaftlichen und technischen Denken oder Planen einzuleiten. Es geht um nichts Geringeres, als radikal mit Wertmaßstäben zu brechen, die spätestens seit der Industrialisierung allzu uneingeschränkt den wirtschaftlichen und technischen Ablauf bestimmt haben.

Wenn wir fortfahren, alle Planungen und Entwicklungen nur unter dem Gesichtspunkt gegenwärtiger Wirtschaftlichkeit zu prüfen, werden Umweltschäden und Erschöpfung der Natur sich zur tödlichen Bedrohung für unsere Kinder und Enkel auswachsen. Jetzt und hier gilt es daher, Alarm zu schlagen, damit niemand den Ernst der Lage verkennt.

Wer weiß, wie schwer es ist, Denkweisen und Wertvorstellungen zu ändern, vor allem dann, wenn diese in enger Beziehung zum geheiligten Gewinn und dem allgemeinen Wohlstand stehen, wird sich klar sein, was hier in verhältnismäßig kurzer Zeit bewältigt werden muß.

Das gilt zumal dann, wenn an eine Weltdiktatur, der alle Vollmachten zu übergeben wären, von vornherein nicht zu denken ist. Wir sind vielmehr auf den schweren Weg gewiesen, um Einsicht bei einzelnen und Gruppen ringen zu müssen. Ich meine, hier können Sie helfen.

I,285f.

Notwendigkeit von Entwicklungspolitik

Auf der ersten Veranstaltung des Forums für Entwicklungspolitik, das am 23.10.1970 in Bonn zusammentrat, betonte Heinemann die Bedeutung wirksamer Schritte in der Entwicklungspolitik.

Statistiken [...] besagen, daß in den Jahren 1961 bis 1970 die Entwicklungsländer ein wirtschaftliches Wachstum von durchschnittlich fast 5 Prozent pro Jahr erreicht haben. Dieses Ergebnis kann sich sehen lassen. Seine Auswirkungen werden aber dadurch wesentlich eingeschränkt, daß in diesen Ländern die Bevölkerung im gleichen Zeitraum abermals zwischen 2 ½ Prozent und 3 ½ Prozent jährlich gewachsen ist. [...]

Um welche Ausmaße es geht, wenn den Menschen in Asien, Afrika und Lateinamerika wirklich geholfen werden soll, mag eine einzige Zahl verdeutlichen. Allein 300 Millionen Arbeitsplätze müssen bis 1980 geschaffen werden, wenn das große Gefälle zwischen den reichen und armen Ländern spürbar verringert werden soll.

Aufgaben solcher Art sind mit überkommenen Methoden nicht zu bewältigen. Es gibt in der Geschichte kein Beispiel dafür, was alles zu tun ist, um in verhältnismäßig kurzer Zeit das Verlangen von Hunderten Millionen von Menschen nach Ausbildung, sozialer Sicherheit und lohnender Erwerbstätigkeit zu erfüllen.

Die Regierungen allein stehen hier vor unlösbaren Problemen. Nicht nur die Entwicklungsländer draußen kommen ohne aktive Mitarbeit ihrer Bevölkerung nicht aus; wenn die Industrienationen hier wirksam helfen wollen, sind auch sie auf die Einsicht und die Mitarbeit ihrer Bürger angewiesen.

Eine Politik, die sich am Wohl der Weltgesellschaft ausrichtet, kann zumindest zeitweise in Widerspruch zu nationalen Interessen geraten. Dieser Widerspruch ist nur dann durchzustehen, wenn auch Entscheidungen zu Lasten eigener Interessen von einer breiten Schicht der Bürger verstanden, bejaht und getragen werden. Der solidarische Auftrag der Entwicklungspolitik muß ein so hohes Ansehen gewinnen, daß private Bedenken kein unüberwindliches Hindernis für ihre Verwirklichung sind.

Entwicklungshilfe braucht darum Menschen und Einrichtungen, die bereit sind, ihr Können und ihre Erfahrungen in ihren Dienst zu stellen. Sie verlangt nach Einfällen und neuen Arbeitsweisen, wenn ein Durchbruch nach vorn gelingen soll. [...]

Die Zeit drängt angesichts der Nöte, die schon jetzt manchmal unauflösbar erscheinen mögen. Nur mit viel Phantasie, mit großer persönlicher Beteiligung und mit herzhaftem Mut wird es möglich sein, unsere Welt vor Abgründen des Hungers und dem Chaos zu bewahren.

I,243-245.

Freie Unternehmer in einer sozialen Marktwirtschaft

Vor dem Bundesverband junger Unternehmer umriß Heinemann am 19.10.1973 in Augsburg die Rolle einsichtiger Unternehmer innerhalb eines sozialen Rechtsstaats.

Es ist vielfach Mode geworden, den Unternehmer von heute zum Sündenbock jeder möglichen Unbill zu machen. Gelegentlich wird dem selbständigen Unternehmer sogar jegliche Existenzberechtigung abgesprochen.

Nun habe ich noch nie etwas von Pauschalurteilen gehalten. Wir brauchen hier nicht durchzuspielen, was geschehen würde, wenn wir in unserer Gesellschaft keine selbständigen Unternehmer hätten.

Der Anschauungsunterricht aus den Staaten mit kommunistischem Gesellschafts- und Wirtschaftsbild zeigt zur Genüge, wie der einzelne Bürger leidet und die ganze Gesellschaft nicht recht vorankommt, das Originelle verkümmert, wenn die Unternehmungslust, die Freiheit zum selbständigen Handeln – von der Freiheit zur Berufswahl über die Konsum- und Investitionsfreiheit bis zur Reisefreiheit – von einer zentral gesteuerten Staatswirtschaft erstickt wird. Mangelnde Dienstleistungen und ein eingeengtes Leben sind die zwangsläufigen Folgen.

Unsere soziale Marktwirtschaft gewährt demgegenüber ein Höchstmaß an wirtschaftlicher Bewegungsfreiheit und damit Mut zu neuen Taten, geistig wie materiell. Wenn wir diesen unseren fruchtbaren Freiheitsraum behalten wollen, dann gehört dazu auch die Freiheit des Unternehmers. Ich denke hierbei bewußt nicht nur an die Unternehmer der Wirtschaft, sondern an die gesellschaftliche Aufgabe – unternehmerische Tatkraft auf allen Lebensgebieten zu fördern.

Die soziale Marktwirtschaft hat ihre Spielregeln. Sie erlaubt Gewinnstreben, bindet es aber an Leistungswettbewerb. Wo sich Unternehmer dem Leistungswettbewerb durch Abreden, durch Kartelle, entziehen, graben sie selbst das Grab der Marktwirtschaft. In dieser Beziehung ist bei uns viel gesündigt worden, seitdem das Reichsgericht in den 90er Jahren des vorigen Jahrhunderts den Grundsatz der Vertragsfreiheit auch für Kartellabreden gelten ließ und damit das Wesen der Marktwirtschaft gründlich verkannte. Leider hat sich die Unternehmerschaft diesen kapitalen Fehler unverständiger Juristen arg zunutze gemacht und versucht es auch heute immer wieder.

Eine andere wesentliche Spielregel der Marktwirtschaft heißt Vermögensverlust und Konkurs für den Unternehmer, der falsch gerechnet hat. Es ist mißlich, wenn nach der öffentlichen Hand, nach dem Steuerzahler, gerufen wird, der eine Pleite auffangen soll. Freilich: wo die Fehler eines Unternehmers nicht nur ihn, sondern auch Arbeitnehmer in ihren Arbeitsplätzen treffen, wird die öffentliche Hand nicht immer ruhig zusehen können. Mit anderen Worten: Es kann die Marktwirtschaft an Grenzen kommen. Eine andere Grenze zeichnet sich in der Krise der Parole vom Wachstum der Produktion um jeden Preis ab.

Die Verleihung des Friedenspreises des Deutschen Buchhandels am vergangenen Sonntag in der Paulskirche an den Club of Rome hat diese Krise eindrucksvoll unterstrichen. Es ist hohe Zeit, daß uns die Grenzen des Wachstums bewußt werden und daß insbesondere die Unternehmer ihre Entschlüsse nicht nur am Gewinn ausrichten, sondern entscheidend auch am Gesamtinteresse der Gesellschaft. Sie wissen, daß von einer Steuerung der Investitionen gesprochen wird oder von weniger schnell verschleißbaren Gütern oder von Begrenzungen des Mülls aus Verpackungen und Einweggefäßen. Ich kann das hier nur andeuten.

Im übrigen sollten wir nicht vergessen, daß die Marktwirtschaft weder als solche noch in ihrer derzeitigen Ordnung durch das Grundgesetz festgeschrieben ist. Andere Wirtschaftsformen oder Eingriffe in die Marktwirtschaft können nicht mit dem Grundgesetz abgewehrt werden, sondern nur durch den ständigen Erweis überlegener und am Gesamtinteresse der Gesellschaft ausgerichteter Leistung der Unternehmer.

Ein verhältnismäßig neues Thema ergibt sich aus den Problemen der Mitbestimmung von Arbeitnehmern in den Betrieben und in der Wirtschaft. Sie untersuchen zum Beispiel in Ihren Arbeitsgemeinschaften, wie in Zeiten des raschen technischen Fortschritts auch im Unternehmen dafür gesorgt werden kann, daß wir als menschliche Gemeinschaft bestehen können.

Nun wird gelegentlich gesagt, das Thema Mitbestimmung könne nur unter diesem Gesichtspunkt betrachtet werden. Dies ist ein Irrtum, der schon dadurch deutlich wird, daß heute in allen demokratischen Parteien darüber diskutiert wird, ob und wie die Gleichberechtigung von Kapital und Arbeit durch eine erweiterte Mitbestimmung erreicht werden kann.

Dieser Auseinandersetzung können auch Sie sich als selbständige Unternehmer nicht entziehen. Dabei geht es meines Erachtens durchaus nicht nur um die Frage, wer Macht abgeben soll oder Macht gewinnen wird. Es geht in einem größeren Zusammenhang um die Weiterentwicklung unseres demokratischen Gemeinwesens.

Ich äußere mich nicht zu den einzelnen Mitbestimmungsmodellen, die öffentlich erörtert werden. Mit Ihnen bin ich aber wohl einer Meinung, daß eine wie auch immer geartete Mitbestimmung Beweglichkeit und Initiative des Unternehmens nicht ersticken darf. Das liegt im gemeinsamen Interesse der Kapitalseite wie der Arbeitnehmer.

In Fragen des Umweltschutzes – um ein weiteres Thema Ihrer vielfältigen Überlegungen und Sorgen anzusprechen – wiederhole ich, daß der Verursacher von Umweltschäden zu deren Behebung herangezogen werden muß. Dieser Grundsatz ist nicht nur für Unternehmer gültig. Er gilt für uns alle!

Eine andere, Sie möglicherweise schreckende Aussprache hat um das Thema Eigentum eingesetzt. Unser Grundgesetz gewährleistet das Recht auf Eigentum, sagt aber in Artikel 14 Abs. 2 zugleich »Eigentum verpflichtet. Sein Gebrauch soll zugleich dem Wohle der Allgemeinheit dienen.«

Wie sehr dieser Grundgesetzartikel viele Bürger bewegt, zeigen nicht zuletzt die Stellungnahmen auch der beiden großen Kirchen unseres Landes. So unterscheiden wir heute zwischen Eigentum, das vermehrt werden kann, und solchem Eigentum, das nur begrenzt verfügbar ist, aber der Allgemeinheit nutzbar gemacht werden muß. Dazu gehören der Grund und Boden, das Wasser und die Bodenschätze.

Sie werden also nicht umhinkönnen, auch dieses Thema zu bedenken. Unabhängig jedoch davon, wie Sie als Gruppe oder als einzelne die damit im Zusammenhang stehenden Fragen beurteilen mögen, werden wir alle gemeinsam eine Antwort finden müssen, die beides miteinander verbindet: Das vorhin genannte Gebot des Grundgesetzes und das berechtigte Bestreben jedes Bürgers, Eigentum zu besitzen und zu bewahren, das ebenfalls durch das Grundgesetz gewährleistet ist.

Dank unserer politisch wachen Gesellschaft erkennen wir in wachsendem Maße Zusammenhänge, die vor zehn, zwanzig, dreißig Jahren nur von wenigen gesehen wurden. Daher kommt – nicht nur bei Unternehmern – überall ein Gefühl des Überfordertwerdens hoch. Das kann bei manchen Menschen dazu führen, daß sie ins Abseits gehen.

Die Aufgaben, die Ihnen heute gestellt werden, sind in der Tat viel weitgefächerter und verschlungener, als sie es vor ein oder zwei Generationen waren. Heute genügt es nicht mehr, kurzsichtig auf die alleinige Richtschnur der Gewinnsteigerung zu starren. Wer heute bestehen will und langfristigen Erfolg sucht, der muß viele Wege gleichzeitig erschließen, um zum Ziel eines Unternehmens zu kommen, das sich behauptet und zugleich einen positiven Beitrag für die Gesellschaft leistet. Nur wer sich als Unternehmer die Übersicht über die vielfältigen Faktoren und Rücksichtnahmen verschafft, erspart sich und seinen Mitarbeitern den Schritt in unlösbare Spannungen.

Es erscheint mir notwendig, daß Sie erkennen: Einengungen Ihrer Wirkungsmöglichkeiten werden nicht um ihrer selbst willen von einem uneinsichtigen Staat gesetzt, der kein Verständnis für Unternehmer hat. Es geht Ihnen nicht viel anders als zum Beispiel den Autofahrern: noch vor 40 bis 50 Jahren konnte sich jeder stillvergnügt auf den mehr oder minder guten Straßen in deutschen Landen ungehemmt bewegen. Heute leben wir so dicht aufeinander und haben so viele Autos, daß notwendigerweise vom Staat einengende Regeln gesetzt werden müssen. Da gibt es Geschwindigkeitsbegrenzungen, geldschluckende Parkuhren, Alkoholkontrollen und Lastwagenverbote an bestimmten Tagen.

Mit diesem vielleicht etwas einfachen Vergleich will ich ausdrücken, daß ich durchaus die Schwierigkeiten sehe, denen unternehmerische Tätigkeit heute durch immer dichter werdende Rahmenbedingungen ausgesetzt ist. Auf der anderen Seite wachsen damit aber auch die Herausforderungen für schöpferische unternehmerische Aktivität. Immer wieder muß der Staat bemüht sein, Unternehmungslust nicht zu ersticken; auf der anderen Seite aber muß er Schäden verhüten helfen.

Der Unternehmer hat seit jeher nicht nur in seinem Betriebe Macht ausgeübt. Auch in der Gesellschaft kann er, wenn er will, Macht ausüben. Diese Macht bedarf der politischen Kontrolle im bürgerlichen Verfassungsstaat. Der bürgerliche Verfassungsstaat hat sich im Gegensatz zur absoluten Monarchie nie auf die Güte des Herrschenden und auf die Weisheit der Väter verlassen, sondern auf die Sicherung der Rechte und Pflichten durch Institutionen, durch Verfassung, durch Normen. Deshalb gilt es, daß der Gesetzgeber die Normen setzt, die sozialen ebenso wie die wirtschaftlichen und politischen, in denen sich unternehmerische Begabung entfalten kann. Es bedarf der Regelungen durch den Staat, auf daß der Unternehmer möglichst Gutes bewirke.

In Ihren Reihen wird gelegentlich darüber geklagt, daß die Politik – und damit meinen Sie wohl vornehmlich die Wirtschafts- und Steuerpolitik – zuwenig auf den selbständigen Unternehmer Rücksicht nimmt und auf dessen Vorschläge zur Bewältigung von Wirtschaftsproblemen eingeht.

Solche Beschwerden werden auch mir vorgetragen. Ich habe hierfür keine Patentantwort. Aber ich wiederhole Ihnen gegenüber, was ich auch anderen Gesprächspartnern gesagt habe: Schalten Sie sich ein in die Politik. Bleiben Sie nicht in der Auseinandersetzung in Ihren Verbänden hängen, sondern melden sie sich dort zu Wort, wo über die Interessen einzelner Verbände hinaus Politik für die Allgemeinheit gemacht wird. Ich weiß, daß dies beschwerlich ist; ich habe es in meinem langen Leben am eigenen Leibe erfahren. Der demokratische Staat kann nur dann gedeihen, wenn sich in den demokratischen Parteien diejenigen Kräfte regen, die einen Beitrag zur Überwindung von Schwierigkeiten mit Sachverstand und dem Blick über den Horizont ihrer eigenen Arbeit und ihrer eigenen Interessen hinaus leisten können.

Zwischen Politikern und Unternehmern gibt es Gemeinsamkeiten. Beide sollen schöpferisch tätig sein. Beide bedürfen der institutionellen Einhegung durch das Recht, bedürfen der Legitimität und der Legalität, um nicht zerstörend zu wirken. Beide brauchen Augenmaß, Ausdauer und soziales Verantwortungsbewußtsein. Jede Gesellschaft braucht solche Kräfte, aber keine Gesellschaft darf ihnen ungeschützt ausgesetzt werden.

Setzen Sie also auch weiterhin wie bisher Ihre Tatkraft und Ihre Aufgeschlossenheit in die Lösung der großen Aufgabe, die vor uns *allen* steht: Die Erhaltung des freiheitlichen Lebensraumes in einer Welt, die allzuoft vergißt, daß sie von großen gemeinsamen Gefahren bedroht ist, die nur durch gemeinsame Anstrengung bewältigt werden können.

I,228-233.

Sozialverpflichtung des Eigentums

Auf der 16. Hauptversammlung des Deutschen Städtetages forderte Heinemann am 26.5.1971 in München, durch Gesetze Grenzen des Bodeneigentums zu bestimmen.

Meine Damen und Herren, wir sind glücklich darüber, daß wir in einem Rechtsstaat leben. Seine Kernstücke sind seit langem eingewurzelt. Dazu gehören die Trennung der Gewalten, die Gesetzmäßigkeit der Verwaltung, die Unabhängigkeit der Justiz und Offenheit des Rechtsweges. Nach der nationalsozialistischen Verwüstung ist der Rechtsstaat durch Gewährleistung von Grundrechten und durch das Hinzutreten des Bundesverfassungsgerichts verbessert wiederhergestellt worden. Er ist bei uns jetzt so vervollkommnet, daß man bereits von einem Rechtswegstaat spricht, der einige Abläufe zu sehr behindere.

Auf der anderen Seite aber ist das zweite Grundprinzip unserer Verfassung, nämlich die Sozialstaatlichkeit, offensichtlich arg im Rückstand.

Freilich, den Rechtsstaat konnte die Verfassung selber setzen. Seine Ausgestaltung im einzelnen ist längst geläufige wissenschaftliche und gesetzgeberische Bemühung.

Das Sozialstaatsprinzip dagegen ist ein allgemein gehaltener, also von der Verfassung noch nicht selbst wahrgenommener, sondern an den Gesetzgeber weitergegebener Auftrag. Dieser Auftrag muß als eine ständig aus der Verfassung nach Verwirklichung rufende Verpflichtung empfunden werden. Das aber hat sich bislang in unserem Bewußtsein weitgehend noch nicht durchgesetzt.

Eine der Quellen städtischer Nöte ist [...] die Bodenspekulation. Wenn wir ihrer nicht Herr werden, fahren wir uns hoffnungslos fest.

Wann endlich lesen wir laut und deutlich, daß Artikel 14 des Grundgesetzes das Eigentum nicht lediglich gewährleistet, sondern auch von der Möglichkeit spricht, seinen Inhalt und seine Schranken durch die Gesetze zu bestimmen?

Wann endlich lesen wir laut und deutlich aus Artikel 14 des Grundgesetzes, daß jedes Eigentum verpflichtet und sein Gebrauch zugleich dem Wohle der Allgemeinheit Rechnung tragen soll?

Wann endlich erfüllt der Gesetzgeber bei dem Bodenrecht – um für den Augenblick nur davon zu sprechen – seine verfassungsmäßige Pflicht?

Auch die dritte Gewalt, die Justiz, ist hier gerufen. Freilich kann und soll sie nicht an die Stelle des Gesetzgebers treten und etwa allgemeine Rechtssätze aus dem Sozialstaatsprinzip herleiten. Wohl aber kann und soll die Justiz im Einzelfall auch prüfen, ob ein Eigentümer sich dem vollen Inhalt von Artikel 14 des Grundgesetzes entsprechend verhält. Aus dem Bundesverfassungsgericht ist die Stimme eines seiner Mitglieder, des Richters Professor Dr. Leibholz, laut geworden, daß auch das Bundesverfassungsgericht das Verhalten eines Eigentümers auf seine Übereinstimmung mit dem Sozialstaatsprinzip überprüfen könne. Möchte es nur recht bald einmal dazu kommen, wenn der Gesetzgeber weiter so im Rückstand bleibt wie bisher.

Meine Damen und Herren, es gibt mancherlei Minderheiten unter uns. Einige von ihnen können in unserer auf Leistung, d.h. auf einen persönlichen Beitrag zum allgemeinen Wohlstand ausgerichteten Gesellschaft nicht Schritt halten, weil sie körperlich oder geistig behindert sind, ihnen schuldet die Gesellschaft eine Hilfe zum Ausgleich ihrer Behinderung. Es gibt eine andere Minderheit unter uns, der ohne Leistung große und größte Vermögen zufallen, weil sie Bodeneigentum besitzt, das die städtische Gesellschaft in steigender Dringlichkeit benötigt, ohne es vermehren zu können. Diese schulden ihrerseits der Gesellschaft den Beitrag aus ihrem Eigentum, den Artikel 14 des Grundgesetzes beschreibt.

Dieses deutlich auszusprechen, sei mein Beitrag zu dieser Tagung.

Ich schließe mit zwei Sätzen aus einer Entscheidung des Bundesverfassungsgerichtes aus dem Jahre 1966:

»Die Tatsache, daß der Grund und Boden unvermehrbar und unentbehrlich ist, verbietet es, seine Nutzung dem unübersehbaren Spiel der freien Kräfte und dem Belieben des einzelnen vollständig zu überlassen; eine gerechte Rechts- und Gesellschaftsordnung zwingt vielmehr dazu, die Interessen der Allgemeinheit beim Boden in weit stärkerem Maße zur Geltung zu bringen als bei anderen Vermögensgütern« (vgl. Bverf.G E21, 72 ff. [82]).

I,288-290.

Kritik an der Entwicklung des öffentlichen Dienstes

In einem Gespräch mit dem SPIEGEL formulierte Heinemann Ende 1974 pointiert Kritik an der Mentalität vieler Angehöriger des öffentlichen Dienstes.

Meine Sorge gegenüber der Entwicklung des öffentlichen Dienstes beruht vornehmlich darauf, daß sich Interessenverquickungen ergeben haben, die jede Reform, jede Besserung außerordentlich erschweren. […] Fast die Hälfte der Mitglieder von Parlamenten gehört dem öffentlichen Dienst an. Wenn nun durch die Interessenorganisation Forderungen auf Erhöhung von Bezügen oder auf sonstige Verbesserungen für die öffentlich Bediensteten vertreten werden, kann man von denen, die drin sind, nicht genügend Widerstand erwarten, weil sie ja selbst von dem Erfolg derer, die draußen drücken, Nutzen haben. […]

Mich hat die rapide Herabsetzung der Arbeitszeit wirklich tief getroffen und geärgert, muß ich schon sagen. Wir können die Bildungsplanung nicht finanzieren, wir können den Strafvollzug, so wie er vom Bundesjustizministerium gedacht ist, nicht finanzieren. Wir können alles Mögliche nicht finanzieren. Gleichzeitig gehen wir mit der Arbeitszeit jetzt auf 40 Stunden herunter. Das widerspricht sich eklatant. […]

Der Beamte ist unkündbar, er hat ein sicheres Gehalt auf Lebenszeit, er hat nachher die gesicherten Versorgungsbezüge. Er bekommt Trennungsentschädigungen, Umzugskosten, er hat die Fülle der Beihilfen. Er hat Beförderungsansprüche geradezu bis hin zu diesen komischen Durchstufungen. Er hat einen Anspruch auf Beschäftigung. Was hat er nicht alles besser als die Menschen in der freien Wirtschaft, vom freien Beruf ganz zu schweigen. […]

Ich frage mich, welche Dienste erfordern denn überhaupt den Beamten-Status? Da stehen wir ja auch vor einer Ausuferung unwahrscheinlichen Ausmaßes. Wieso müssen alle möglichen Leute bei der Post und bei der Bahn Beamte sein? Beamte sollten diejenigen sein, die wirklich eine hoheitliche Aufgabe zu versehen haben. […]

Der Spiegel, Jg.28, 1974, Nr. 51 vom 16.12.1974.

Teil 7: Autobiographische Reflexionen

Das demokratische Vermächtnis der Vorfahren

In seinem Tagebuch, das er seit Beginn seines Studiums im Oktober 1919 führte, notierte Heinemann am 30.12. des Jahres:

Besonders gerne beschäftige ich mich mit der 48er Revolution. Ich stöbere Zeitungen und Flugblätter aus dieser Zeit durch. Auch habe ich von Großmutter Walter einige Briefe von zwei Brüdern meines Urgroßvaters Walter bekommen. Der eine, Karl Walter, schreibt verwundet aus dem Lazarett; im Gefecht bei Waghäusel bekam er einen Beinschuß und starb alsbald danach. Der andere, Friedrich Walter, berichtet von seiner Auswanderung nach Amerika – er fühlte sich nicht mehr sicher in seinem Vaterland – und erzählt, wie ihn deutsche Landsleute unterstützt hätten, »weil er für die Freiheit gefochten hätte«.

Für Frieden und Freiheit, für Republik und Demokratie! Ich werde an Euch denken!

G.W. Heinemann, Wir müssen Demokraten sein.
Tagebuch der Studienjahre 1919-1922, München 1980, S. 36.

Die Wahl des Juristenberufs

In einer handschriftlichen Aufzeichnung reflektierte Heinemann in Berlin 1925/1926 über seinen bisherigen Lebensweg:

Wenn in der Schulzeit jemand die Frage an mich richtete, was ich werden wollte, so sagte ich stets ohne zu zögern: »Rechtsanwalt!« [...] Es lebte in dieser Antwort ausschließlich die dunkle Vorstellung, daß der Anwalt ein unabhängiger Mensch mit einer interessanten, am Geschehen der Gegenwart unmittelbar teilhabenden und wohl auch einträglichen Beschäftigung sei. [...]

Geblieben ist aus der Zeit der Schuljahre jenes tiefe Bedürfnis nach freier und unabhängiger Gestaltungsmöglichkeit als Lebenselement. Hinzugetreten sind die Freude an juristischer Arbeit schlechthin und eine Liebe zu der Aufgabe des Rechtsuchens und Rechtschaffens. Das Recht ist für mich aus natürlicher Veranlagung, d.h. aus verstandesmäßiger Begabung und aus der Leidenschaft, welche das Suchen und Erleben der konstruktiven Inhalte einer Rechtsordnung aufzuwerfen vermögen, dasjenige Betätigungsfeld höchstmöglicher Leistungsfähigkeit geworden, welche den Beruf als Berufung empfinden läßt. Zugleich ist seine Verwirklichung in der Form des Anwaltsberufes in erhöhtem Maße mit der Möglichkeit einer Entfaltung auch derjenigen willensmäßigen Antriebe verbunden, welche aus der Bereitschaft zu selbstverantwortlichem Handeln ein großes Ziel um eines großen Dienstes willen suchen. Welcher Gestalt diese Aufgabe sein wird, weiß ich nicht.

Vererbung?

In einem kurzen Brief an die Familie schrieb Heinemann am 27.11.1941:

Mit Graeber war ich 3 Tage in Lippe, habe Bäume gepflanzt und Schwein geschlachtet. Das ist ja das alte Handwerk der Heinemänner. Aber wie dumm ist doch das Gerede, daß der Mensch in seinen Nachkommen fortlebt! Ich verstehe rein gar nichts von diesem Handwerk und konnte den amtierenden Metzger in seiner fixen Geschicklichkeit nur bewundern. Einleuchtend ist nur die fette Nahrhaftigkeit dieses Gewerbes …

Über die Erkenntnis des Christentums

Zu Gustav Heinemanns 43. Geburtstag hatte ihm sein 77jähriger Vater Otto Heinemann am 22.7.1942 brieflich versichert, »wie Mutter und ich Dich, unseren ›Jungen‹, lieben und schätzen und wie nahe Du uns stehst«, und hinzugefügt: »Was ich sehr bedaure ist, daß wir beide, Vater und Sohn, gerade in den wichtigsten Fragen des Lebens und der Gemeinschaft, in religiöser

Beziehung so vollständig über Kreuz stehen. In dieser Hinsicht ändern wir beide uns nicht. Und wenn mich etwas über dieses Mißverhältnis tröstet, so ist es das Bewußtsein, daß Dir Dein christliches Bekenntnis heiliger Ernst und tiefste Überzeugung ist und daß diese Verschiedenheit der innersten Lebensauffassung Dein Verhältnis zu mir nicht hat trüben können, daß Du vielmehr ein treuer Sohn mir geblieben bist. Dafür danke ich Dir ganz besonders! [...] Meine Berufung war es wohl, die Familie aus der Generationen dauernden Enge und Ärmlichkeit der Verhältnisse herauszuführen – die Deinige ist es, das Erworbene zu erhalten und geistig und seelisch zu ergänzen und zu vertiefen.« Der Sohn antwortete am 28.7.1942:

Was Du über die Aufgabe der Generationen, sonderlich über Deine und meine, schreibst, bewegt mich sehr. Du hast in der Tat unsere Familie aus der Generationen währenden Enge und Ärmlichkeit der wirtschaftlichen Verhältnisse herausgeführt dank Deiner großen Energie, Gesundheit und Arbeitskraft. Mir hast Du damit das Studium und einen leichten Weg in das Leben ermöglicht, und es wird, wie Du sagst, an mir sein, das Erworbene zu erhalten und zu vertiefen. Aber vergessen wir beide eines nicht. Graeber schrieb auf die Todesanzeige seines in Rußland gefallenen ältesten Sohnes das Wort von Goethe: »Alles ist Frucht und alles ist Samen.« Aber er fügte von sich aus hinzu: »und alles ist Gnade.« Dieser Zusatz zur Goetheschen Weisheit ist entscheidend. [...]

Du weißt, daß ich lange Zeit sehr »monistisch« dachte und die Welt für hinreichend erklärt ansah, wenn es naturwissenschaftlich zuging. Aber ich bin schließlich an den Rand gekommen, wo das unzureichend und sinnlos wurde. Es steckt eine Gottesgeschichte in allem, eine Gottesgeschichte sowohl im Leben der Völker (siehe z.B. die Juden) wie auch der einzelnen. Ist Dir das wirklich in Deinem Leben niemals begegnet, so daß Du (mit dem uralten Psalm 139) sagen könntest:

> »Herr, du erforschest mich und kennest mich. [...]
> Wo soll ich hingehen vor deinem Geist und wo soll ich hinfliehen vor deinem Angesicht? [...]
> Spräche ich: Finsternis möge mich decken! so muß die Nacht auch Licht um mich sein. Denn auch Finsternis nicht finster ist bei dir. [...]«

Diese Erfahrung verkleinert nicht, was der Mensch aus Gottes Gaben macht. Sie schmälert insbesondere auch nicht, was Du in Anwendung Deiner Dir geschenkten Arbeitskraft getan und erreicht hast. Nur bringt der Zusatz zur Goetheschen Weisheit den entscheidenden Lichtstrahl, von wo aus alles erst wirklich hell wird und von wo aus das Schlußwort desselben Psalmes aufbricht:

> »Erforsche mich, Gott, und erfahre mein Herz. Prüfe mich und erfahre, wie ich's meine. Und siehe, ob ich auf bösem Wege bin, und leite mich auf ewigem Wege.«

Deine und somit auch meine Eschweger Vorväter haben das in früheren Generationen als den Inhalt ihres Lebens, als ihre »Weltanschauung« gesagt und gebetet, und sie waren reich darin. Dieser Generationen währende Reichtum, den Du bei Deinen Eltern und Großeltern vielleicht schon nicht mehr gekannt hast, ist verloren gegangen, – Gott sei's geklagt. Aber er läßt sich wiederfinden …

Vermächtnis an seine Kinder bei Kriegsende

Nachdem im Herbst 1944 Hilda Heinemann mit den vier Kindern vor dem Bombenkrieg aus Essen Zuflucht in Winterberg im Sauerland gefunden hatte, wo Gustav Heinemanns Mutter lebte, schrieb er am 26. Januar 1945, als die Truppen der westlichen Alliierten die Westgrenze des Deutschen Reiches erreicht hatten, an seine Kinder:

Meine lieben Kinder! Seitdem mit Mutters Geburtstag am 15. Sept. 1944 unser Zusammenleben infolge der Kriegsverhältnisse aufgehört hat und Ihr nun durch Eure Übersiedlung nach Winterberg von mir getrennt seid, habe ich in stillen Stunden wie auch gerade dann, wenn einer der vielen Bombenangriffe über Essen dahinging, oft an Euch alle gedacht. Es ist mir immer wieder weh ums Herz, daß ich Euch nicht sehe und bei mir habe. Ich hänge mit großer Liebe an Euch und möchte nichts sehnlicher, als daß wir alle wieder beisammen wären. Daß das auch Euer Wunsch ist, weiß ich wohl. Wir wollen es Gott anheimstellen, ob er ihn uns erfüllt!

*Familie Heinemann v.l.n.r.: Uta, *1927; Hilda geb. Ordemann, *1896; Gustav, *1899; Peter, *1936; Christa, *1928; Barbara, *1933.*

Diese Zeilen schreibe ich heute aus dem Bewußtsein, daß der Krieg mich gar leicht von Eurer Seite reißen kann. Fast jeder Tag fordert hier Todesopfer, und wenn sich einmal das eigentliche Kriegsgebiet hierher verlagern oder eine feindliche Besetzung sich für uns ergeben sollte, so ist vollends unabsehbar, was aus uns allen, die wir hier leben, werden wird. Hinsichtlich meiner selbst mache ich mir über solche Möglichkeiten keine Gedanken. Ich kann dazu nur in zuversichtlicher Gewißheit sagen, daß Gott es mit mir halten möge, wie Er will. Auch Euch weiß ich in derselben Hand Gottes geborgen. Da kann ich weder etwas zutun noch abnehmen, wenngleich ich nicht aufhöre, Euch mit meinen Gedanken zu umgeben und für Euch nach besten Kräften und bestem Verstehen zu sorgen, wie es sich für einen Vater gehört.

Wenn ich an die vergangenen Jahre zurückdenke, so kann uns alle nur viel Dankbarkeit erfüllen. [...] Gern hätte ich Euch noch mehr von unserem deutschen Vaterlande gezeigt. Aber der Krieg hat es verhindert. Noch nicht einmal eine Rheinreise haben wir zusammen machen können, und mancher Ort selbst in der nahen Umgebung blieb unbesucht und Euch bisher unbekannt. Viel tiefer noch hat der Krieg nachgerade in Euer Elternhaus und sonderlich in Euer Lernen eingegriffen, von manchen Entbehrungen für Euer leibliches Wohl ganz zu schweigen. Auch meine Jugendzeit fiel zum großen Teil in eine schwere Kriegszeit. Aber ich kann mir nicht verhehlen, daß Euch ein wesentlich härterer Lebensweg bevorsteht, als er mir trotz des damaligen Krieges samt Revolution, Inflation und Besatzungszeit bislang beschieden war oder als er gar Euren Großeltern zuteil geworden ist. Das erfüllt mich mit viel Sorge. Es können Ereignisse über uns kommen, denen keine menschliche Macht mehr gewachsen ist. Gar schnell kann es sein, daß uns das letzte Stück Hab und Gut aus der Hand geschlagen wird, daß wir uns im Strudel dieses furchtbaren Krieges verlieren. Nur *ein* Vermächtnis an Euch, eine Mahnung und Bitte zugleich, kann dann noch Bestand haben: Haltet fest an der Hand des Vaters im Himmel, von dessen Liebe Euch keine Gewalt noch List jemals scheiden kann, sofern Ihr selbst Euch nicht von ihm abwendet. […]

In Liebe Euer Vater

Auf Notzeiten einstellen

Auf einen Brief seiner Frau, die über ihren Besuch bei der ältesten Tochter Uta, die in Marburg das Gymnasium besuchte, berichtet hatte, schrieb Gustav Heinemann am 28.2.1945 von Essen aus an sie nach Winterberg:

Liebling, Dein Brief vom 23. 2. mit der Schilderung Deiner bewegten Erlebnisse auf der Reise nach Marburg datiert aus denselben Stunden, die uns hier den großen Angriff bescherten. So ist kein Winkel im armen deutschen Vaterland mehr sicher, überall das gleiche Grauen, das wir nun durchstehen müssen. Gut, daß Du in Marburg warst, um nach dem rechten zu sehen bei Uta! Es ist ja erschütternd, wie überall die Not um Nahrung und Feuerung wächst und bald ganz über uns herfallen wird. Wenn ich nur von hier aus etwas tun könnte, aber ich kann ja gar nichts schicken! Ich versuche schon länger, ein Paket über Wattenscheid zu Dir gelangen zu lassen, aber es klappt nicht bis jetzt. So genügsam Uta auch ist, so hat doch alles, zumal für ein noch wachsendes Kind, seine Grenzen. Deshalb scheint mir bald der Zeitpunkt zu kommen, wo Du sie wieder zu Dir nehmen mußt. Keinesfalls möchte ich jetzt auch noch Christa nach Marburg gehen lassen. Es kommt hinzu, daß auch alle innerdeutschen Gebiete vor einer Kriegsentwicklung nicht mehr sicher sind. Hier wird z. B. schon vom Gauleiter Westfalen-Süd ein »Freikorps Sauerland« organisiert, das seinen letzten Widerstand auch noch in dortigen Gegenden leisten wird. Da müssen die Kinder möglichst bei Dir sein, damit Ihr Euch so oder so zusammen durchhelft. [...] Wenn Uta kaum noch Unterricht hat, könnte sie ja schon jetzt zu Dir kommen – wer weiß, wie lange die Bahn noch fahren kann. Der Langenberger Schulbetrieb leidet natürlich noch viel mehr unter Alarmen, so daß Christa da auch nichts Wesentliches versäumt. Gut, daß sie sich selber ans Lernen macht! Darauf wird es überhaupt bald allein noch ankommen. Barbara und Peter sollen ruhig weiter zur Schule gehen, man soll Kinder nun nicht ganz und gar nervös machen und verängstigen. Dann kann man sie schließlich auch nicht mehr draußen spielen lassen und nur noch ins Bett stecken. Sie sollten nur wissen, wo sie im Notfall schnell die beste Deckung nehmen (Straßengraben, Haus u.s.w.). Deshalb kannst Du ihnen auf einem gemeinsamen Gang mal einige Hinweise geben, damit sie nicht unnütz töricht handeln. Nicht um die Gefahr herumführen (das gelingt doch nicht), sondern für die Gefahr stark machen soll man die Kinder. Vor allen Dingen zur Ruhe und Geistesgegenwart anleiten! Erster Satz des Exerzierreglementes: Gott regiert die Welt! Also Ruhe! Zweiter Satz: Es gibt überall noch einen Ausweg! Also Augen auf und mutig gehandelt! [...]

Wenn bei Euch kein Schnee mehr liegt, so fangt an, Holz zu sammeln. Wenn es erst alle tun, wird es entweder verboten oder schwierig. Mit Kohlen, Koks geht es ganz und gar zu Ende für jeden privaten Verbrauch. Auch der elektrische Strom wird nicht mehr lange sein. Wir leben in allem an der alleräußersten Grenze, und an eine Besserung ist selbst bei Kriegsende in geraumer Zeit nicht zu denken. Das Gemüseland müßt Ihr in Schwung bringen, kaufe sofort Sämereien, wenn es gibt. Leider ist das dortige Gartenland nur klein, so daß Du kaum ein Stück davon für Dich wirst haben können. Ob man weiteres Land aus der großen Wiese für Gemüse nehmen kann? Sprich mit Herrn Wessel, der ja ein tüchtiger Gärtner ist. Sorgt vor, als wenn Du ewig dort bleiben müßtest. Sollte es hinterdrein nicht nötig sein, so wird Dir die Arbeit dennoch nicht leid sein. Der Hunger wird uns auf jeden Fall zusetzen, so daß keine einzige Möhre zuviel wachsen wird! Ob Du wohl Saatkartoffeln auftreiben kannst? Frau R. will uns Onkum mitbringen für unseren Garten. Der große Trichter macht eine elende Arbeit! [...]

Die Alarme jagen sich hier. Am 15. März vorigen Jahres erlebten wir den 1000. mit Spindler auf der Meisenburg. Jetzt sind es schon 1830. Jeden Tag haut es hier hinein. Auch heute morgen bereits wieder. Keine Bahnstrecke nach draußen ist mehr offen. Dieser Brief wird deshalb wohl lange unterwegs sein. Die Westfront rückt uns näher; noch ist es schrittweise, aber auch das genügt bei den kurzen Entfernungen.

Liebling, ich möchte Dir gern noch viel sagen! Daß wir uns lieb haben, weißt Du. Zwei Wunschträume habe ich. Möchte gern noch einmal eine schöne Reise mit Dir machen, sagen wir in die Schweiz, alles andere ist ja nur Trümmerfeld. Und ich möchte gern noch einmal in unserer Wohnung ein richtiges Bibliothekszimmer erleben mit allen Büchern, die jetzt in der Zerstreuung sind. Wunschträume! Die alten erfüllten Abende mit Friedrich Graeber sollten auch noch dazu gehören! Auch noch unsere Gemeinde! So wird gar vieles wach, sobald man solchen Gedanken nachgibt. Ich glaube fast, das darf alles gar nicht mehr wach werden. Es geht nur noch um nackte Existenz und die Zukunft der Kinder. Übermorgen wird Peterlein 9 Jahre alt. Was wird aus dem Büblein werden?! Gummert sagte mir, als er von seinem gefallenen Sohn sprach: »Ist es nicht schrecklich, daß man fast sagen muß, Gott habe es gut mit ihm gemeint?« Ja, das ist schrecklich, wenn ein Vater das sagen muß – keine Zukunft mehr für Kinder. Und doch wiederum: Was wissen wir von den Möglichkeiten Gottes selbst dort, wo wir nur Unmöglichkeiten sehen? Wir sollen wohl lernen, ihm viel mehr zuzutrauen, als wir in guten Tagen wahrhaben wollten.

Liebling, daß Du mich hier besuchst, ist vollends auch ein Wunschtraum, – aber ich kann nichts gegen ihn machen...

Innigst Dein G.

Die Grenze politischer Leidenschaft

In einem Brief an den Essener SPD-Politiker Nieswandt schrieb Heinemann am 13.11.1947:

Ich bin noch mit keinem Menschen um einer anderen politischen Überzeugung willen innerlich auseinandergekommen. Ich empfinde im Politischen gar keine metaphysische Leidenschaft, vielmehr rein sachlich. Denn nichts ist vordergründiger als alles menschliche Politisieren inmitten der Weltpolitik Gottes.

Ansprüche mäßigen

Ein leitender Angestellter des Rheinisch-Westfälischen Kohlesyndikats, der nach 1945 in politische Bedrängnis gekommen war, wandte sich mehrfach an Heinemann um Hilfe und suchte ihn schließlich Karsamstag 1948 auch zu Hause mit der Bitte auf, ihm wieder zu einer Position zu verhelfen. Heinemann schrieb ihm am 31. März:

Zur Sache möchte ich Ihnen erklären, daß ich Ihrem Anliegen auf eine Tätigkeit bei der Kohlenverteilung nicht das Wort zu reden vermag. Als Sie in Haft waren, habe ich mich um Ihre Freilassung bemüht. Als es um die Entnazifizierung ging, habe ich mich auch dafür interessiert. Als es um die Wohnung ging, habe ich Ihnen den Weg geebnet. Nun haben Sie wieder erträgliche Lebensbedingungen. Für eine erneute Tätigkeit Ihrerseits vermag ich zwingende Gründe nicht einzusehen. Dieses Anliegen mag deshalb allein der Beurteilung derjenigen Herren unterliegen, die dafür unmittelbar zuständig sind. Sollte diese Tätigkeit nicht zustande kommen, so wird man Ihnen mit Rücksicht auf Ihr Alter von 65 Jahren eine Pension geben. Ich finde, daß Sie damit so weit zufrieden gestellt sind, wie es unter den heutigen Verhältnissen möglich ist.

Chance und Gefahr des Ministeramtes

Über seine Schwägerin Gertrud Staewen hatte Heinemann kurz nach seinem Amtsantritt als erster Bundesinnenminister eine kritische Anfrage des französischen Pfarrers Georges Casalis vom Oktober und November 1949 aus Berlin erhalten, die er am 20.1.1950 auf dem gleichen Wege erwiderte.

Meine Mitwirkung in Bonn mag seitens mancher Katholiken als eine Alibi-Versicherung begrüßt sein. Sicherlich wird sie seitens anderer Katholiken ebenso loyal im Sinne wirklicher Zusammenarbeit gewünscht. Auch der sogenannte Katholizismus ist hierin keine einheitliche Größe. Ich selbst bejahe die *politische* Zusammenarbeit bei unerschütterlicher Bewußtheit des kirchlichen theologischen Gegensatzes. [...]

Den Hinweis darauf, daß meine Mitwirkung im Rat der EKD von gewissen Seiten in ähnlicher Art als ein Alibi empfunden wird, kann ich nicht akzeptieren. Die EKD beruht erklärtermaßen auf der Spannung, die nun einmal in der »bestehenden Gemeinschaft der deutschen evangelischen Christenheit« (Art. I Eisenacher Grundordnung) obwaltet. Wer trotz dieser Spannung den Zusammenschluß in der EKD bejaht, muß folgerichtigerweise auch in ihren Organen das Sichtbarwerden dieser Spannungen akzeptieren bzw. persönlich mit durchmachen. Darin bin ich u.a. mit Niemöller einig, der ja sicherlich nicht die Neigung hat, sich da aufzuhalten, wo er nicht hingehört. [...]

Meine derzeitige Doppelfunktion im Rat der EKD und der Bundesregierung ist keine Vermengung verschiedener Interessen. Meine kirchlichen Ämter sind um Jahre älter als meine politischen. Wir haben jahrelang aufgerufen, daß evangelische Menschen sich für politische Verantwortungen zur Verfügung stellen sollen. Wenn es denn dazu kommt, darf den Betroffenen nicht der kirchliche Ast abgesägt werden. [...]

Es mag sein, daß die sogenannte erste Garnitur dieser Nachkriegspolitik einmal fortgefegt wird, wie ja überhaupt Undank der politischen Welt Lohn ist. Dennoch kann ich mich der vielbeliebten Enthaltsamkeit nicht anschließen, weil die Not groß ist und wir alle miteinander keine Zeit haben, in Attentismus zu machen. Täten wir es wirklich alle, was sollte dann werden? [...]

Meine Gedanken gehen aus vielen persönlichen und beruflichen Gründen ohnehin genug rückwärts; aber nun hilft es nichts, jetzt müssen sie vorwärts gehen. Die Brüder aber bitte ich, allen Fortgang kritisch zu beobachten und mir nach ihrer Verantwortung je und dann zu sagen, wo der Kurs zweifelhaft oder gar falsch wird. Ich sitze locker genug im Sattel, um heruntersteigen zu können; denn der Ehrgeiz packt mich nicht. Ich weiß zur Genüge, was in der Bibel über die sogenannten Großen steht ...

Über die Behandlung als Außenseiter in Politik und Kirche

Helmut Gollwitzer, Prof. theol. in Bonn, hatte einen Vortrag »Die christliche Gemeinde in der politischen Welt« 1954 in der Druckfassung mit der Widmung versehen: »Dr. Dr. Gustav W. Heinemann, dem Präses der Synode der Evangelischen Kirche in Deutschland, dem lauteren Freunde«, und handschriftlich hinzugefügt: »Laß Dir die Widmung und hoffentlich auch einiges vom Inhalt gefallen! Herzlich und brüderlich Dein Helmut Gollwitzer«. Heinemann antwortete ihm am 18.5.1954:

Dein Buch kam in einem Augenblick an, in dem die schäbige Behandlung durch ehemalige und jetzige Freunde einen nun nicht mehr erträglichen Höhepunkt erreicht hat. Die lange Kette ist jetzt so komplett, daß nichts mehr fehlt. Schon in dem Augenblick meines Ausscheidens aus Bonn setzte prompt die Abkehr derer ein, die nur mit einer Ministerbekanntschaft sich selber hatten wichtig tun wollen. Das war nicht weiter verwunderlich. Dann erlebte ich, daß die Bergbaugesellschaft, bei der ich 21 Jahre arbeitete, zuletzt als ordentliches Vorstandsmitglied und Leiter der Essener Hauptverwaltung, ihre Zusage auf Rückkehr in die mit dem Eintritt in die Bundesregierung aufgegebene Position brach. Nach langen Verhandlungen wurde ein Pensionsabkommen getroffen, und ich fing hier eine Anwaltspraxis an. Diese Praxis ist im wesentlichen eine Kleine-Leute-Praxis, weil weder die alte Firma noch sonstige Industriegesellschaften den Weg zu mir finden, obwohl ich das Handwerk immerhin verstehe. Die Stadt Essen, für die ich mich von

1946 bis 1949 als Oberbürgermeister in elendester Zeit der Hungersnot, der Demontagen, der Trümmerbeseitigung usw. abgeplagt habe, denkt nicht daran, mich noch zu irgendwelchen kommunalen Veranstaltungen einzuladen. Ihre CDU-Herren kennen mich nur noch per distance. Die Bonner Regenten machen es ebenso. Dr. Adenauer erklärte hier in Essen in einer Wahlversammlung vor dem 6. Sept. v.J.: »Wenn ich von Dr. Heinemann als Ihrem Mitbürger spreche, hoffe ich, Ihnen nicht zu nahe zu treten.« Hermann Ehlers bezichtigte mich in einer anderen Wahlversammlung in Heidelberg als »Brunnenvergifter«, was durch alle Zeitungen getragen wurde; er ist trotz Widerlegung seiner Begründung für solchen Vorwurf nicht gewillt, ihn zurückzunehmen. Aber solche und viele ähnliche Vorkommnisse erregen mich nicht. Sie gehören zur Politik, so wie man sie in Deutschland versteht, und wer sie nicht mit Anstand und Humor ertragen kann, soll besser herausbleiben. Unerträglich aber ist, was Dr. v. Thadden und Giesen jetzt getan haben. Sie veranstalten am 13. Mai im Essener Kaiserhof eine Verabschiedung des Generalsekretärs [des Kirchentages]. […] Mich einzuladen, der ich keine 100 Meter vom Kaiserhof entfernt mein Büro habe, zum engeren Präsidium des Kirchentages gehöre, ihn 1949 in Hannover als permanente Veranstaltung proklamierte, den Essener Kirchentag 1950 nach Kräften förderte usw., hielt man für inopportun, weil man mich den übrigen Gästen nicht vorzeigen mag. […]

Nun habe ich ganz gegen alle Gewohnheit schrecklich viel von mir gesprochen. […]

Rückblick auf die politischen Bemühungen der fünfziger Jahre

Einen Briefwechsel mit dem CDU-Abgeordneten und Außenpolitiker Dr. Werner Marx, in dem Differenzen über Rüstungs- und Ostpolitik ausgesprochen wurden, beendete Heinemann am 23.2.1959 mit folgendem Briefe:

Jahrelang war mein Bemühen darauf gerichtet, vor den Illusionen einer Politik der eingebildeten Stärke zu warnen. Jahrelang habe ich die Parole »*Zuerst* freie Wahlen!« als ein böses Trickspiel zur

Verhinderung ernsthafter Deutschlandverhandlungen angeprangert. Jahrelang habe ich nahezu gepredigt, daß unsere sämtlichen Nachbarn – in Ost *und* West – uns nicht wieder zusammenkommen lassen würden, wenn sie nicht vorher wissen, was wir Deutsche danach militärisch und bündnispolitisch tun werden. Über alledem wurden die Chancen von 1952 versäumt, auf der Berliner Konferenz 1954 Scheingefechte geführt und die Existenz von Berlin über dem Wunschbild von einer Neuordnung ganz Osteuropas aus dem angeblich kommenden Übergewicht westlicher Stärke bis zu der jetzt offenbaren Bedrohung immer mehr aufs Spiel gesetzt. Noch in der großen Debatte vom Januar 1958 [...] war keine Bereitschaft zur Besinnung vorhanden. Erst die letzten russischen Vorstöße haben die Szene so enthüllt, daß heute beispielsweise auch Dr. Gradl in »Die Welt« vom 21. Februar genau die Thesen aufnimmt, derentwegen man mich seitens der CDU nach Kräften verrissen hat – bis hin zu der Verleumdung kommunistischer Bezahlung. Verstehen Sie, daß es Menschen zornig machen kann, daß so mit uns gespielt worden ist? [...]

Rechthaberei? Ach, ich muß mit tiefer Unruhe wiederum erleben, was meinen Vater und Großvater in der Ära Wilhelm II. und mich selbst gegenüber dem Hitler-Spektakel von seinen ersten Anfängen an unruhig gemacht hat. Wir übernehmen uns ein um das andere Mal, und jedesmal werden diejenigen diffamiert, welche nicht erst nach dem Schlamassel, sondern vorher den Mund auftun.

Gebe Gott, daß es gut abläuft!

Zum Angebot eines kirchlichen Hauptamts

Ein paar Wochen nach Heinemanns großer außenpolitischer Rede im Bundestag fragte ihn Bischof Otto Dibelius am 7.3.1958, ob er Interesse dafür habe, als Konsistorialpräsident in den Dienst der Kirche zu treten. Heinemann antwortete ihm am 26.3.1958:

Ihre Mitteilung war mir eine große Überraschung, für die ich Ihnen wegen der darin bekundeten vertrauensvollen Gesinnung zunächst Dank schulde und von ganzem Herzen ausspreche.

Mein Lebensweg hat mir schon recht verschiedene Aufgaben – im freien Beruf, in der Großindustrie, Kommunalverwaltung und in politischen Ämtern – zugespielt, jedoch ist mir nie in den Sinn gekommen, daß ich für den Posten eines Konsistorialpräsidenten in Betracht stehen könnte. Aber Sie haben recht: Gott führt in unserem Leben. Darum habe ich in Ihrer Mitteilung die Frage gesehen, ob ich hier gefordert wäre. Ich glaube es nach gründlicher Überlegung nicht. Ich stehe jetzt in einer politischen und – erlauben Sie mir, es so zu sagen – in einer auch um unserer Kirche willen wesentlichen Aufgabe der Überbrückung alter Gräben zu einer Sozialdemokratie, die soeben erst recht eigentlich begonnen hat. Sie jetzt oder in Kürze schon zu verlassen, scheint mir nicht möglich zu sein, obwohl mir schon lange durch den Kopf geht, in einem letzten Stück meines Lebens dort zu dienen, wo es unmittelbar um das Evangelium geht.

Deshalb möchte ich bitten, bei der neuen Besetzung der kirchlichen Verwaltung in Berlin von mir abzusehen, zumal da ich Ihrem Brief entnehmen zu dürfen glaube, daß Ihnen noch andere Lösungsmöglichkeiten gegeben sind, und ich, wie ich bereits Herrn Präses D. Scharf versichert habe, zur Hilfestellung in kirchlichen Angelegenheiten gegenüber östlichen Behörden gerade auch aus meiner derzeitigen Position bereit bin und bleibe.

Politisches und kirchliches Amt – vereinbar?

Wenige Wochen nach seiner Berufung zum Bundesjustizminister schrieb Heinemann am 6.1.1967 einen Brief an Bischof D. Kurt Scharf, den Vorsitzenden des Rats der Evangelischen Kirche in Deutschland:

Als sich im November v.J. abzeichnete, daß ich gegebenenfalls in die neue Bundesregierung eintreten sollte, habe ich sofort gesagt, daß ich dann aus dem Rat der EKD auszuscheiden gedächte. […]

Als ich 1949 zugleich Präses der EKD und Bundesminister war, konnte ich in beiden Funktionen einer Einheit der Kirche und unseres Volkes hüben und drüben dienen. Heute liegt das leider völlig anders. Zur Zeit wäre eine irgendgeartete neue Personalunion bedenklich. Es muß alles vermieden werden, was die Brüder drüben beschweren könnte. Zugleich möchte ich an meinem Teil deutlich machen, daß die EKD unter den gegebenen Umständen auf klare Eigenständigkeit auch gegenüber der Bundesrepublik Deutschland achten sollte.

Einen weiteren Grund sehe ich darin, daß die fällige Reform des Strafrechts u.a. die Frage stellt, ob und inwieweit die Normen christlicher Ethik vom staatlichen Strafrecht unterstrichen werden sollen. [...] Für diese Diskussion halte ich – auch was mich persönlich anbetrifft – ein klares Gegenüber von Kirche und Staat für erwünscht.

Der Kandidat für das Amt des Bundespräsidenten 1968

Als Heinemann im Herbst 1968 zum Kandidaten der Sozialdemokratischen Partei für das Amt des Bundespräsidenten nominiert worden war, führte Günter Gaus mit ihm ein Interview, das in der Sendung »Zu Protokoll« des Ersten Deutschen Fernsehens am 3.11.1968 gesendet wurde. Darin äußerte er sich im Rückblick über sein Leben.

GAUS: Zunächst einmal, was bedeuten Ihnen Parteien grundsätzlich? Sind Parteien für Sie eine mehr oder weniger wertfreie Organisation zur Durchsetzung bestimmter politischer Ziele, oder sind Parteien darüber hinaus auch der Zusammenschluß von Menschen gleichen Sinnes und gleicher Grundhaltung gegenüber Staat und Gesellschaft?

HEINEMANN: Ich meine, daß man Politik sinnvollerweise überhaupt nur in Mannschaften, also in Parteien betreiben kann. Ich würde meinen, daß einer, der ganz allein Politik betreiben will, alsbald eine extravagante Figur wäre, vielleicht sogar eine Kabarettfigur. Politik ist Mannschaftskampf und von daher gehört es sich, daß man sich in eine Partei eingliedert, auch die Kameradschaftlichkeit wahrt, die mit einer Partei verbunden ist. Aber ich bin der Meinung, daß eine Partei darüber hinaus, d.h. über die Ziele, die man gemeinsam erreichen will, nicht eine Weltanschauungsgemeinschaft sein kann oder sein sollte. Es genügt, daß man, aus welchen Ansätzen, aus welchen Motivierungen auch immer, gleiche Ziele verfolgt, um darüber nun eben diese Kameradschaft eingehen zu können und durchzuhalten, solange es eben geht.

GAUS: Keine gemeinsame Grundhaltung von der Wiege bis zur Bahre?

HEINEMANN: Nein, ich muß ja oft jungen Leuten auf die Frage, sollen wir denn in die Politik gehen, antworten; und dann sagen sie, ja, aber ich fühle mich darin noch nicht so recht zu Hause. Ich mache ihnen Mut, indem ich ihnen sage, habt doch nicht den Ehrgeiz, daß ihr, wenn ihr jetzt als 20jährige in eine Partei eintretet, als 70- oder 80jährige mit derselben Parteifahne beerdigt werden müßt. Das mag sich finden, Schritt für Schritt, ob ihr darin verbleibt oder, je nachdem, bitte, es ist ja nicht für alle Ewigkeit festgelegt, einmal überwechselt.

GAUS: Bedeutet diese pragmatische Einstellung zu den Parteien, daß alle ethischen und sittlichen Fragen Ihrer Überzeugung nach stets nur vom einzelnen Individuum beantwortet werden können und daß diese Einzelbeantwortung auf keine Gruppe, auf keine höhere Instanz übertragen werden kann?

HEINEMANN: Das würde ich haargenau bejahen. Ich meine, daß derjenige, der politisch handelt, das aus seiner Fundierung heraus tut, aus seiner letzten Verwurzelung, aus seiner letzten gewissenhaften Überzeugung.

GAUS: Aus der Verwurzelung als Individuum?

HEINEMANN: Ja, als Individuum. Und daß er nun ja auch als Individuum eine Nähe sucht zu ähnlichen, daß er darüber auch ein Gespräch führt, um von den gleichen Grundhaltungen her vielleicht doch oder jedenfalls nach bester Möglichkeit zu gemeinsamen politischen Übereinstimmungen zu kommen.

[...]

GAUS: Sie haben nicht das Bedürfnis, sich eine Art Heimatgefühl, eine Ersatzheimat durch die Nestwärme einer Partei zu schaffen?

HEINEMANN: Nein, meine Nestwärme, die hätte ich ganz woanders, aber nicht in einer politischen Partei. Ich komme aus einer ganz anderen Nestwärme, bitte, wenn ich den Ausdruck einmal aufgreifen darf, meinetwegen aus der christlichen Gemeinde in die

Politik. Weil es mit zur christlichen Verantwortung gehört, meine ich, daß man auch im öffentlichen Leben mithilft, mit dabei ist, und zwar nach den Gaben, die man nun jeweils einmal hat oder auch nur sich zuschreibt. Aber das ist dann vordergründig.

[...]

GAUS: Kann man sagen, Kompromisse sind für Sie ein Kunstmittel der Politik, das Sie keineswegs verabscheuen, sondern für notwendig und sogar für wünschenswert ansehen, bis zu der Grenze, wo das Gewissen ein Recht fordert?

HEINEMANN: Ja, so würde ich das genau formulieren. Irgendwo ist der Mensch gewissensmäßig gebunden, er kann nicht alles mitmachen. Man soll aber auch nicht so eilig mit der Gewissensfrage kommen. Ob ein Steuersatz so oder so genommen wird, ob man Straßenverkehrsregeln so oder so macht, das sind keine Gewissensfragen. Gewissensfrage würde für mich sein atomare Bewaffnung, Gewissensfrage würde für mich sein etwa Wiedereinführung einer Todesstrafe, das sind so gewisse letzte Grenzfragen. Da würde ich keine Kompromisse machen.

[...]

GAUS: Fällt es Ihnen schwer, einen Mißerfolg zuzugeben?

HEINEMANN: Nein, das ganz gewiß nicht. Ich habe nun wirklich viele Mißerfolge erlebt, wenn ich nun weiter zurückdenke, an Weimarer Zeiten, was ich da unternommen habe in jungen Jahren oder im Kirchenkampf und auch nachträglich nach 1945. Man muß nicht meinen, man hätte die absolute Weltweisheit. Das liegt mir nicht.

GAUS: Sie sind also vom westdeutschen Wählervolk im Stich gelassen worden. Enttäuscht bis zu einem gewissen Grade, oder?

HEINEMANN: Ja, enttäuscht, aber nicht in dem persönlichen Sinne, sondern ich beklage, daß dieses deutsche Volk die Dinge so wenig gründlich gesehen hat, wie sie sich doch mittlerweile darstellen. Es wäre doch meines Erachtens gerade nach diesem schrecklichen Dritten Reich und diesem Krieg eine viel tiefer greifende Besinnung notwendig gewesen, ehe man nun so leicht wieder in alte Bahnen hineinging, die uns nun doch eigentlich wirklich, mindestens auf Zeit hin, hätten verschlossen sein sollen.

GAUS: Diese Enttäuschung, daß man allzufrüh wieder oder überhaupt wieder in solche Bahnen hineinging, hat diese Enttäuschung Sie irgendwann einmal zu der Meinung gebracht: ach, laß doch die Finger von der Politik. Oder haben Sie dennoch unverdrossen immer gemeint: Du mußt weitermachen?

HEINEMANN: Ja, sehen Sie einmal, wenn ich einmal erwähnen darf, daß zu den Männern, von denen ich viel gelernt habe, ein Max Weber gehört; ich habe dessen letzte Vorlesungen als junger Student in München 1920 gehört. Max Weber ging mit dem Satz um, Politik ist das zähe Bohren von harten Brettern, mit Leidenschaft und Augenmaß zugleich. Aber dieses zähe Bohren, nicht, das würde ich sagen, das steckt irgendwie in mir drin.

GAUS: Es macht Ihnen auch Spaß?

HEINEMANN: Ja, sicher, daher bin ich Anwalt geworden, weil das einfach ein Beruf, ein freier Beruf ist, in dem es darum geht, zu fechten, etwas durchzusetzen. Das hat mich dann ja auch schließlich in der Politik mehr verwurzelt, als ich es je wollte.

GAUS: Wie erklären Sie sich, daß die Westdeutschen Ihnen nicht gefolgt sind?

HEINEMANN: Die Westdeutschen sind überaus anfällig für das Stichwort Sicherheit. Natürlich wäre das ein Weg nicht ohne Risiken gewesen, so wie er mir damals vorschwebte, aber ich kann nur sagen, die Risiken, die sich aus dem anderen Weg, mindestens heute, darstellen, sind die nicht auch wahrlich schwerwiegend? Es gibt, glaube ich, keinen risikofreien Weg, zumal wenn man einen solchen Krieg selbst provoziert, so scheußlich geführt, und so total verloren hat.

GAUS: Gehen Sie davon aus, daß die Deutschen ein politisch weniger begabtes Volk sind als andere, oder haben es Westdeutschlands Politiker nach 1945 versäumt, das politische Bewußtsein der Wählermehrheit anzuheben?

HEINEMANN: Ja, wir tun uns sicherlich schwerer als meinetwegen die Engländer in der Politik, weil wir durch Jahrhunderte obrigkeitlich erzogen worden sind, d.h. also, zu einem Hinnehmen, unkritischen Hinnehmen sogar, dessen, was eine Obrigkeit tut. Also nun sich selbst mitverantwortlich zu fühlen, selbst miteinzusteigen über Rathaus, Schule, Landes-, Bundespolitik, selber aktiv mitzudenken und zu handeln, das ist das, was uns immer noch nicht so recht gelingt.

GAUS: Sie erklären es aus der Geschichte? Sie glauben nicht daran, daß dieses Volk in jedem Falle politisch weniger begabt ist?

HEINEMANN: Ach, das würde ich nicht sagen.

GAUS: Sie halten es für eine Erziehungsaufgabe?

HEINEMANN: Ja, das halte ich sehr stark für eine Erziehungsaufgabe, und ein pauschales Urteil über ein Volk zu fällen, noch über das eigene Volk, das würde ich nicht gerne mögen. Aber eine Erziehungsaufgabe steckt da ganz bestimmt drin, auch eben diesen Menschen diese unsere besondere Geschichte bewußt zu machen.

[...]

GAUS: Das Quantum Zynismus, das die meisten Menschen mitbekommen, hat sich bei Ihnen im Laufe des Lebens nicht vergrößert?

HEINEMANN: Nein, ich wüßte nicht, wo ich das bei aller Bereitwilligkeit bestätigen könnte.

[...]

GAUS: Ich möchte von Ihnen wissen, ob nach Ihrer Vorstellung die Protestanten Westdeutschlands die Ideale, die sie nach 1945 hatten, im Stich gelassen haben, ob sie faule Kompromisse geschlossen haben?

HEINEMANN: Ja, von ihrer Geschichte her, also von der Reformation her, hat die evangelische Kirche immer eine Nähe zum Staat gehabt. Sie war ja Staatskirche, also ist sie weithin entstanden, ist sie es bis 1918 formell geblieben. In der Weimarer Zeit war das Bedrückende dies, daß die evangelische Kirche aus der Rückbesinnung an die königlich-preußische Zeit, an die schwarz-weiß-rote Zeit des Patriarchalismus, nicht herauskam. Durch das Dritte Reich hindurch ist aber auch die evangelische Kirche weithin auf ganz andere Wege gekommen, und nach 1945 hat es eigentlich niemandem vorgeschwebt, das noch einmal wieder so aufleben zu lassen. Dabei spielen natürlich auch die gemeinsamen Erlebnisse der Bedrängung eben in diesem Kirchenkampf eine Rolle.

GAUS: Hat sich das geändert?

HEINEMANN: Ja, das hat sich geändert, aber es hat sich, würde ich sagen, nicht durchgreifend genug geändert. Das Übergehen in eine völlige Selbständigkeit bei der Kirche, also – (GAUS: In eine staats-

ferne …) – ja, in eine größere Distanzierung zum Staat. Ich habe gar nichts dagegen, daß Staat und Kirche sich bei uns hier freundlich gegenüberstehen, das sollten sie im Grunde genommen überall. Aber trotzdem müßte von der Kirche her mehr Anstoß zur Weiterentwicklung, na ja, wir sagen denn also zum Fortschritt, erfolgen, als daß man sich selbst mit eingebunden sieht in das, was nun einmal da ist, was nun geworden ist.
GAUS: Worin hat Sie Ihre Kirche nach 1945 enttäuscht?
HEINEMANN: Ja, enttäuscht, das ist eben in diesem Zu-nahe-Dranbleiben an einer bestimmten politischen Partei; nicht wahr, die Tendenz zu der sich christlich nennenden Partei war ja auch in der evangelischen Kirche immer sehr stark im Spiele. Es hat sich gelokkert, mittlerweile wählen Hunderte oder Tausende von Pfarrern eben nicht mehr diese sich christlich nennende Partei. Diese Lockerung ist sicherlich eingetreten. Ich würde es gerne noch lebendiger, noch etwas flotter in dieser Richtung vorangehen sehen. Ein besonderer Kummer bleibt für mich immer, daß die evangelische Kirche nach diesem Krieg diesen Militärseelsorgevertrag abgeschlossen hat. Es ist ja nicht einleuchtend, meine ich jedenfalls, daß die Seelsorger der Soldaten Pfarrer im Staatsamt sein müssen. Das konnte wirklich auch anders sein. Sie hätten also kirchliche Pfarrer bleiben sollen, das wäre mir lieber gewesen. Das ist so ein konkreter Vorgang in dieser Gesamtlinie.
GAUS: Gott, so haben Sie gesagt in einer Rede, sitzt im Weltregiment, und wer dies glaube – und Sie tun es – für den gebe es keine Zwangsläufigkeiten in der Politik, auf die er sich herausreden könne, um die eine oder andere Haltung zu begründen. Gott im Weltregiment, welche konkreten Forderungen erhebt das an den handelnden Politiker?
HEINEMANN: Ich würde zunächst einmal sagen, das gibt eine ganz große Ruhe bei all dem Trubel, den Tagespolitik und sogenannte Weltpolitik immer wieder verursacht. Diese Ruhe alleine ist schon wichtig, um Kurs zu halten, also dabeizubleiben und das für richtig Erkannte trotz aller Wirrnis, trotz aller Widerstände, durchzuhalten. Ist das zu primitiv ausgedrückt, wenn ich sage, Gott ist da, Gott kann eingreifen, so er will, z.B. dadurch, daß er einen Menschen aus seiner Funktion abberuft? Wie schnell ist mit all dem ein Szenen-

wechsel verbunden. Ich bin nicht so aufgeregt in der Politik, gar nicht.

GAUS: Gelassenheit ist überhaupt, nach Ihrer Meinung, ein vorherrschender Charakterzug von Ihnen?

HEINEMANN: Ja, vielleicht! Im übrigen: Ich meine, zu verfolgen, wie gerade die Kirchen sich wandeln, z.B. diese sehr aufregenden Vorgänge in der katholischen Kirche nach dem Zweiten Vatikanischen Konzil zu beobachten, halte ich für viel wichtiger als all diese Balkenüberschriften in all den Tageszeitungen. Was aus diesen letzten Schichten, aus diesen tiefsten Entwicklungen einmal hervorkommt, das wird viel prägender sein als diese oder jene Wahlschlacht.

GAUS: Woraus rechtfertigt sich eine Stellungnahme der evangelischen oder katholischen Kirche zu aktuellen politischen Fragen?

HEINEMANN: Ich denke, daß wir, gerade auch als Christen, vom Evangelium her gerufen sind zu einer Mitverantwortung für unsere Mitmenschen, und das führt dann einfach auch in das Mittun hinein.

GAUS: Immer mit der Möglichkeit, immer noch Christ zu sein, auch wenn man mit der jeweiligen Stellungnahme nicht übereinstimmt?

HEINEMANN: Ja, mit der jeweiligen Stellungnahme einer Partei etwa? …

GAUS: Oder der Kirche.

HEINEMANN: … oder auch der Kirche, ja, ich meine, politische Differenzen dürfen oder können im Grunde genommen eine Kirche nicht spalten. Das wäre nie ein Grund für eine Separation in der Kirche. Da muß man eben brüderlich miteinander so lange umgehen, bis man sich findet, oder mindestens, bis man sich versteht.

GAUS: Selbst, wenn das Verstehen nur darin besteht, daß man den abweichenden Standpunkt in der politischen Frage hinnimmt?

HEINEMANN: Hinnimmt, jawohl, und durchhält. Alles in der Hoffnung, daß es doch noch einmal zu einer besseren Übereinstimmung kommt.

[…]

GAUS: Sie sind in Ihrer politischen Laufbahn oft diffamiert worden. Bedeutet das für Sie eine späte Genugtuung, daß Sie inzwischen als einer der möglichen Kandidaten für das Amt des Bundespräsidenten genannt werden?

HEINEMANN: Ach, so herum nicht. Ich würde mich vielmehr darüber freuen, wenn man nachträglich würdigen möchte, was ich einmal in früheren Jahren politisch anzubringen versucht habe. Daß man das mehr gelten ließe, daß man sagen möchte etwa, gut, es hätte besser ausprobiert werden sollen oder dergleichen. Die Diffamierung, ach!

G.W. Heinemann, Plädoyer für den Rechtsstaat, Karlsruhe 1969, S. 82-100.

Bundespräsident und Presse

Bei der Erfüllung der vielen Verpflichtungen, denen Heinemann sich als Bundespräsident zu unterwerfen hatte, war nur selten Gelegenheit zu humorvollen oder ironischen Ausführungen. Dazu benutzte er Teile seiner Ansprache zum 20jährigen Bestehen des deutschen Journalistenverbandes am 6.4.1970 in Frankfurt am Main:

Ob ich mich zum Festredner besonders eigne, weiß ich nicht. Es kann sich aber der Bundespräsident häufig der Verpflichtung nicht entziehen, bei Jubiläen der vielfältigsten Art als Gratulant von Staats wegen aufzutreten. Ich gebe mir Mühe, aus dem Vorgang jeweils etwas mehr als eine bloße Pflichtübung zu machen. Beim Deutschen Journalistenverband fällt mir das nicht schwer. Der Bundespräsident ist zwar dem politischen Grabenkampf entrückt, aber wenn es einen Stand gibt, mit dem er nahezu täglich zusammenkommt, sind es natürlich die Journalisten. Wo ich gehe, stehe, spreche, sind sie dabei. Zum Glück haben die Gespräche mit erfahrenen und sachkundigen Journalisten nicht aufgehört. Aber die Gelegenheiten dazu sind seltener geworden. Ich bedaure das sehr.

Dagegen hat der »Bundespräsident in Einübung« lernen müssen, daß ihn sein Amt fortwährend auch mit jener anderen Sparte der Journalisten konfrontiert, die in ihm ein Opfer der Berichterstattung sieht, das zwar nicht ignoriert werden kann, das aber doch erst ein gutes Stück nach den Leuten des internationalen Schaugeschäfts und der Snob-Society rangiert. Ich frage mich aber doch, ob die moderne Technik einem nicht das auf Armnähe aufleuchtende Blitzlicht ersparen könnte oder ob es dabei verbleiben soll, daß ich etwa beim Rundgang durch eine Ausstellung unbedingt so zum Schaustück umfunktioniert werden muß, daß ich von dem, was ich sehen soll, so gut wie nichts mehr wahrnehmen kann. Schon Theodor Heuss hat Mühe gehabt, bei den forschesten Attacken der Bildreporter gleichmütig zu bleiben. Mir ist solche Gleichmütigkeit nicht in allen Fällen gelungen.

Die Presse – die deutsche und die auswärtige – hat dem jetzt zehn Monate alten Bundespräsidenten überwiegend ihr Wohlwollen nicht versagt. Ich bedanke mich dafür und kann nur hoffen, daß mein Versuch, diesem Amt auf meine Weise gerecht zu werden, auch in Zukunft Verständnis findet und eine gerechte Würdigung auch da stattfindet, wo man sich kritisch mit mir beschäftigt. Ich bin nicht zimperlich. Ich selbst habe in meinem Leben viel kritisiert und bin oft kritisiert worden. Kritik und Diskussion sind die Fettaugen auf der oft mageren politischen Suppe, womit über Wohlgeschmack und Bekömmlichkeit noch nichts ausgesagt ist. Wer meinen Lebensweg kennt, weiß, daß mir der Umgang und die Freundschaft mit einigen bedeutenden Journalisten und Publizisten viel gegeben hat. Ich maße mir nicht an, einer der Ihrigen zu sein, obwohl ihr Verbandsorgan kürzlich die Geschichte ausgegraben hat, wie Wilhelm Röpke, Ernst Lemmer, Henning Duderstadt und ich im Jahre 1920 in Marburg unter die Zeitungsmacher gegangen sind. Mit 20 Jahren traut man sich so etwas ohne weiteres zu. Die »Marburger Stadtbrille« hatte einen zwar nur kurzlebigen, aber doch bedeutenden Erfolg, was ganz sicher – und das stimmt natürlich nachdenklich – darauf zurückzuführen war, daß das Blatt so gut wie nichts enthielt, was nicht erfunden war. Als es sein Erscheinen einstellte, vertranken wir den Überschuß.

Heute gibt es, wie man sagt, Überschüsse und Gewinne bei der Zeitung überhaupt nicht mehr, und wenn es sie gibt, werden sie häufig darauf verwendet, eine weitergehende Konzentration im Pressewesen zu bewirken. Damit ist eines der meistdiskutierten Stichworte in der Auseinandersetzung der letzten Zeit gefallen. Es steht mir nicht zu, zu dieser Auseinandersetzung konkret Stellung zu nehmen. Ich habe mich auch da aus allem Streit tagespolitischer Differenzen herauszuhalten. Es scheint mir indessen wichtig, an dieser Stelle dies mit allem Nachdruck festzustellen: Eine der wesentlichen Voraussetzungen für das Funktionieren unserer demokratischen Ordnung ist die freie Presse.

G.W. Heinemann, Reden und Interviews 1.7.1969-30.6.1970, S. 100-102.

Für den Fall seines plötzlichen Todes

Unter dem Eindruck, daß ihn plötzlich der Tod ereilen könnte, notierte Heinemann als Bundespräsident eines Tages, ohne Datum:

Es ist die große Unbegreiflichkeit in meinem Leben, daß ich 1969 Bundespräsident geworden bin. Das hätte nach meinem politischen Konflikt 1950 mit Bundeskanzler Dr. Adenauer und den Auseinandersetzungen in den nachfolgenden Jahren schlechthin niemand auch nur zu denken gewagt. Mir selbst war ein solcher Gedanke [Verb fehlt, d. Hrsg.].

Wenn ich nach Gottes Willen aus diesem Amt abberufen werde, so liegt mir daran, ein letztes Mal denen zu danken, die mir 1969 ihr Vertrauen geschenkt haben, zugleich aber auch denen, die mich in dem Amt des Bundespräsidenten durch eine oftmals bewegende Zustimmung und gewiß auch mit viel Fürbitte getragen haben. Der Namenlosen gedenke ich dabei besonders.

Mir ist über alle Jahre hinweg ein glückliches Leben geschenkt worden. Es war reich durch das, was meine Frau mir gab, durch meine Kinder, meine Enkel und durch gute Freunde.

Gern würde ich den Fortgang mancher Fragen erleben, die uns alle in Anspruch nehmen. Es wird aber am Ende der Tage früh genug sein, den Verlauf der Geschichte zu erfahren.

Liebe Mitbürger [Text bricht ab].

Abschied vom Amt als Bundespräsident 1974

Als Heinemann am 1.7.1974 Abschied von seinem Amt als Bundespräsident nahm, führte er in einer gemeinsamen Sitzung von Bundestag und Bundesrat in Bonn aus:

Ich möchte in dieser Stunde dreierlei aussprechen:

- wofür ich zu danken habe
- worum es mir ging
- und was ich wünsche.

Süddeutsche Zeitung vom 29./30.6.1974: Während Gustav und Hilda Heinemann die Arche Bonna verlassen, blicken ihm u.a. nach: auf der Brücke sein Amtsnachfolger Walter Scheel mit seiner Frau Mildred, in der Türöffnung Herbert Wehner mit Pfeife und Helmut Schmidt als Hund, rechts hinten Hans-Dietrich Genscher als Elefant, links oben als Affe Franz-Josef Strauß und als Stier Helmut Kohl.

Ich danke zuerst meinen Mitarbeitern im Bundespräsidialamt. Ich danke darüber hinaus allen denen, die mir durch hilfreiche Beratung, durch stärkende Ermunterung und durch mitdenkende Kritik geholfen haben. Darin sind eingeschlossen Anhänger verschiedener politischer Richtungen, wie denn auch Freundschaften und persönliche Beziehungen über die Grenzen der Parteien hinweg ungetrübt geblieben sind.

Ein Bundespräsident hat den Vorzug, dieses Land kennenzulernen wie wenige andere, seine verschiedenen Gegenden, unzählige Menschen, die unterschiedlichsten Einrichtungen, Gruppen und Bestrebungen.

Dabei war es für mich immer erneut bewegend zu erfahren, wieviel aufopfernden Einsatz, wieviel treue Pflichterfüllung, wie vielfältige Initiativen es gibt, um auf herkömmliche oder neuartige Weise Notstände zu lindern, kleine und große Probleme anzugehen, neue Möglichkeiten des Lebens zu gestalten, zugleich auch, wie wach und mitsorgend öffentliche Angelegenheiten mitbedacht werden.

Dies alles hat mich in der Gewißheit bestärkt, daß freiheitliche Demokratie die menschenwürdigste Form von Staat und Gesellschaft ist. Nur in ihr kann sich so viel Eigenständiges und so viel Teilnahme an den Fragen des Gemeinwohls entwickeln. Es hat mich in der Zuversicht bestärkt, daß die Demokratie nun endlich tiefe Wurzeln in unserem Volke schlägt. Dies ist der sicherste Schutz, den ein demokratischer Staat haben kann.

Worum ging es mir?

Die Bestimmungen des Grundgesetzes über die Aufgaben des Bundespräsidenten haben sich aus meiner Erfahrung bewährt. Nur was die Dauer der Amtszeit des Bundespräsidenten anlangt, frage ich, ob es nicht angebracht wäre, sie etwa auf sieben Jahre zu stellen, jedenfalls aber eine Wiederwahl auszuschließen. So wenig ich selbst angesichts meines Alters das Verlangen hätte, noch länger zu amtieren, so könnte eine etwas längere, aber dann nicht weiter verlängerbare Amtszeit die Verwertung von Erfahrungen verbessern und allseitig eindeutige Gegebenheiten schaffen.

Die Pflichten des Amtes nach meinen Kräften zu erfüllen und seine Möglichkeiten auszuschöpfen, war mein Bestreben.

Nach außen kam es darauf an, die Verständigung zu unterstützen, die auf friedliche Beziehungen zu allen Staaten, sonderlich zu den europäischen Nachbarn, zielt. Dabei konnten die Belastungen, die durch das Unheil des Nationalsozialismus, das über die Nachbarn und über uns selbst gekommen ist, nicht ausgespart werden. Es mußte darüber in Offenheit gesprochen werden, damit deutlich wurde, was wir daraus gelernt haben.

Darum habe ich zum Beispiel bei der ersten Auslandsreise in Amsterdam die Schowbourg, das heißt den Sammelort der holländischen Juden vor ihrem Abtransport in die Vernichtungslager, und bei der letzten Auslandsreise in Belgien das Fort Breendonk, die Hinrichtungsstätte der belgischen Widerstandskämpfer, besucht. Ich bin dankbar dafür, daß ich auf diese Weise helfen konnte, über das Geschehen hinweg einen gemeinsamen Weg unserer Völker in die Zukunft zu ebnen. Gern hätte ich deshalb auch die an mich ergangene Einladung zum Besuch der Sowjetunion wahrgenommen, was leider nicht mehr möglich war.

Zu Hause soll der Bundespräsident unbeschadet eigener politischer Meinung über den Parteien stehen. Er soll zu allen Gruppen im Lande Fühlung halten und zu ihrer Zusammenarbeit beitragen.

Man hat mich manchmal Bürgerpräsident genannt. Damit ist wohl meine Bemühung gemeint, den Abstand, der mit dem höchsten Staatsamt zu den Bürgern gegeben ist, so weit wie möglich zu verringern. Ich wollte nicht abgetrennt sein von den täglichen Sorgen und Hoffnungen meiner Mitbürger.

Ich wollte helfen, Untertanengesinnung und Unterwürfigkeit in staatsbürgerliches Selbstbewußtsein und Mitverantwortung zu verwandeln. Wir alle wissen, daß hier bei uns eine Vergangenheit nachklingt, die sich mit lebendiger Demokratie nicht verträgt. Hier liegt auch der Grund dafür, daß ich mich bemüht habe, die Erinnerung an freiheitliche Bewegungen in unserer Geschichte lebendig zu machen. Von daher auch meine Versuche, am steifen Protokoll einiges zu ändern.

Die vielen Bittschriften an den Bundespräsidenten als »Bundesklagemauer« deuten auf vielfältige Nöte und Bedrängnisse. Viel zu groß sind dabei freilich die Erwartungen. Denn die Vollmachten dieses Amtes sind sehr begrenzt und müssen in einem Rechtsstaat begrenzt sein. Ich bin froh, wenn es mit Hilfe des Bundespräsidialamtes in manchen Fällen gelungen ist, die Maschinerie der Behörden etwas beweglicher zu machen und zu vermenschlichen.

Den verschiedenen Randgruppen in unserer Gesellschaft hat die besondere Aufmerksamkeit von meiner Frau und mir gegolten. Die großen und an Zahl leider zunehmenden Gruppen der körperlich und geistig Behinderten sind eine Aufgabe für alle, die über gesunde Glieder verfügen. Unsere so sehr auf Leistung und Wettbewerb ausgerichtete Gesellschaft ist ja nur dann eine menschliche Ordnung, wenn sie behinderten Minderheiten volle Achtung, volle Gemeinschaft und ein Höchstmaß an Eingliederung gewährt.

Die ausländischen Arbeiter in unserer Mitte dürfen nicht Objekte der Ausbeutung sein. Sie müssen als Mitarbeiter gewertet werden, die mit uns Anspruch auf die Früchte der gemeinsamen Arbeit haben.

In alledem ging es mir darum, eine Beitrag zu leisten für ein Leben unserer Bürger in Frieden und Freiheit, für die Verankerung der Demokratie, für die Festigung und Humanisierung des Rechtsstaates und für seine Entwicklung zu einer sozialen Demokratie.

Eben hierauf zielen auch meine Wünsche für die Bundesrepublik Deutschland.

Oft und immer wieder habe ich auf die Schatten über dem heutigen Weg der Menschheit hingewiesen: Hunger, Unterdrückungen, Rohstoffkrisen, Zerrüttung des Gefüges der Weltwirtschaft, Umweltzerstörungen und Rüstungswettlauf, um nur einige der Bedrängnisse zu nennen. Diese Schatten sind in den letzten fünf Jahren nicht heller, eher noch dunkler geworden. Es kann uns nicht beruhigen, daß wir noch so gut dran sind. Wie sollen Kinder und Enkel auf einer Erde leben können, die wir ausrauben und zerstören? Das ist die Frage.

Mich erfüllen Unruhe und Ungeduld über die noch immer bei uns herrschende Kurzsichtigkeit. Vieles von dem, was wir treiben und worüber wir uns streiten, müßte uns endlich klein erscheinen im Verhältnis zur Größe der Gefahr, die es abzuwenden gilt. Wer heute nur für sich selbst sorgen will, verspielt mit der Zukunft anderer auch die eigene.

Das richtet sich auch gegen Reformmüdigkeit, von der heute oft gesprochen wird. Freilich, wir erfahren, wie schwer Reformen durchzuführen sind. Aber es muß uns klar sein: In einer so schnell sich verändernden Welt kann nur bewahren, wer zu verändern bereit ist. Wer nicht verändern will, wird auch das verlieren, was er bewahren möchte.

Ich gebe zu, daß ich erst im Laufe der Jahre erkannt habe, wieviel Vordergründiges auch mich vom Wesentlichen abgelenkt hat. Um so dringender wünsche ich allen Verantwortlichen in den Parlamenten wie außerhalb der Parlamente, daß sie näher zusammenrücken möchten und daß jede unserer Regierungen, wie immer sie aussieht, Mut und Tatkraft finde, ohne Rücksicht auf Wählerstimmen offen auszusprechen, was vor uns steht und wie sie dem begegnen will. Ist das ganze Haus bedroht, verzankt sich die Familie nicht um Haushaltsgeld oder Küchenzettel. Sie wird sich im Not-Wendenden zusammenfinden.

So gilt es auch für uns heute, nüchtern, unerschrocken und mit Weitblick unsere Arbeit auf die Zukunft auszurichten, mögen uns auch manchmal Gefühle der Ratlosigkeit oder der Ohnmacht anfechten. Es gilt, ihnen zum Trotz die relative Utopie einer besseren Welt, von der ich in meiner Antrittsrede sprach, als Leitbild festzuhalten. In einer Erörterung der Frage nach dem Sinn unseres Lebens las ich kürzlich folgende Begebenheit:

In der Mitte des vorigen Jahrhunderts tagte in einem Staat des nordamerikanischen Mittelwestens das Parlament dieses Staates. Und wie es dort manchmal vorkommt, zog ein fürchterliches Unwetter herauf, ein Orkan, und verdunkelte den Himmel. Es wurde schwarz wie die Nacht. Die Parlamentarier wollten voll Entsetzen die Sitzung abbrechen und aus dem Sitzungssaal stürmen. Darauf sagte der Sprecher des Parlaments: »Meine Herren! Entweder die Welt geht jetzt nicht unter und unser Herr kommt noch nicht – dann ist kein Grund vorhanden, die Sitzung abzubrechen. Oder unser Herr kommt jetzt – dann soll er uns bei der Arbeit finden. Die Sitzung geht weiter!«

Mit solcher Gesinnung möchte ich selber, solange Gott mir die Kraft gibt, auf meine Weise an unseren gemeinsamen Aufgaben weiterhin beteiligt bleiben.

Ich verabschiede mich von Ihnen allen mit herzlichen Wünschen für Ihre Arbeit und Ihr persönliches Wohlergehen.

Ich grüße alle Bürger unseres Staates und die Bürger des anderen deutschen Staates mit dem Wunsche für eine friedliche Zukunft.

Meine Frau und ich grüßen Herrn Bundespräsidenten Walter Scheel und seine Frau. Ich wünsche Ihnen, Herr Bundespräsident, Kraft und Weisheit für das Amt, das nun Ihrer wartet.

I,335-340.

Tod und Beerdigung

Im Nachlaß Heinemanns fanden sich folgende zwei handschriftliche Aufzeichnungen:

Wenn ich gestorben bin,
werden sie aufstehen.
Einer wird sagen,
ich sei gegangen.

Sie, – das sind die Gefährten der Arbeit,
Sie, – das sind die Gefährten des Kampfes,
Sie, – das sind die Gefährten des Glaubens.

Sie alle werden sagen,
ich sei nun fortgegangen.
Dann wird ihr Wirken weitergehen,
Denn sie haben viel zu tun.

Beerdigung

1) Grabplatz neben meiner Mutter
2) Trauerfeier in einer Essener Kirche (in der Kirche am Friedhof oder in der Auferstehungskirche)
3) Prediger Helmut Gollwitzer oder Hermann Kunst
4) Keinerlei sonstige Reden. Mögen bei etwaiger Trauerfeier im Bundestag gehalten werden.
5) Der Prediger mag bestimmen, ob in der kirchl. Trauerfeier ein Lebenslauf verlesen wird.
6) Am Grab keine Reden.
7) Anstelle von Kränzen bitte Hilda Heinemann-Stiftung bedenken.

Essen, 28. Sept. 1975 G.W. Heinemann

Der Bundespräsident 1969

Nachwort: Was bedeutet uns Gustav Heinemann?

Das Lebenswerk Gustav W. Heinemanns erweist sich im Rückblick als ein in sich geschlossenes Ganzes. Als *Demokrat* vertraute Heinemann seit seiner Studentenzeit sein Leben lang auf einen Staats- und Gesellschaftsaufbau von unten nach oben, für Macht auf Zeit, vom Volke in Wahlen verliehen, auf das Engagement des mündigen Bürgers. Ende der zwanziger Jahre zum *Christen* geworden, vertrat er ein protestantisches Christentum, das von der Gemeinde her dachte, die Kirche von unten nach oben aufgebaut sehen wollte und in dem der einzelne Christ privat wie öffentlich nach seinem Gewissen handelte. Die *Geschichte* war für ihn der Ort, in dem er die Spuren dieser Grundüberzeugungen zurückverfolgte und sie entgegenstehenden Tendenzen gegenüberstellte. Von diesem demokratischen und christlichen Fundament aus entwickelte er seine Überlegungen und Aktivitäten zur Herstellung und Bewahrung des *Friedens* und der *Gerechtigkeit* für den einzelnen und einer *gerechten Wirtschaftsordnung.*

Die *Wirkungen,* die Heinemann in verschiedenen Lebensabschnitten auslöste, waren sehr unterschiedlich.

Die *stärkste direkte Wirkung* übte er in den wenigen Jahren aus, in denen er Bundesjustizminister war (1966-69): In dieser kurzen Zeit hatte er die Befugnis, Reformen durchzusetzen. So entschärfte er das politische Strafrecht, stärkte die Rechte der unehelichen Kinder, schaffte die Bestrafung homosexueller Beziehungen zwischen Erwachsenen ab, setzte anstelle des Gotteslästerungsparagraphen das Friedensgebot gegenüber allen Weltanschauungen usw. Darüber hinaus konnte er als Mitglied der Bundesregierung eine größere Öffentlichkeit ansprechen, so in seiner Rede nach dem Attentat auf Rudi Dutschke.

Auch in anderen Lebensphasen ging es um *Neuansätze.* Als Student versuchte er einen demokratischen Neubeginn in studentischer Gemeinschaft, wirkte publizistisch und während des Kapp-Putsches auch direkt politisch. Nach 1945 trug er als Mitgründer

der CDU in Essen und im Rheinland zum Neuaufbau der Parteien und als Bürgermeister und dann als Oberbürgermeister seiner Heimatstadt Essen zur Existenzsicherung in schwerster Nachkriegszeit und zum Beginn des Wiederaufbaus bei; ein Jahr lang wirkte er daneben als Justizminister auf Landesebene, seit 1949 ein Jahr als erster Innenminister auf Bundesebene, jeweils unter den schweren Bedingungen eines Aufbaus, der ganz von vorn begonnen werden mußte.

Ähnlich war seine Rolle auch innerhalb der Kirche: Nach 1933 half er Pastor Graeber in Essen beim Aufbau einer »freien presbyterianischen Gemeinde des Westens« innerhalb der Landeskirche und nahm an den Bemühungen der Bruderräte um eine vom Nationalsozialismus freie Kirche teil. Nach 1945 wirkte er sowohl als Mitglied der Landeskirche als auch als Mitglied des Rats der Evangelischen Kirche in Deutschland, als Präsident der Eisenacher Kirchenversammlung von 1948, in der die EKD förmlich konstituiert wurde, und dann als erster Präses der Synode und daneben u.a. als Mitinitiator der evangelischen Kirchentage.

In die *Breite* konnte er vor allem in seiner Amtszeit als Bundespräsident wirken (1969-74), wenn auch im Rahmen der Regeln, durch die das Amt begrenzt war. Ohne unmittelbare Machtbefugnisse, erreichte er doch mit seinen Reden als Bürgerpräsident eine breite Öffentlichkeit. Niemals sonst konnte er so zum demokratischen Engagement aufrufen, zum kritischen Nachdenken über Geschichte, Gegenwart und Zukunft auffordern, Frieden und Gerechtigkeit als Ziel eindringlich machen und daneben auch auf kirchlichem Gebiet Wegweisung geben. War ihm eine direkte politische Tat versagt, so konnte er doch durch symbolische Handlungen auch politische Zeichen setzen und damit die Politik verstärken, die in derselben Zeit durch Bundeskanzler Willy Brandt vorwärts getrieben wurde.

Im Unterschied zu seiner Zeit als Bundespräsident hatte Heinemann in den Jahren nach 1950 nur eine sehr beschränkte Wirkungsmöglichkeit gehabt. Er war in wachsendem Maße in der politischen Öffentlichkeit verfemt und hatte nur für eine *kleine Minderheit* Bedeutung (1950-57). Seine außenpolitische Konzeption, die auch während des Kalten Krieges auf friedlichen Ausgleich und gerechte Verteilung der Kriegsfolgen in West und Ost zielte, stieß in der Öffentlichkeit weithin auf Ablehnung und machte ihm auch innerhalb der evangelischen Kirche, in der er auf Kontakte zu den östlichen Kirchen setzte und die Ostdenkschrift befürwortete, mehr Gegner als Freunde. Sein Einsatz als Rechtsanwalt für die in der Bundesrepublik und in der DDR strafrechtlich verfolgten Menschen blieb weithin unbekannt.

Aufs Ganze gesehen, war das Leben Gustav Heinemanns einem *Auf und Ab unterworfen,* das den Betrachter in Erstaunen versetzt: Da wurde er als Jurist schon in jungen Jahren Direktor der Rheinischen Stahlwerke – mußte aber später, als über Fünfzigjähriger, nach seinem Rücktritt vom Amt des Bundesinnenministers 1950 beruflich neu mit dem Aufbau einer Rechtsanwaltspraxis anfangen. Da wurde er in den fünfziger Jahren vom Verfassungsschutz jahrelang überwacht – wurde aber 1966 Justizminister. Da warb er seit 1951 auf Reisen durch die Bundesrepublik unermüdlich für ein eigenes außenpolitisches Konzept, wurde verächtlich gemacht als »politischer Wanderprediger«, »Tragikomiker«, »Illusionist«, erhielt sogar von einer antikommunistischen Organisation eine »Freifahrkarte nach Moskau/Rückfahrt unerwünscht« zugesandt und konnte 1954 nur mit einem einschränkenden Paßvermerk eine Weltkirchenversammlung in den USA besuchen – aber 1969-74 reiste er als höchster Repräsentant seines Staates in offizieller Mission in die Nachbarstaaten und nach Amerika. Da wurden seine genauen Vorschläge einer ostpolitischen Vereinbarung 1952 vom damaligen Generalsekretär der CSU, Franz-Josef Strauß, mit dem makabren Vergleich bedacht, sie muteten an »wie ein politisches Horoskop« und hätten Wert und Bedeutung wie »der Besitz eines Knigge in einem Konzentrationslager« – aber 1972 setzte er durch seine Unterschrift Verträge mit östlichen Nachbarstaaten in Kraft. Da protestierten 1952 in West-Berlin Menschen gegen sein »von Moskau bezahltes« Auftreten »für die Freiheit« – aber 1974 erhielt er die Würde eines Ehrenbürgers dieser Stadt ...

Er nahm das Auf und Ab in Kauf: ein entschiedener Demokrat, der sich von günstigen Umständen nicht einfangen und von ungünstigen nicht umwerfen ließ; ein entschiedener Christ, der in der Kirche ebenso unbeirrt seinen Weg ging, im Vertrauen darauf, daß

Gott im Regiment sitzt. Ob auf dem Wellenhoch oder im Wellental: Er hatte und behielt den Mut zu kritischen Einwürfen und Entwürfen gesellschaftlich-politischer und theologisch-kirchlicher Art. Ob dem Trend entsprechend oder ihm entgegen: Er blieb seinen Grunderkenntnissen treu. So würdigte er als Verfassungspatriot das Inkrafttreten des Grundgesetzes als eine Sternstunde unserer Geschichte, sah aber ständig auch die Notwendigkeit, die Kluft zwischen Verfassungsnorm und Verfassungswirklichkeit zu überbrücken. Mochten Antisemiten die Juden öffentlich oder heimlich ausgrenzen: Heinemann blieb dabei, als Demokrat wie als Christ, daß Juden als gleichberechtigte Bürger zur deutschen Gesellschaft gehörten, und wandte sich gegen jede Diffamierung.

*

Was ist aus Heinemanns Anregungen, aus seinen Forderungen geworden?

Besonders nachhaltig war seine *Nachwirkung* als Justizminister. Von den Reformvorhaben, die er in die Wirklichkeit umsetzte, sind die meisten bis heute gültig geblieben. Manches, was später im Justizwesen von anderen verwirklicht wurde, leitet sich von den Vorstellungen ab, die er verfolgte. Allerdings kann nicht übersehen werden, daß inzwischen eine starke Gegenbewegung eingesetzt hat. Der Ruf wird lauter, an die Stelle eines Rechtssystems, das Prävention und Resozialisierung in den Vordergrund stellt, wieder eine am Prinzip der Abschreckung orientierte Strafjustiz zu setzen.

Wenig Nachwirkung hatten Heinemanns Vorstellungen auf wirtschaftspolitischem Felde. Längst ist das Konzept aufgegeben, einen freien Markt für produzierbare und reproduzierbare Waren anzustreben, jedoch Bodenschätze und Energiequellen sowie Grund und Boden einer politisch ausgleichenden Behandlung zu unterwerfen. Innerhalb der Marktwirtschaft erhielt das freie Spiel der Kräfte immer mehr Raum. Wohl sind z.B. im Kartellamt retardierende Momente weiterhin im Spiel, aber das neoliberale Denken hat sich zu Lasten einer Ordnung, die den Ausgleich sozialer Ungerechtigkeit anstrebt, weitgehend durchgesetzt. Der Zusammenbruch des Ostblocks wird weithin als »Beweis« für die Richtigkeit neoliberalen Gedankenguts gewertet, das selbst bei sozialdemokratischen Parteien in Europa in zunehmendem Maße die wirtschaftspolitischen Zielsetzungen bestimmt.

Auch in der Militärpolitik ist wenig Nachwirkung der Tendenzen spürbar, die Heinemann unterstützte. Das System der NATO ist nach den umwälzenden Ereignissen von 1989 nicht zugunsten einer umfassenden Friedensordnung, einer »besseren Lösung«, wie sie Heinemann wiederholt anmahnte, in Frage gestellt worden, vielmehr sind neue Aufgaben gesucht worden, um damit die Weiterexistenz der NATO zu rechtfertigen. Die von Heinemann geförderte Friedensforschung spielt nach wie vor eine geringe Rolle, die Deutsche Gesellschaft für Friedens- und Konfliktforschung, deren Gründung er begrüßte, wurde längst wieder aufgelöst. Immerhin hat die Idee des zivilen Friedensdienstes Anerkennung gefunden; und vom Internationalen Gerichtshof ist der Einsatz von Atomwaffen und dessen Androhung als grundsätzlich völkerrechtswidrig beurteilt worden.

Auf verschiedenen anderen Gebieten sind *wohl positive Auswirkungen* jener Kräfte festzustellen, die Heinemann zu stärken suchte, aber im Ganzen ist die Entwicklung doch *eher durch gegenläufige Tendenzen* bestimmt.

In der Bundesrepublik gibt es seit Jahrzehnten eine Fülle von Ansätzen zu mehr *Demokratie*. Bürgersinn und Bürgerverantwortung kamen u.a. in Bürgerbewegungen gegen Gefährdungen durch Rüstung und Umweltverschmutzung zum Ausdruck. Und doch wurden Bürgerrechte eingeschränkt: Soziale Bürgerrechte wurden Stück für Stück abgebaut, politische eingeengt. Der »Grundrechte-Report 1998« analysiert den Abbau und bringt bezeichnende Beispiele dafür.

Auch auf kirchlichem Felde sind zwiespältige Entwicklungen festzustellen: Wohl gibt es in beiden Großkirchen Aufbrüche wie die Kirchentage und die »Kirche von unten«, entschiedenes Engagement für Frieden, Gerechtigkeit und Bewahrung der Schöpfung. Aber es dominiert doch, auch in den evangelischen Kirchen, eher das traditionelle Element. Von den Anregungen zum Umdenken, die Heinemann gab, sind nur wenige in die Tat umgesetzt worden, und es scheint, als ob heute wirtschaftliche Zwänge eher als theologische Einsicht bisherige Strukturen in Frage stellten.

Schließlich ist auch auf dem Gebiet der *geschichtlichen Forschung* ein zwiespältiges Ergebnis festzuhalten. Einerseits wurden seit Heinemanns Tod frühere demokratische Ansätze in Deutschland in stärkerem Maße als vordem erforscht. Besonders in den Gedenkjahren 1997-99 wurden die Kenntnisse über die deutsche Revolution von 1847-49 in erfreulichem Maße durch Publikationen und Veranstaltungen vertieft und ausgeweitet, häufig unter Berufung auf Heinemanns Anstöße. Wieweit sich allerdings diese Forschungsergebnisse als ein Antrieb zu demokratischem Denken und Handeln heute auswirken, steht dahin. Mancherorts ist das wohl der Fall, andernorts hat man eher den Eindruck von bloßer Folklore oder regierungsamtlich verordneter Reminiszenz. Die historische Erinnerung hat bisher noch nicht zu starker politischer Bewegung geführt. Und innerhalb der Geschichtswissenschaft ist die Erforschung der Freiheitsbewegungen in der deutschen Geschichte eher ein Feld neben vielen anderen. Auf diesen anderen Feldern mehren sich konservative Stimmen, wie nicht nur der sog. Historikerstreit zeigte.

In der zeitgeschichtlichen Forschung dominiert die Auseinandersetzung um die Geschichte der Deutschen Demokratischen Republik, deren Aufarbeitung die bisherigen Jahre seit der Wiedervereinigung in Anspruch genommen hat. Dabei bleiben die fünfziger Jahre, die Heinemann für die entscheidenden ansah, und in ihnen das Verhalten der Westdeutschen weithin außerhalb des Betrachtungshorizonts. Nur einzelne Historiker und Politologen erforschen diese Phase im Sinne Heinemanns kritisch, kommen auch zu klaren Ergebnissen, dringen aber damit nicht einmal unter ihren Kollegen durch, geschweige denn in einer breiteren Öffentlichkeit.

So zeigt der kurze Überblick: Heinemanns Anregungen und Forderungen wurden von vielen Deutschen nicht aufgenommen. Minderheiten sahen und sehen sich ihnen verpflichtet, suchten sie in die Tat umzusetzen und versuchen es noch immer. Eine große sichtbare Nachwirkung in die Breite blieb Heinemann jedoch versagt.

*

Woran lag das? Lag es an der Ungunst der Verhältnisse? Tatsächlich stimmte Heinemann nur zeitweilig mit dem allgemeinen politischen Trend überein: so zu Studienbeginn 1919, als die von ihm favorisierte Deutsche Demokratische Partei Wahlerfolge hatte, unmittelbar nach 1945, als sich die Christlich-Demokratische Union um einen Neuanfang bemühte, und 1969-74, als Kanzler Brandt nach außen die neue Ostpolitik, die dem Frieden verpflichtet war, in die Wege leitete und im Innern forderte, »mehr Demokratie« zu wagen.

Aber was heißt »Ungunst der Verhältnisse«? Dies andere, das jeweils nach wenigen Jahren die Neuansätze wieder ablöste, läßt sich benennen: Es war die Übermacht der gesellschaftlichen Selbstbezogenheit der bürgerlichen Schichten, der Bourgeoisie. Schon in der Wahl 1920 wandten sich weite Kreise von bürgerlich-demokratischer Position ab und setzten wieder auf Parteien, die nationalistischem Denken Raum gaben – Heinemann beklagte in seinem Tagebuch, daß auch die Demokratische Partei ihrem Ausgangspunkt nicht treu blieb. Mit dem Jahr 1950 wurde deutlich, daß die politisch rechtsstehenden Kreise der Bundesrepublik zu ihrem Schutz auf eine Politik der Stärke bauten und wiederum die neuen demokratischen Ansätze hintansetzten. Nach der von Kanzler Schmidt geführten Regierung übernahm schließlich wiederum eine Mehrheit die Macht, die eine Politik der Wohlhabenden förderte und der Absicherung nach innen und außen den Vorrang gegenüber der Entfaltung demokratischer und sozialer Bürgerrechte gab.

»Sieht man wirklich nicht, daß die dominierende Weltanschauung unter uns nur aus den drei Sätzen besteht: Viel verdienen, – Soldaten, die das verteidigen, – und Kirchen, die beides segnen?« fragte Heinemann in der Paulskirche 1955, kurz bevor der Abschluß der Westverträge alle Verhandlungen über einen außenpolitischen Ausgleich und eine Wiedervereinigung Deutschlands auf Jahrzehnte hinaus blockierte. Dieser Satz trifft auch auf spätere Jahrzehnte zu – vielleicht mit dem Unterschied, daß im Zuge der Säkularisierung auf den kirchlichen Segen nicht mehr soviel Wert gelegt wird wie früher. Anstelle der Sowjets, durch die die Mehrheit der Westdeutschen ihre Wohlstandssicherheit von außen bedroht sah, sind andere Mächte getreten – aber die Intensität, mit der

»unser« Wohlstand, d.h. der Wohlstand des wohlhabenden Teils unserer Gesellschaft, mit militärischen, wirtschaftlichen, mit legalen und illegalen Mitteln verteidigt wird, ist ungebrochen. Sie beruht letztlich auf dem selbstsicheren Glauben an unsere bisherige Politik.

*

Was unterschied Heinemann von den Mehrheiten, die zu seinen Lebzeiten und danach auf weite Zeitstrecken hin die Politik in Deutschland bestimmten. Er selbst war ja von seinem Beruf und von seiner Lebensform her ein Vertreter des Bürgertums. Gäbe es eine gesellschaftliche Prädestination, so wäre er von seiner beruflichen Stellung her eher zu einem *Repräsentanten* eben dieser bürgerlichen Mehrheit vorherbestimmt gewesen als zu deren *Kritiker*.

Gegenüber seinen bürgerlichen Standesgenossen zeichnete sich Heinemann durch zwei Besonderheiten aus:

- Er war nicht einfach ein Repräsentant seines Standes, seiner Stadt, seines Landes – er bezog vielmehr die anderen Menschen in sein politisches Kalkül ein. So arbeitete er in den vierziger Jahren für den politischen Wiederaufbau in Essen, um die Not der näheren Umgebung zu lindern, trat aber gleichzeitig für eine Neuordnung der gesellschaftlichen Verhältnisse in Deutschland ein und sorgte sich um die notleidenden Deutschen in der Ferne Berlins und der sowjetisch besetzten Zone. Nach 1950 sah er die Aufrüstungspolitik der Bundesregierung nicht nur unter dem Gesichtspunkt, ob sie der Sicherung der Westdeutschen diente, sondern auch, welche Auswirkungen sie auf die Deutschen im Osten hatte; er bedachte nicht nur die Stärkung des westlichen Bündnisses, sondern auch die Wirkung westdeutscher Soldaten auf die im Kriege von Deutschen überfallene Sowjetunion; es war sein Ziel, nicht nur Demokratie in Westdeutschland zu erhalten, sondern auch demokratische Freiheiten für die Ostdeutschen zu erreichen. Seit der Mitte der fünfziger Jahre sah er immer stärker die Aufgabe, in der Bundesrepublik für Rechtsstaatlichkeit sowie Bewahrung und Ausbau demokratischer Freiheiten einzutreten, behielt jedoch den außenpolitischen Aspekt der Verständigung mit allen vier Siegermächten unter den Bedingungen, die jeweils möglich erschienen, im Auge; dabei erweiterte sich sein Blick auf die Freiheitsbewegungen in der Dritten Welt und erfaßte Zukunftsprobleme wie das der Umweltverschmutzung. Und als Bundespräsident kümmerte er sich ebenso um die Gesamtheit der Staatsbürger als auch um die Minderheit, die in Bedrängnis lebte.

- Mit diesem breiten Blickwinkel auf die Menschen und ihre jeweilige Lage hängt zusammen, daß Heinemann unangenehme Tatsachen wahrnehmen und bedenken konnte, während viele andere geneigt waren, sie zu verdrängen. Deshalb konnte er seinen eigenen Weg suchen und auch gegen große Widerstände gehen, wenn er ihn für richtig erachtete. Als 1945 viele Menschen, Christen wie Nichtchristen, die Schuldfrage nicht sahen und sehen wollten, unterzeichnete Heinemann die Stuttgarter Schulderklärung, hielt an ihr fest und konkretisierte sie, gegenüber Juden wie gegenüber Kommunisten. Als sich im Kalten Kriege viele Deutsche durch kommunistische Verbrechen gerechtfertigt sahen, behielt Heinemann die deutsche Schuld im Bewußtsein und vermied deshalb militärische Wege, die dem Frieden nicht dienen konnten: »Der Friede ist der Ernstfall, hinter dem es keine Existenz gibt.« Als die westdeutsche Gesellschaft sich idealisierte, durchschaute er ihre Selbsttäuschung und forderte eine gerechtere Ordnung. Als er Bundespräsident war, erkannte er bittere weltpolitische Notwendigkeiten und sprach sie offen aus.

*

Im Vergleich dazu erscheint die Haltung, die die überwiegende Mehrheit der Deutschen nach 1989 eingenommen hat, als kurzsichtig und egoistisch.

Bezeichnend ist der Umgang mit den Grundrechten und dem Grundgesetz. Das Grundgesetz war gewiß ein »großes Angebot«, und Heinemanns Ausspruch gilt, vergleicht man die heutige Fassung des Grundgesetzes mit der Verfassung vieler anderer Staaten, noch immer. Aber dieses Angebot wurde doch inzwischen in mannigfacher Weise eingeschränkt: Grundlegende Bestimmungen wie die des Asylrechts und der Unverletzlichkeit der Wohnung wurden aufgeweicht; obwohl das Grundgesetz nur Landesverteidigung erlaubt, wurde eine Rechtsgrundlage zum Einsatz deutscher Soldaten im Ausland geschaffen – und diese Maßnahmen wurden außerdem noch durch das Bundesverfassungsgericht mit problematischen Argumenten für verfassungskonform erklärt.

Überall spielt, ausgesprochen oder unterschwellig, das Argument eine gewichtige Rolle, die Entwicklung und die beabsichtigten Entscheidungen hätten sich zwangsläufig ergeben. »Zwangsläufig – das ist eine atheistische Kategorie!« hatte Heinemann 1958 der Christlich-Demokratischen Fraktion im Bundestag zugerufen, als sie die atomare Bewaffnung der Bundeswehr als zwangsläufig befürwortete. Als zwangsläufig möchten heute die Vertreter neoliberalen Denkens vieles darstellen, was sie politisch erstreben oder jedenfalls nicht verhindern wollen. Innerhalb der »Zwangsläufigkeit« ist dann Raum zur Reduzierung der sozialen Anteile unseres Staatswesens und zur Maximierung wirtschaftlicher Gewinne, aber kein Raum für Interessenausgleich. Eine Zwangsläufigkeit kann aber nur beschwören, wer nicht mehr auf Demokratie und Freiheit, Frieden und soziale Gerechtigkeit setzt und deshalb demokratische und soziale Alternativen nicht durchdenkt. »Von Zwangsläufigkeit kann nur derjenige sprechen, für den Gott nicht mehr im Weltregiment sitzt«, hielt Heinemann damals seinen früheren politischen Freunden vor – dieser Satz müßte heute jedem Christen ein Stachel sein, der die Herrschaft einseitig liberalistischer Wirtschaft für unabwendbar hält. »Zwangsläufig« – das bedeutet auch, daß eine Umkehr vom eingeschlagenen politischen Weg als unmöglich erscheint: eine Vorstellung, die jeden Demokraten und jeden Christen erschrecken müßte.

»Positive Gestaltung wäre: freiheitliche Demokratie zunächst einmal zu exerzieren, ehe man freiheitliche Demokratie verteidigen will. Wenn uns zu dem ersteren der Mut fehlt, wird uns zu dem letzteren wahrscheinlich die Kraft fehlen« – das hielt Heinemann in den fünfziger Jahren den Politikern entgegen, die sich scheuten, das Volk in der Rüstungsfrage entscheiden zu lassen. Der Satz gilt aber auch heute und in weiterem Sinne. Hängt vielleicht die eigentümliche *Kraftlosigkeit,* die man an der Politik der letzten Jahre beobachten kann, damit zusammen, daß viele Politiker demokratischen

Entscheidungen gar nicht trauen? So haben die konservativen Parteien bei der Wiedervereinigung Deutschlands dafür gesorgt, daß das Volk keine neue Verfassung diskutieren und verabschieden konnte; so wurden die schwachen Elemente nichtparteilicher Demokratie im Grundgesetz nicht verstärkt; so wurde der Geltungsbereich des Grundgesetzes durch die Abgabe von Entscheidungsbefugnissen an europäische (Verwaltungs-)Institutionen in Brüssel eingeschränkt; so wurde der wirtschaftliche Zusammenschluß der europäischen Staaten zu einer Währungsunion erst gar nicht einem Volksentscheid unterworfen.

Vielleicht hängen der selbstgerechte Glaube an das selbstgemachte Wirtschaftswunder und das Abwarten, ob nicht in der Arbeitslosenfrage ein Wunder geschieht, zusammen? Eine Gesellschaft, die jahrzehntelang daran gewöhnt worden ist, kurzsichtig die Eigeninteressen ihrer wohlhabenden Mehrheit zu fördern und zu verteidigen und das mit idealen Begriffen wie »Europa« und »Wirtschaftswunder« zu versehen, hat sich im selbstgemachten politischen Glauben verfangen und hat es schwer mit einem Neuanfang. Auf ein neues Wunder zu warten, genügt da nicht, auch nicht, sich einen »Ruck« zu geben, wie es Bundespräsident Herzog einmal forderte; Beschwörungen von Auftriebstendenzen werden auch durch Wiederholungen nicht wirksamer …

Zu einem Neuanfang gehört mehr: Demokratie wirklich zu *praktizieren* – und das heißt, sich konkret für Frieden, Gerechtigkeit und Freiheit *für alle* einzusetzen, statt dem Sicherheitsbedürfnis der Mehrheit zu willfahren. Dazu für Christen: auf Gottes Gebot und seine Hilfe zu vertrauen und sich für eine Umkehr von falschen Wegen und eine Hinkehr zum Nächsten einzusetzen. Ohne Erkenntnis des langen falschen Weges und ohne Umkehr von ihm wird sich kein Neuanfang bewirken lassen. Es erfordert sehr viel Energie und Beständigkeit, das in Jahrzehnten eingewurzelte übermächtige Streben nach Wohlstand und Sicherheit auf ein angemessenes Maß zurückzudrängen.

Gustav Heinemann hat sich sein Leben lang darin geübt, »beständig dicke Bretter zu bohren« (Max Weber). Damit hat er vielen Menschen, Christen wie Nichtchristen, zu einer neuen Perspektive verholfen. Die Erinnerung an ihn macht uns Mut, trotz der großen und mächtigen Widerstände nicht aufzugeben, sondern unerschrocken und kräftig auf einen Neuanfang hinzuarbeiten.

Bremen, im November 1998 *Diether Koch*

Bildnachweis

S. 19: Foto aus Privatbesitz; S. 55: Foto aus Privatbesitz; S. 93 oben: Copyright Israel Press & Photo Agency, Tel Aviv; S. 93 unten: Foto aus Privatbesitz; S. 119: Foto Engels, Bonn; S. 135: Foto aus Privatbesitz; S. 139: Foto Scheler, Copyright stern, Hamburg; S. 151: Foto Scheler, Copyright stern, Hamburg; S. 195: Foto aus Privatbesitz; S. 213: Copyright Tita Binz, Heidelberg; S. 222: Foto Werner Hannappel, Essen; Foto auf der vorderen Umschlagsseite: IN-Bild/AP; Foto auf der hinteren Umschlagsseite: Copyright Landesbildstelle, Bremen. Zu den Bildrechten an den Karikaturen siehe die Bildunterschriften.

Autor und Herausgeber

Der Autor

Gustav W. Heinemann, 1899-1976, Dr. rer. pol. et jur., Rechtsanwalt, Justitiar der Rheinischen Stahlwerke, in der NS-Zeit Mitglied der Bekennenden Kirche, nach 1945 Mitgründer der CDU, Oberbürgermeister von Essen, 1949 von Adenauer zum ersten Bundesinnenminister berufen, 1950 Rücktritt aus Protest gegen dessen Aufrüstungspolitik. 1957 Eintritt in die SPD, Mitwirkung am Godesberger Programm. 1966-1969 Bundesjustizminister, 1969-1974 Bundespräsident.

Der Herausgeber

Diether Koch, geb. 1929, Dr. phil., 1948-1955 Studium von Geschichte und Deutsch, 1955-1987 Schuldienst in Bremen, zuletzt als Fachleiter für Politik und Geschichte in der Lehrerausbildung. Verfasser von u.a. »Heinemann und die Deutschlandfrage« (München 1972) sowie Herausgeber der Reden und Aufsätze Heinemanns zu Kirche-Staat-Gesellschaft und der Offenen Briefe Karl Barths. Lebt in Bremen.

Gustav-Heinemann-Initiative e.V.
Bewegung für Bürgerrechte

Die Gustav-Heinemann-Initiative (GHI) ist eine unabhängige, überparteiliche Bürgerrechtsbewegung, die sich kritisch mit der Entwicklung der Bundesrepublik Deutschland, insbesondere mit Friedenspolitik und Menschenrechtsfragen befaßt. Sie orientiert sich am politischen Wirken Gustav W. Heinemanns.

Die GHI wurde 1978 gegründet. Zu ihren Initiatoren gehörten unter anderem namhafte Persönlichkeiten aus Publizistik, Wissenschaft, Gewerkschaften, Kirchen, Politik und aus dem juristischen Bereich.

Im Gründungsaufruf heißt es:
»Unser Grundgesetz ist ein großes Angebot. Zum ersten Mal in unserer Geschichte will es in einem freiheitlich-demokratischen Rechtsstaat der Würde des Menschen Geltung verschaffen. In ihm ist Platz für eine Vielfalt der Meinungen, die es in offener Diskussion zu klären gilt.
Uns in diesem Grundgesetz zusammenzufinden und seine Aussagen als Lebensform zu verwirklichen, ist die gemeinsame Aufgabe.«

Wir laden interessierte Bürgerinnen und Bürger zur Mitgliedschaft ein. Gemeinsam mit der Humanistischen Union und dem »Komitee für Grundrechte« gibt die GHI die Zeitschrift »Vorgänge« sowie den »Grundrechtereport« heraus.
Der Beitrag beträgt für Einzelmitglieder DM 90,–, für Ehepaare DM 120,–, für Studenten, Arbeitslose, Wehr- und Zivildienstleistende DM 24,–. Auf Wunsch senden wir gerne Informationen zu.

Geschäftsstelle der GHI
Ledaweg 68
28359 Bremen
Telefon 0421/2449515
Telefax 0421/2449817

FÜR
BÜRGERRECHTE

Ewige Wachsamkeit ist der Preis der FREIHEIT

Förderverein
Erinnerungsstätte für die
Freiheitsbewegungen in
der deutschen Geschichte

Der »Förderverein Erinnerungsstätte für die Freiheitsbewegungen in der deutschen Geschichte e.V.« Rastatt wurde 1995 gegründet.

Er betrachtet es als seine Aufgabe,
- durch seine Aktivitäten das Interesse an der Erinnerungsstätte zu fördern,
- die Erinnerungsstätte nachhaltig bekannt zu machen,
- Anregungen für einen verstärkten Besuch der Erinnerungsstätte zu geben,
- Veranstaltungen zu den Grundfragen der Demokratie zu unterstützen.

Anläßlich der Eröffnung der von ihm gegründeten »Erinnerungsstätte« sagte der damalige Bundespräsident Gustav W. Heinemann am 26. Juni 1974:

> »Sie soll kein totes Museum sein, sondern eine lebendige Stätte der Anschauung und Begegnung. Was es in unserer Geschichte an Freiheitsbewegungen gegeben hat, soll hier in jeweils neuer Form anschaulich gemacht werden, und alle sind aufgerufen, sich daran zu beteiligen, zumal die Jugend mit eigenen Beiträgen und eigener Kritik.«

Helfen Sie mit, durch Ihre Mitgliedschaft im Förderverein, diesem Auftrag gerecht zu werden. Jedem neuen Mitglied überreichen wir ein Buchgeschenk.

Der Mitgliedsbeitrag beträgt für Einzelpersonen DM 35,– und für korporative Mitgliedschaft DM 100,– im Jahr. Vorsitzende des Vereins ist Frau Regierungspräsidentin Gerlinde Hämmerle, Karlsruhe.

Förderverein Erinnerungsstätte, Postfach 1526, 76405 Rastatt.